Johann Heinrich Jung-Stilling

„... weder Calvinist noch Herrnhuter noch Pietist“

Edition Pietismustexte (EPT)

Im Auftrag der Historischen Kommission zur Erforschung des Pietismus herausgegeben von Hans-Jürgen Schrader, Ruth Albrecht, Wolfgang Breul, Markus Matthias und Christof Windhorst

Band 11

Johann Heinrich Jung-Stilling

„… weder Calvinist noch Herrnhuter noch Pietist“

Fromme Populartheologie um 1800

Herausgegeben von
Veronika Albrecht-Birkner

EVANGELISCHE VERLAGSANSTALT
Leipzig

Redaktor des Bandes:
Hans-Jürgen Schrader

Bibliographische Information der Deutschen Nationalbibliothek
Die Deutsche Bibliothek verzeichnet diese Publikation in der Deutschen Nationalbibliographie; detaillierte bibliographische Daten sind im Internet über http://dnb.ddb.de abrufbar

Das Buch wurde auf alterungsbeständigem Papier gedruckt.

Cover: behnelux gestaltung Halle/Saale
Coverbild: Aquarell (Porträt Jung-Stilling) von Jacob Fehrmann 1798 (Kurpfälzisches Museum in Heidelberg, Signatur Z 170)
Satz: Druckerei Böhlau, Leipzig
Druck und Binden: Hubert & Co., Göttingen

ISBN 978-3-374-04807-6
www.eva-leipzig.de

Inhalt

1. Kampf gegen Aufklärung und Neologie

1.1 Die Schleuder eines Hirtenknaben gegen den hohnsprechenden Philister[1], den Verfasser des Sebaldus Nothanker (1775)[2]

Sämmtliche Werke, Bd. 5, S. 619–706, hier: S. 621–628; Sämmtliche Schriften, Ergänzungsband, S. 707–780, hier: S. 709–715; Ausgewählte Werke, Bd. 4, S. 707–780, hier: S. 709–715

An das Publikum.

Alle, die mich kennen, werden bey Lesung dieser Blätter staunen und sagen: Wie kommt der zu einem solchen scharfen und hämischen Styl? – Die mich aber nicht kennen, werden mich gewiß aus folgenden Bogen auch nicht kennen lernen. Es war meinem Herzen recht lästig, einem Menschen zu Leibe zu gehen, der mich geradezu nicht mehr beleidiget hat, als auch andere Christen. Beyden Arten von Lesern aber muß ich aufrichtig sagen, daß ich einen Antrieb in meinem Gewissen fühlte, dem Herrn Verfasser des *Sebaldus Nothanker*[3] und denen, die über seine ungesalzene Schmierereyen lachen, öffentlich vor der ganzen Welt ins Gesicht zu sagen, daß er ein boshafter Spötter der Religion und ein Stümper von Romanenschreiber sey. Dieses nicht nur zu sagen, sondern auch zu beweisen, ist gar nicht schwer.

---

1 Vgl. 1Sam 17.

2 *Johann Heinrich Jung:* Die Schleuder eines Hirtenknaben gegen den hohnsprechenden Philister, den Verfasser des Sebaldus Nothanker, Frankfurt a. M. 1775, Bogen A2–A7. Vgl. zu Jung-Stillings Schriften gegen Nicolai *Vinke* 1987.

3 Friedrich Nicolai (1733–1811), Schriftsteller und Buchhändler in Berlin, zentrale Gestalt der Aufklärung. Jung bezieht sich auf Nicolais Werk „Das Leben und die Meinungen des Herrn Magister Sebaldus Nothanker“ (insgesamt 3 Bde., Berlin 1773–1776). Jung reagierte hier auf das Erscheinen des zweiten Bandes (1775).

Ein ernster Zweifler, der mit Wahrheitsliebe die Grundsätze der christlichen Religion untersucht, muß weder gestriegelt[4] noch gehechelt[5] werden. Ein jeder sey seiner Meynung gewiß, und wers glaubt zu seyn, der ist glückselig. Ich für mein Theil bin der Wahrheit von Jesu Christo, seiner seligmachenden Gnade, der Wiedergeburt, Rechtfertigung und Heiligung so gewiß, als der strengsten mathematischen Wahrheiten. Die wunderbaren Schicksale meines Lebens, und die sichtbaren Erhörungen meiner Seufzer zu Jesu Christo, sind mir mehr als alle Demonstrationen[6]; allein, wenn ein andrer sonst gutherziger ehrlicher Mann diese Überzeugung nicht hat, soll ich den darum nicht lieben, nicht hochschätzen? –

Voltaire[7] ist nunmehro ein alter Greis, dem Ende seiner Tage nahe: darum will ich nicht, einer unzeitigen Geburt[8] gleich, noch seine grauen Haare zupfen. Der gerechte Vergelter, dessen Barmherzigkeit unergründlich ist, wird wissen, was mit ihm in der Ewigkeit anzufangen ist. Alle seine mit ungemeinem Witze gesalzene Spötteleyen sind so fein, daß sie unter der niedern Klasse von Menschen nicht viel Schaden anrichten können, besonders da seine Sachen französisch geschrieben, und für Werkeltagsmenschen[9] zu hoch sind; wiewol dieser Mann mit der Toleranz doch eine solche Gleichgültigkeit in der Religion in die Welt eingeführt hat, daß es mit Thränen nicht genug zu beklagen ist. Eben die

---

4 Hart kritisiert.

5 Getadelt, verhöhnt.

6 Logische Beweise. Im 18. Jahrhundert assoziierte der Begriff eine Rezeption der von Christian Wolff (1679–1754) entwickelten, an der Mathematik orientierten Beweismethode in allen Bereichen der Wissenschaft.

7 Voltaire, eigentlich François-Marie Arouet (1694–1778), französischer Philosoph, einer der einflussreichsten europäischen Aufklärungsphilosophen.

8 Vgl. Hiob 3,16; 1Kor 15,8.

9 Alltagsmenschen, gewöhnliche Leute.

witzigen Spöttereyen dieses französischen Dichters haben die Gottesgelehrten rege gemacht, daß sie ihm durch vernünftige Beweisgründe haben begegnen wollen; dadurch aber ist noch mehr Schade als Nutzen angerichtet worden: denn da die christliche Religion sich nur auf historische Thatsachen und auf eigne Seelenerfahrung gründet, so ist klar, daß durch die Demonstration weiter nichts herauskam, als ein heidnisch=moralisch=philosophisches Christenthum, nicht viel besser als Confucianismus[10], Mahometismus[11] und dergleichen. Aus diesen Abweichungen der Theologen von der uralten apostolischen Bekehrungsmethode, sind nun leider mehr Socinianer[12], Sociniano=Naturalisten, Deisten[13], Freygeister und Spötter entstanden, als durch alle voltärische Witzeleyen. Hätte man die Leute auf den Glauben an den auferstandenen Weltheiland, zum Gebet um Erleuchtung und zu rechtschaffener Sinnesänderung verwiesen, und sie dazu angehalten, ohne sich mit dergleichen Thorheiten abzugeben, indem es nicht möglich ist, daß Sachen, die vor so vielen hundert Jahren geschehen sind, können mathematisch demonstrirt werden; so würde man erfahren haben, daß *Christus* Recht habe, wenn er sagt, daß diejenigen, welche den Willen seines himmlischen Vaters thun würden, innewerden sollten, daß seine Lehre von Gott sey.[14]

---

10 Auf den chinesischen Philosophen Konfuzius (551–497 v. Chr.) zurückgehende Philosophie und Morallehre.

11 Von Mohammed als Religionsstifter abgeleitete Bezeichnung für den Islam.

12 Anhänger der nach dem Italiener Lelio Sozzini (1525–1562) und dessen Neffen Fausto Sozzini (1539–1604) benannten antitrinitarischen Bewegung, die sich im 16. und 17. Jahrhundert in Europa ausbreitete und insbesondere Zweifel an der Gottheit Jesu Christi erhob.

13 Deismus: Im späten 17. Jahrhundert in England entstandene Form der Aufklärungstheologie, die der menschlichen Vernunft die Fähigkeit einer Gotteserkenntnis jenseits göttlicher Offenbarungen zusprach und somit für eine natürliche, allen Menschen zugängliche Religion plädierte.

14 Vgl. Joh 7,17.

Die Menschen sind von Natur gewohnt, den Reizen ihrer Sinnlichkeit zu folgen und derselben Genüge zu leisten; es ist aber gewiß, daß eben die Menschen Anlage haben, zu einer hohen Vollkommenheit zu gelangen, zu welcher sie auch von ihrem Schöpfer bestimmt sind. Nun hat aber die Erfahrung von jeher gelehrt, daß der Mensch, wenn er seiner Sinnlichkeit und ihren Reizen folgt, nicht vollkommner, sondern immer unvollkommner werde. Es ist also gewiß, daß wir Menschen, wenn wir das Ziel unsrer Schöpfung, die wahre Glückseligkeit erreichen wollen, unsrer Sinnlichkeit absterben, und einen ihr entgegengesetzten Weg einschlagen müssen. Diesen Weg zeigt uns nun die christliche Religion. Es läßt sich leicht begreifen, daß eine höhere Kraft zu unserer Besserung nöthig sey, als die wir selbst besitzen: denn da es ein Widerspruch ist, daß eine Kraft sich selber sollte überwinden können, so folgt natürlich, daß noch eine andre hinzukommen müsse, wenn wir uns selbst überwinden sollen. Nun ist aber *Christus* dazu Mensch geworden; dazu hat er gelitten; dazu ist er auferstanden, daß er durch seinen Geist, durch seine Gnade auch in uns die Werke des Fleisches (das ist, die Reize der Sinnlichkeit) zerstöre und überwinde.[15]

Diese Vervollkommnung thut aber nun freylich, sonderlich im Anfange, dem Menschen wehe. Und darum haben die Philosophen von jeher gesucht, ob man nicht einen andern Weg finden könne, der gemächlicher sey; und dieses ist endlich, wenigstens menschlichem Wahne nach, gelungen.

Spinoza[16] und *Edelmann*[17] brachen das Eis; sie wusten den Faden so einzufädeln, daß, da einmal gefunden

---

15 Vgl. Gal 5,16–26.

16 Baruch de Spinoza (1632–1677), niederländischer Philosoph.

17 Johann Christian Edelmann (1698–1767), Theologe und Publizist mit anfangs pietistischen und separatistischen, später aufklärerischen (spinozistischen, deistischen) Sympathien.

worden, daß die Welt mit den Menschen eine Maschine sey, die nach ununterbrochenen gesetzmäßigen Folgen ihre Umwälzungen in einemfort verrichtete, nunmehr die immerwährende fortdauernde Mitwirkung des Schöpfers nicht mehr nöthig sey. Gott, das liebenswürdigste Wesen, das von Anbeginn sich als einen König der Menschen immer in Regierung derselben thätig bewiesen, wurde nunmehr als ein von der Welt entfernter Gott angesehen, der sich gar nicht mehr mit seiner Hände Werk melirte[18]. *Leibniz*[19] und nach ihm *Wolff*[20] traten in Deutschland auf, da sie aber von den allerersten Grundsätzen der Ersten nicht genugsam abwichen, nicht genug die Erfahrungssätze der göttlichen Offenbarung an die Welt mit in ihr System einflochten: so wurde die Sache, ob sie es schon beyde recht gut meynten, gar nicht gebessert. Gott bleibt immer ein metaphysischer Gott, und dem Alterthume zu Ehren, und aus Höflichkeit glaubt man noch immer, daß ehemals ein guter Mann in der Welt gewesen, der *Christus* geheissen habe.

Da nun die Leibniz=Wolffianische Lehre zur Schulphilosophie geworden (wir haben auch wirklich keine bessere) so werden junge Leute, die studiren sollen, dadurch zum Demonstriren eingeleitet. Die Seele, des Demonstrirens gewohnt, betrachtet nun alles mit mathematischem Auge, geht mit dieser Rüstung ins Religionssystem ein; da kann sie nun nicht mehr fort, da heißts: *Glaubet an das Evangelium.*[21] Der Jüngling, der gewohnt ist, immer: Warum zu sagen, erschrickt, daß er ohne Demonstration glauben soll; jetzt fällt ihm ein

---

18 Vermischte, vermengte.
19 Gottfried Wilhelm Leibniz (1646–1716), Universalgelehrter und einer der führenden deutschen Philosophen der Frühen Neuzeit, Wegbereiter der Aufklärung.
20 Christian Wolff (s. Anm. 6).
21 Mk 1,15.

Buch vom *Voltaire* in die Hand, und, siehe da! er wankt und zweifelt.

Dieses ist nach meiner Meynung die erste Quelle, woraus unsre heutige freygeisterische Zeiten zu erklären sind.

Wie sehr wär es nun zu wünschen, daß unsre Gottesgelehrten endlich einmal aufhörten, in Religionssachen aus vernünftig seyn sollenden Grundsätzen zu demonstriren. Nichts aber ist verkehrter, als gar die Bibel darnach reformiren zu wollen! Ist die Vernunft über die Offenbarung, ey! so haben wir sie nicht nöthig, und wir sind Heiden, wie die Griechen und Römer waren: und alsdann ist die Anlage des menschlichen Geistes vom Schöpfer übel gemacht worden, und alle seine großen Meßiasanstalten, von Anfang der Welt her,[22] sind vergeblich gewesen. Ist aber die Offenbarung über die Vernunft: so arbeiten die Theologen, welche sie reformiren wollen, gegen Gott, und also zum Verderben.

Es läst sich also einsehen, wie behutsam heutiges Tages ein Schriftsteller zu Werke gehen müsse, der von Religionssachen schreiben will, daß er weder zum Aberglauben noch zum Unglauben wanke. Doch kann keine größere Frevelthat begangen werden, als wenn ein Mensch bey so kritischen Umständen auf die allerinsinuanteste[23] Weise auftritt, und die äußere sowol als die innere Verfassung unsrer liebenswürdigsten Religion zu untergraben sucht. Die Religion, die doch in den beynahe achtzehenhundert Jahren, die sie gedauert hat, mehr gute und rechtschaffne Menschen, bey aller ihrer Ausartung, gebildet hat, als die ersten viertausend Jahre alle Religionen zusammen; ich will von der indi-

---

22 Versuche Gottes, die Welt durch die im Alten Testament schon verheißene Sendung Christi zu retten.

23 In höchstem Maße unterstellend, verdächtigend.

viduellen Glückseligkeit eines jeden wahren Christen nicht einmal reden.

Bey allen diesen kritischen Umständen tritt in der Mitte der protestantischen Kirche ein Buchhändler, Herr *Nicolai*[24] in Berlin, auf, schreibt mit einer ironischen Laune einen Roman, unter dem Titel: *Leben und Meynungen des Herrn Magister Sebaldus Nothanker*, ein Buch, worinnen die Prediger der protestantischen Kirche, und mit ihnen die allertheuersten Wahrheiten der Religion, auf eine so infame Weise durchgezogen und lächerlich gemacht werden, daß es mit Thränen nicht genug zu beklagen ist, wie viel Menschen dadurch zu lachen und zu sündigen gereizt werden.

Unsre deutschen Jünglinge, die sich entweder dem Kaufmannsstande oder der Gelehrsamkeit widmen wollen, die einestheils in diesen freydenkerischen Zeiten leben, anderntheils ohnehin zur Eitelkeit und zum Lesen der Romanen inkliniren[25], kaufen dieses Buch häufig. Sie lesen; die ironisch=launische Schreibart kitzelt; der natürliche Mensch haßt ohnehin die ihn bessernde Religion; wird froh über alle die Mängel der Kirche, was halb wahrscheinlich ist, überedet ihn; sein Haß gegen alles, was heilig ist, wird größer; Kirche, Lehrer, Gotteswort und Sakramente werden altfränkisch[26] und lächerlich, und nun ist der Freygeist vollkommen.

Sehen Sie, geehrte Leser! Dieses schädliche Buch hab ich mir vorgenommen zu widerlegen, und die Ehre der Religion gegen *diesen hohnsprechenden Philister*[27] zu vertheidigen. Und weil ein trockner dogmatischer Styl von unsern deutschen Jünglingen nicht würde gelesen werden, so hab ich mich einer aufgeweckten Schreibart bedienen müssen. Ich habe den Verfasser nicht mehr

---

24 Friedrich Nicolai (s. Anm. 3).
25 Neigen.
26 Altmodisch, antiquiert.
27 S. Anm. 1.

schonen können, als geschehen ist: Niemand verdient mehr bittre Verweise, als einer, der göttlichen Dingen hohnspricht, ohne Mittel zu etwas besserem anzuweisen.

Ich hoffe, keiner Entschuldigung nöthig zu haben, daß ich, als Arzt, mich mit theologischen Sachen abgebe. Ein jeder Christ ist verbunden, seine Religion zu vertheidigen, wo ihr geradeswegs und noch mit Hohn widersprochen wird. Überdas kommen dergleichen Bücher selten den *Theologen* in die Hände; wie können sie aber vertheidigen, wenn sie von nichts wissen. Und endlich greift der Verfasser die Prediger vornehmlich an: es wird also mir, als einem Unpartheyischen, besser anstehen, ihm unter Augen zu treten.

Hony soit qui mal y pense.[28]

1.2
Die Theodicee des Hirtenknaben als Berichtigung und Vertheidigung der Schleuder desselben (1776)[29]

Sämmtliche Werke, Bd. 5, S. 707–838, hier: S. 709–716; Sämmtliche Schriften, Ergänzungsband, S. 781–889, hier: S. 783–789; Ausgewählte Werke, Bd. 4, S. 781–889, hier: S. 783–789

An das Publikum.
Die Schleuder eines Hirtenknaben gegen den Herrn Verfasser des Lebens und der Meynungen des Sebaldus Nothankers,[30] hat gewiß bey einem jeden, der sie gelesen, besondere Gedanken von mir erreget, je nachdem ein

28 Französische Redewendung: „Schmach über den, der schlecht darüber denkt."

29 *Johann Heinrich Jung:* Die Theodicee des Hirtenknaben als Berichtigung und Vertheidigung der Schleuder desselben, Frankfurt a. M. 1776, S. III–XII.

30 S. Text 1.1.

Leser nach seinem individuellen Gesichtspunkt die Sache betrachtete. Alle diese besondere Begriffe nun, die sich so viele hundert Menschen von mir machen, als Exemplare gelesen werden, zusammen genommen, sind die Ursache dieser *Theodicee*[31].

Von einer Art Leser hat sich schon jemand gegen mich aufgemacht und mir derb genug den Kopf gewaschen. Herr v. Br... zu Crefeld,[32] ein Kaufmann von Stande und übrigens von gutem Leumuth[33] und Gerüchte, hat *Anmerkungen über die Schleuder eines Hirtenknaben dem verständigen Publikum zur Einsicht mitgetheilt.*[34] Dieser Gegner behandelt mich wie einen Hirtenknaben, macht mich herunter, und glaubt, meine Vorwürfe, die ich dem Verfasser des *Nothankers*[35] machte, zur Genüge widerlegt und vernichtiget zu haben. Ich hab aber gesehen, daß der gute Mann meine gültige Gründe gegen das Buch des *Nothanker*s gar nicht eingesehen und erkannt hat; sie sind sonnenklar, und wann sie es noch nicht sind, so sollen sie es in diesen Blättern werden.

Ich werde die Schreibart der Schleuder nicht brauchen, sondern aus Liebe zur Wahrheit nur Gründe und Beweise führen. Glauben die Herren Verfasser des *Nothankers* und der *Anmerkungen,* ich hätte noch mehr Strafen verdient, so will ich dieselben erwarten, hernach aber mir, nicht allein von diesen, sondern von allen unpartheyischen Christen ausbitten: daß man meine Ge-

---

31 „Theodizee“: griechisch „Gerechtigkeit Gottes“ bzw. „Rechtfertigung Gottes“. Auf Gottfried Wilhelm Leibniz (s. Anm. 19) zurückgehender Begriff für die Frage danach, wie Gott das Leiden in der Welt zulassen kann.

32 Engelbert vom Bruck (1739–1813), Buchhalter und aufklärerischer Publizist in Krefeld.

33 Leumund.

34 *Engelbert vom Bruck:* Anmerkungen über die Schleuder eines Hirtenknaben dem verständigen Publikum zur Einsicht mitgeteilt, Crefeld 1775.

35 Friedrich Nicolai, Sebaldus Nothanker (s. Anm. 3).

danken untersuchen, und der Wahrheit Beyfall geben möge, auch dann, wann sie von einem noch kleinern Lichtgen, als ich bin, sollte vorgebracht werden.

Ich habe die Verfassung der allgemeinen Christenheit in unsern Tagen durchgedacht, und sie gegen die allgemeinen Regeln unserer Stifter *Christi* und seiner Apostel verglichen, und da fand ich fast gar keine Ähnlichkeit mehr. Durch alle Jahrhunderte seit der Gründung unserer Religion herrschten Aberglaube und Verfolgung nun mehr dann weniger. Aber während all dieser Zeit, obgleich das Christenthum Götzendienst war, wie eine jede Religion im Aberglauben ist, fanden sich doch noch immer die Menge von Zeugen der Wahrheit, die die Lehre von Christo mit ihrem Blut versiegelten,[36] oder doch mündlich und schriftlich davon mannhaft zeugten. Zu der Zeit war es freylich der elendeste Zustand, ein Christ zu seyn. Doch waren ihrer sehr viele, und vielleicht mehrere, als jetzt. Wenigstens diejenigen, welche sich damals zum Christenthum bekannten, waren durchgehends gründlicher und brünstiger in der Liebe zu Gott und Christo, als man heutiges Tages zu seyn pflegt. Sollte man denn wünschen, Zeiten zu haben, wie sie damals waren? – Davor bewahre uns Gott in Gnaden! Aber Schade, daß die Toleranz mit der Gleichgültigkeit verpaaret geht, und daß man die Freyheit zu denken, und zu leben, wie man denkt, zu Verfeinerung der sinnlichen Ergötzlichkeiten anwendet, anstatt daß man sie zur Vervollkommnung des unsterblichen Geistes brauchen sollte! Man sieht also noch immer aus der Erfahrung, daß der Zwang, der Druck und die Verfolgung zur Verbesserung des Menschen nöthig sey, und daß er sich sehr selten durch Liebe ziehen lasse. Und so gehts noch immer im Ein-

36 Vgl. Apk 7,1–8.

zeln, der Christ muß durch viele Leiden bewährt und ein Christ werden, der Vater im Himmel weiß in unsern freyen Zeiten noch immer Mittel dazu, die Seinigen in den Schmelzofen zu bringen.[37] Unterdessen können wir Gott nicht genug danken, wenn er uns Ruhe und Sicherheit zu leben schenkt, und unsere Verantwortung wird groß seyn, wenn wir sie nicht zu unserm wahren Besten anwenden.

Ich verspare die weitere Ausführung aller dieser Dinge auf den Verfolg[38]. Ich will mich nur entschuldigen, warum ich mich unterstanden habe, den herrschenden Geschmack unserer Zeiten öffentlich zu tadeln. Ich will beweisen, gründlicher als in der *Schleuder* und in der *Panacee wider die Krankheit des Religionszweifels*[39] geschehen ist, daß unsere neue Gelehrsamkeit neues Religions= und Lebenssystem gerade wider die Bestimmung zu unserer wahren Glückseeligkeit, gerade gegen die Lehre Christi und seiner Apostel größtentheils anstoße, daß das Ende unserer Staaten und des Flors unserer Cultur, nach der Analogie zu schliessen, nahe sey, und nicht lange mehr bestehen könne, um so mehr, weilen man es wie die griegischen [!], jüdischen und römischen Republiken, gar nicht vermuthet, und sich überredet: mein Herr kommt noch lange nicht.

Alles dieses klar zu beweisen ist nöthig, wenn ich den Leser, den unpartheyischen Leser überführen will, daß *der Roman von Sebaldus Nothanker* und mit ihm seine Anhänger und Vertheidiger zum Verderben ihrer Mitmenschen arbeiten, sie mögen sich entschuldigen, so viel sie wollen; und daß in der Hirtenschleuder die klare Wahrheit mit derben Worten gesagt worden, so wie man

37 Vgl. Jes 48,10; Weish 3,6.
38 Das Nachfolgende, Künftige.
39 *Johann Heinrich Jung:* Die große Panacee wider die Krankheit des Religionszweifels, Frankfurt a. M. 1776. „Panazee“: griechisch „Allheilmittel“.

zu reden pflegt, wenn man Zelote[40] ist, und Wärme im Blut fühlet. Alle diejenigen, welche glauben, durch die Härte des Vortrags in der Schleuder beleidigt zu seyn, mögen nur bedenken, daß ein Kind recht habe, zu eifern, wenn man seinen Vater schmäht, es geschehe nun gerade zu, oder untergrabend. Übrigens bitte Herrn N[icolai] als Verfasser des *Nothankers* allhier öffentlich um Verzeihung, in so fern wahre unerlaubte Beleidigungen in der *Schleuder* sind. Was aber die Wahrheiten betrifft, die ich behauptet habe, diese will ich beweisen, und darauf leben und sterben, *nemlich, daß dieses Buch Leben und Meynungen des Magister Sebaldus Nothankers, ein der Kirche Christi und der wahren Menschenverbesserung gerade zuwiderlaufendes, und wegen seines großen Abgangs höchst schädliches Buch sey, ja eins der schädlichsten, so anjetzo in Teutschland gelesen werden, und daß ich dahero recht habe, dawider anzugehen, und seine Schädlichkeit zu zeigen, besonders auch noch, da so viele tausend rechtschaffene Menschen darüber klagen, und die Folgen dieser Lektür bejammern.*

Der Verfasser der Anmerkungen über meine Schleuder glaubt, daß mich Kabale[41], Autorhaß und gelehrter Stolz ganz verblendet habe, dem Herrn N ***[42] zu Leibe zu gehen.

Ich weiß wohl, daß viele unserer großen Geister scheel sehen, daß Herr N … solche Progressen[43] macht. Wie weit sie Recht oder Unrecht haben, weiß ich nicht. Kabalen gehen mich gar nichts an, Gott weiß es, daß ich mich über alle wahre Verdienste der Herrn N. … herzlich freue, er weiß aber auch, daß bloß die Durchblätte-

---

40 „Eiferer“ nach Num 25,11–13.
41 Intrige.
42 Nicolai.
43 Fortschritte.

rung des zweyten Bandes des *Nothankers*[44] mich bewogen habe, die Schleuder zu schreiben. Warum man Herrn N … eigentlich anfeindet, ist mir warlich ein Geheimniß.

Autorhaß! – Ich weiß nicht, was das ist, ich soll vielleicht mißgünstig über den Autorruhm eines berühmten Mannes seyn? – Das ist lächerlich, was hab ich zu beneiden, da es mein Fach nicht ist, auch nie darinnen groß werden kann und will, in dem Herr N … arbeitet. Wollte Gott, daß alles Volk des Herrn weissagte![45] – Und endlich gelehrter Stolz! ein Mensch, wie ich, den die hohe Vorsehung aus dem geringsten aber ehrlichsten Stande der Menschen hervorzog, mir wunderbarer Weise Mittel an die Hand gabe, meinen Hang zu den Studien zu begünstigen, und mich endlich zu einem ehrlichen bürgerlichen Arzt bestimmt hat, sollte der gelehrten Stolz äußern! Schlechter Dank gegen den himmlischen Vater! – Dank soll ihm mein Herz opfern,[46] so lang Odem in mir ist,[47] der geringste Bettler soll Gehorsam von mir fordern, und ich will sein pflegen. Wie gerne wollt ich meinen Gang unbemerkt unter den Menschen führen und fortwandeln! Da ich aber Gott glaube beleidigt zu finden, da muß ich seine Ehre vertheidigen. Heisse mans Gelehrtenstolz, oder wie man wolle. Diese Vorwürfe lassen sich nicht widerlegen; Genug, wenn mich mein Gewissen frey spricht.

Doch alles dieses, was ich da gesagt habe, legitimirt mich gar nicht vor den Menschen, es mag seyn! man denke von mir, was man will, unser gelehrtes Teutschland wird mehrentheils schlecht von mir urtheilen, indem ich gar nicht nach dem herrschenden Geschmack

44 S. Anm. 3.
45 Vgl. Num 11,29.
46 Vgl. Ps 50,14 und 23.
47 Vgl. Hiob 27,3.

schreibe, sondern gar dagegen angehe. Recensenten, Genies und Dilettanten werden von ihrer Höhe auf mich herab sehen, mich bedauern oder belachen. Gut! thun Sie, was Sie wollen, meine Herren! ich werde die Christenheit nicht ändern, aber hie und da einzelnen rechtschaffenen Gemüthern die Augen öffnen, und sie vom Verderben retten. Belohnung genug für mich, wenn dieser auch nur etliche seyn werden! Wenn endlich der Bau kracht und stürzt, so werden meine Blätter vergessen, und nie ihrer wieder gedacht werden. Aber der, der auch verlohrne Gedanken sammlet, wird meiner gedenken am Tage der großen Vergeltung.

Nur eins bitte ich mir von allen meinen Lesern aus, daß sie nemlich wohlbedächtlich meinen Gedanken in diesem Traktätgen nachgehen, und alles prüfen wollen;[48] wo sie aber die Wahrheit finden, sich davon überzeugen lassen. Denn es ist doch wohl der Mühe werth, daß man nachforsche: ob man auch auf dem rechten Wege seiner Bestimmung wandele!!!

Ich will also meinem Zweck gemäß den Zustand der christlichen Menschheit unpartheyisch untersuchen; wann die dann so gut ist, wann die herrschende Denkungsart so recht ist, so muß die Gottheit nicht so seyn, wie sie uns Vernunft und Offenbarung anpreist; ist aber Gott so vollkommen rein, heilig, ist er unendliche Liebe und lauter Seeligkeit, so liegt der mehreste Theil der Menschen am Rande des Verderbens, und unsere Geschmacksregenten regieren zum Umsturz der Menschen, mithin ist von der Seite her bewiesen, was ich in der Schleuder beweisen wollen.

---

48 Vgl. 1Thess 5,21. Mit diesem biblischen Bezug wurden in der protestantischen Tradition vielfach heterodoxe Positionen zu untermauern versucht (vgl. hierzu *Hans-Jürgen Schrader:* Literaturproduktion und Büchermarkt des radikalen Pietismus. Johann Henrich Reitz' „Historie der Wiedergebohrnen“ und ihr geschichtlicher Kontext, Göttingen 1989, S. 385 f., Anm. 82).

Diese *Theodicee* war nöthig, um sich vor dem Strauchlen zu bewahren. Wer Gott nicht [!] kennt, sieht das Verderben ein, wem aber unser herrschender Geschmack so gut ist, der kennt Gott nicht. Er wird auf solche Weise zu einem Wesen, das sich selbst nicht gleich ist; zu dem man kein Zutrauen haben, und ihn im Geist und in der Wahrheit nicht anbethen[49] kann.

Elberfeld, den Isten des Christmonats[50] 1775.

J[ohann] H[einrich] Jung.

1.3 Brief an Philipp Matthäus Hahn[51], Kaiserslautern, 29.6.1779

Württembergische Landesbibliothek Stuttgart, Cod. hist. oct. 103a, S. 178–185 (Abschrift); Schwinge Briefe, S. 91–93

Lautern[52] d[en] 29. Junii 1779. Von Herrn Jungen.

Mit sehr vieler Freude empfing ich das erstemal einen Brief von ihrer geliebten Hand.[53] Unter den verschiedenen Materien, welche sie in dem selben im Vorbeigang berühren, fiel mir fürnemlich der Gedancke auf, welchen sie in Ansehung der *kleinen Anzahl der Anhänger* Jesu äussern. Eben dieser Gedancke ist so manchen Glaubenshelden eine Ursache des Strauchlens, und so manchem Zweifler ein FingerZeig zur Freigeisterei gewesen. Das folgt so natürlich: ist die wahre

---

49 Vgl. Joh 4,24.

50 Dezember.

51 Philipp Matthäus Hahn (1739–1790), württembergischer Theologe und Feinmechaniker, zu diesem Zeitpunkt Pfarrer in Kornwestheim.

52 Von Jung-Stilling durchgängig verwendete alte Bezeichnung (vor dem 14. Jahrhundert) von Kaiserslautern.

53 Antwortschreiben Hahns vom 20.6.1779 auf Jung-Stillings Brief an ihn vom 17.6.1779 (vgl. Schwinge Briefe, S. 90 f.).

Religion die Menschen=beglückende, war es die Religion der Erzväter Israels, und der Christen, wie kommts dann, daß die Anhänger dieser Religion immer nur ein Tröpfgen im Eymer[54] gegen die ganze übrige Menschheit waren?

Das ist: wann man so darüber hin schauet, ein furchtbarer Gedancke, schlagen dann die Mittel des Allmächtigen und Allweisen so schlecht an, die Menschen zur Glückseeligkeit zu leiten, so hat er also keine gute Menschen gemacht? Das lässt sich nicht dencken. Aber die Mittel, die er angab, waren nicht zulänglich? auch das ist Unsinn. Nun so bleibt nichts mehr übrig, als daß die von jeher so sehr gerühmte Religionen der Patriarchen der Israeliten und der Christen nicht die wahre von Gott geordnete sind. Glauben sie mir, mein Bruder! dieser scheinbare Schlus ist das Miasma[55], welches jetzt die ganze Christenheit vergiftet, und zum gänzlichen Ruin der abendländischen Kirche wütet, dieser Schlus ist die Stimme des falschen Propheten, dessen Morgenröthe in vollem Glanz ist, dessen Vorläufer Voltaire[56] war, und der mit Macht und gewis mit Frucht an der Vereinigung der dreien Kirchen, nicht zur Ehre Christi, nein, zur Ehre des Thiers[57], das noch kommen soll, mithin in deletionem nominis Christi s[ive] Christianorum[58] arbeitet. Wird jezt nicht der feinere Theil der Chatholigen bis zum Erstaunen tolerirt? aber es wird noch besser kommen. Wenn wir aber die Quelle obiges fatalen Schlusses aufsuchen, so finden wir sie mitten in der Kirche. Warum behaupten die Juden, *Jehovah* sei nicht der

54 Vgl. Jes 40,15. Anspielung auf Friedrich Gottlieb Klopstocks „Ode über die ernsthaften Vergnügungen des Landlebens" (1759), später unter dem Titel „Die Frühlingsfeier".
55 Befleckung, Ansteckung, übler Dunst.
56 Voltaire (s. Anm. 7).
57 Vgl. Apk 13.
58 An der Vernichtung des Namens Christi oder der Christen.

Gott aller Menschen, sondern nur der Juden? und warum haben wir immer geschrien, es seye nirgends keine Seeligkeit zu hofen, als gerad im Schoos der äussern Kirchen?

Sehen sie mein Bruder! diese Idee ist gleichsam dem Glauben der Christen wesentlich einverleibt worden, und daher kam es, daß ein jeder, der nicht so bald zur Überzeugung von der Wahrheit von Jesu Christo kommen konnte, erschröcklich zurückgestossen und erbittert werden musste, wenn man ihm zurief, wenn du nicht glaubest, so wirst du verdammt. Freilich so lang die Apostel mit Geistes und Wunderkraft das Evangelium predigten, da war es verdammlich, bei diesem hellen Licht nicht sehen zu wollen. Daher sagte auch der Herr Jesus: wer aber nicht glaubt, der wird verdammt werden.[59] Aber jezt ist es gantz anderß, doch bleiben noch immer Merckmale der Göttlichkeit der christlichen Religion genug übrig, um glauben zu können, wenn man nur will, doch aber ist der Glaube jezt schwerer als schmahl, mithin auch belohnender, so daß es von den heutigen wahren Glaubigen κατ' ἐξοχήν[60] heißen wird: die lezte werden die erste seyn.[61] Diejenige aber, welche jezt nicht glauben, aber doch tugendhaft sind – nun von denen will ich lieber gar nicht urtheilen. Gelobet sei der Herr! in Ewigkeit! der uns den Glauben geschencket hat! unser Schicksaal wird unaussprechlich herrlich seyn. *Bengel*[62] und *Lavater*[63] sind mir von einer

59 Mk 16,16.

60 „Katexochen“: griechisch „im eigentlichen Sinn“, „vorzugsweise“.

61 Zentrales Motiv in der Evangelienüberlieferung (vgl. Mk 10,31; Lk 13,30; Mt 19,30 und 20,16).

62 Johann Albrecht Bengel (1687–1752), württembergischer Theologe; einer der Hauptvertreter der württembergischen Pietismus.

63 Johann Caspar Lavater (1741–1801), reformierter Theologe und philosophischer Schriftsteller in Zürich. Korrespondent Jung-Stillings (vgl. zum Verhältnis Jung-Stillings zu Lavater Nachwort, 3).

Auskunft in dem Labyrinth[64] von der Seeligkeit der Heiden[65] sehr wichtige Zeugen. Das glückliche tausendjährige Reich,[66] das eigentliche Reich Christi ist für die wahren Christen, und alle tugendhafte Unglaubige sind von demselbigen einmal ganz gewis ausgeschlossen und ich glaube, daß alle Reden Christi und der Apostel vom Verlust des Himmelreichs, wenn von allen Glaubigen an Christum ausschlieslich die Rede ist, auf die glücklichen tausend Jahre ziehlen. Das ist auch gewis, daß die wahre Christen in alle Ewigkeit die Familie Christi ausmachen und die Nächsten an ihm seyn werden, wenn auch die Heiden gleich im Licht wandlen und Blätter von Lebensbäumen zu ihrer Genesung brauchen werden. *Schwedenburg*[67] ob er gleich von den tausend Jahren nichts weis, so behauptet er doch, die Seeligkeit rechtschaffener Heiden und sagt sie würden bald nach ihrem Tod in der Geisterwelt, die zwischen Himmel und Hölle mitten inne steht, und so zu sagen, der Musterplatz der Ewigkeit ist, zu dem Glauben in Jesum unterrichtet, und so werden sie doch durch den Glauben an Jesum seelig, wenn anderß ihre Wercke gut waren und sie dort noch den Herrn erkennen wollen.[68]

Sagen sie mir, theurester Bruder! wenn dieser der Liebe Gottes und des Nächsten und [!] schriftmäsiger Grundsatz, von je her herrschend unter den Christen gewesen wäre, wäre wol ein Mensch zu zweiflen fähig

---

64 Hier im Sinne von unübersichtlicher Kontroverse.

65 Zentrale philosophisch-theologische Kontroverse des späten 18. Jahrhunderts (vgl. *Elfriede Büchsel:* Artikel „Seligkeit der Heiden". In: Historisches Wörterbuch der Philosophie. Bd. 9, Darmstadt 1995, Sp. 570–574).

66 Vgl. Apk 20. Zum Kontext chiliastischer Erwartungen, um die es hier geht, vgl. Anm. 422.

67 Emanuel Swedenborg (1688–1772), schwedischer Mystiker und Theosoph.

68 Zu Swedenborgs Geisterlehre und ihrer Rezeption vgl. *Friedemann Stengel:* Aufklärung bis zum Himmel. Emanuel Swedenborg im Kontext der Theologie und Philosophie des 18. Jahrhunderts, Tübingen 2011 (Beiträge zur Historischen Theologie, 161).

gewesen? Gewis kein tugendhafter Wahrheitsfreund, und die das nicht sind, die nuzen eben so wenig im Schooß der Kirchen als ausser derselben.

Schlieslich bitte ich Sie, ihr Herz mit dem meinigem [!] zu vereinigen, und wir wollen uns verbinden so oft einer den andern einfällt, um Stärckung des Glaubens um Licht, um Kraft zum geistlichen und leiblichen Beruf und zur Treue bis in den Tod zu seufzen. Ich bin mit Anwünschung des Friedens und der Gnade Gottes

Ihr getreuer Bruder Jung.

1.4 Der Graue Mann (1803)[69]

Sämmtliche Schriften, Bd. 7, S. 478–517, hier: S. 482–483; Sämmtliche Werke, Bd. 7, S. 589–637, hier: S. 594–596; Edition Mertens/Völkel, Bd. 3, S. 799–858, hier: S. 806–807

[...] Ehe ich mich in die Gesellschaft des grauen Mannes[70] begebe, muß ich noch eine wichtige Bemerkung voran gehen lassen. Ach könnte ich sie doch in flammenden Buchstaben jedem Neologen[71] und toden Moral=Prediger vor die Augen legen, damit er sie doch einmal des Anblicks würdigen und gründlich prüfen möge!!!

Man untersuche doch nur einmal genau das Leben und den Wandel aller derer Menschen die man Herrn-

69 *Dr. Johann Heinrich Jung, sonst auch Heinrich Stilling genannt:* Der Graue Mann. Eine Volksschrift, Heft 13, Nürnberg 1803, S. 8–10.

70 Fiktive Ich-Gestalt des von Jung-Stilling von 1795 bis 1816 in 30 Ausgaben publizierten Periodikums gleichen Namens; übernommen aus dem Roman „Das Heimweh" (s. Anm. 87). Jung-Stilling deutete sie nach Tit 2,11–13 als Gnade bzw. das züchtigende Gewissen (vgl. *Schwinge* 1994, S. 50–183).

71 Anhänger der Neologie („neue Lehre"). Zeitgenössisch pejorative Bezeichnung für aufklärerische Theologen.

huter[72], Pietisten[73], Feine[74], Tersteegianer[75], Inspirirten[76] u.s.w. nennt, gesezt auch hier und da wäre etwas Überspanntes, oder Misverstandenes – ich sage, man prüfe scharf und unpartheyisch und ich will alles verlohren haben, wenn nicht jeder Gott und der Wahrheit die Ehre geben und sagen muß: *Ja es ist gewiß wahr, diese Partheyen enthalten unstreitig, und in iedem Betracht und Verhältnis die besten, die edelsten Menschen.*

Nun frage ich jeden der nur Ohren zu hören hat:[77] wodurch sind denn diese Menschen so durchaus grundgut und gebessert worden? – Antwort: durch nichts anders als durch den wahren praktischen Glauben an den Fall *Adams,* folglich an das natürliche Verderben der gesamten Menschheit, an die Erlösung aus diesem Verderben durch das Leiden und Sterben des Mensch gewordenen Sohnes Gottes Jesu Christi, an dessen Sitzen zur Rechten Gottes, und Regierung der Welt, und an die positive Bewirkung, Erleuchtung und Heiligung des busfertigen Sünders durch den heiligen Geist, der vom Vater und Sohn ausgeht.

---

72 Angehörige der in den 1720er Jahren von Nicolaus Ludwig Graf von Zinzendorf (s. Anm. 481) in der Oberlausitz gegründeten Herrnhuter Brüdergemeine.

73 Im späten 17. Jahrhundert aufgekommene, zunächst pejorative und später historiographische Bezeichnung für fromme Leute (von lateinisch „pietas“ = Frömmigkeit), die sich zumeist auf die Kirchenverbesserungsvorschläge Philipp Jacob Speners (s. Anm. 427) beriefen (vgl. hierzu und zur Verwendung des Ausdrucks bei Jung-Stilling Nachwort, 2).

74 Anhänger der „Fijnen“, die eine Reform der Kirche in der Tradition des niederländischen Präzisismus (von „präziser“ Befolgung ethischer Gebote) anstrebten.

75 Anhänger der Laientheologie und Frömmigkeit von Gerhard Tersteegen (1697–1769), Bandwirker in Mülheim/Ruhr, Mystiker, Erbauungsschriftsteller, Liederdichter und Briefseelsorger.

76 Personen, die beanspruchten, Empfänger göttlicher Offenbarungen durch Einhauchung (Inspiration) des Heiligen Geistes zu sein (zu den sog. „Inspirationsgemeinden“ des 18. Jahrhunderts s. Anm. 850).

77 Vgl. Mt 11,15 und 13,9; Apk 2,11 u. ö.

Man frage jeden dieser gebeßerten veredelten Menschen, wodurch bist du so geworden? – und jeder, jeder, ohne Ausnahme, wird dem Inhalt nach obige Antwort geben, und auf diese Erfahrungswahrheit leben und sterben.

Nun zeige man mir dagegen auch nur einen einzigen Menschen, der durch die Predigt der blosen Sittenlehre gründlich gebessert worden wäre, mit einem von jenen wahren Christen in gleichen Grad des Menschenadels gesezt werden könnte? von einzelnen heroischen Tugenden ist hier die Rede nicht, sondern von einen durchaus gebesserten Seelengrund, in welchem keine Sünde, keine Leidenschaft mehr *herrschend* ist.[78] Ich weiß gewiß, daß man mir keinen solchen Menschen zeigen kann, aber das weis ich eben so gewiß daß da wo nach dieser Form gelehrt und gepredigt wird die Sittenlosigkeit und das Verderben unaufhaltbar zunimmt. Man thue doch die Augen auf und sehe!!! – Man habe doch Ohren und höre! –

Sagt! – wo ist nun Wahrheit, bey der alten, oder bey der neuen Lehre?

Findet ihr Sachen die nicht wahr seyn können – so leset dieses Heft aus, der *Graue Mann* wird euch beruhigen. – Oder wollt ihr *bewiesen* haben, daß die biblischen Geschichten wahr sind? Nun so beweißt Ihr, daß sie nicht wahr sind, wir brauchen den Beweiß nicht zu führen: denn wir sind im Besitz der Warheit. […]

78 Herrschende Sünde: Unfähigkeit, Sünde zu unterdrücken.

1.5 Der Graue Mann (1810)[79]

Sämmtliche Schriften, Bd. 8, S. 221–254, hier: S. 221–229; Sämmtliche Werke, Bd. 8, S. 276–318, hier: S. 276–286; Edition Mertens/Völkel, Bd. 4, S. 1313–1367, hier: S. 1315–1326

Ach könnte ich doch meine Feder in Sonnenglut tunken, und Flammenschrift niederschreiben, die Mark und Bein, Seel und Geist durchglüen,[80] und die eiskalten Herzen zerschmelzen möchten! – Groser Gott! ist es denn möglich, daß man noch immer leichtsinnig den Pfad des Verderbens fortwandeln, und am Rand des gähnenden Abgrunds hinwanken kann, da man doch vor Augen sieht, wie schrecklich die Donner des Zorns Gottes über unsern Häuptern brüllen, und seine zückenden Blitze überall treffen. – Der Köcher des Allmächtigen ist mit Pfeilen angefüllt,[81] sein Bogen ruht nicht – doch es ist ja nun Friede! – Gottlob ja! es ist Friede, aber hat denn auch das Bluttriefende 1809te Jahr[82] eine wahre Herzens= und Sinnesändrung bewürkt, sind wir zur Einsicht der Quelle unsers Jammers gekommen? – Alle Zeitungen und alle Nachrichten sagen, Nein! sie bezeugen das Gegentheil. Der graue Mann hat mir Dinge erzählt, bey deren Anhören einem die Ohren gellen[83], das Herz im Leibe erstirbt; *und der graue Mann lügt nicht. – Ernst Uriel von Ostenheim*[84] ist ein Mann der Wahrheit, Er ruft von Osten ge-

79 *Dr. Johann Heinrich Jung genannt Stilling:* Der Graue Mann. Eine Volksschrift, Heft 22, Nürnberg 1810, S. 3–15.
80 Vgl. Hebr. 4,12.
81 Vgl. Jes 49,2b.
82 Im April 1809 hatte der 5. Koalitionskrieg Österreichs gegen Frankreich begonnen, dessen Hauptschauplatz Süddeutschland gewesen war. Dieser war durch den Frieden von Schönbrunn am 14.10.1809 beendet worden.
83 Vgl. 1Sam 3,11; 2Kön 21,12; Jer 19,3.
84 Von Jung-Stilling in der ersten Ausgabe des „Grauen Mannes“ als dessen

gen Westen, und von Norden gegen Süden: Thut Buße bekehrt Euch,[85] o Ihr Europäische, Ihr teutsche Christen! O bekehrt Euch wieder, zu Eurem Heiland und Erlöser, damit Er sich Euerer erbarme, ehe die Gnadenthür verriegelt und auf ewig verschlossen wird![86] – Er ruft daß die Pole und der *Orion* beben – *Aber – man lacht, und spottet! Nein! – das ist nicht möglich!* – Lieber Bruder! der du das sagst, hast du die Welt gesehen? hast du ihre verborgene Winkel durchlauscht? – So grundverdorben, so sittenlos war die Menschheit noch nie als sie jezt bey der Fülle der Religion, und der Aufklärung ist. Daher *sind,* und *werden* auch die göttlichen Gerichte so schrecklich als sie noch nie waren. Sagt nicht, *Stilling* sieht durch ein trübes Glas in die Zukunft; leset mein *Heimweh*[87] und die *Siegsgeschichte*[88] nebst ihrem *Nachtrag,*[89] leset auch die vorhergehenden Hefte des *grauen Mannes*, legt dann die Hand aufs Herz[90], und sagt, ob ich euch getäuscht habe, und ob nicht alles eingetroffen ist, was ich vorher gesagt habe? und seyd dann versichert, daß auch das was ich jezt sage, und noch sagen werde, auch gewiß eintreffen wird. Denkt nicht daß ich mich für einen Propheten ausgeben will; der Herr behüte mich für jedem Stolz!

„eigentlicher Name“ mit Erläuterung der symbolischen Bedeutung der einzelnen Namensbestandteile eingeführt (vgl. Der Graue Mann, Heft 1, 1795, S. 4 f.).

85 Vgl. Apg 3,19.

86 Vgl. Lk 13,25–28, auch Mt 25,10.

87 *Heinrich Stilling:* Das Heimweh. 4 Bde., Marburg 1794–1796 (Neuausgabe hg. v. Martina Maria Sam, Dornach, Leck 1994 [enthält auch „Der Schlüssel zum Heimweh“]).

88 *[Johann Heinrich Jung-Stilling]:* Die Siegsgeschichte der christlichen Religion in einer gemeinnützigen Erklärung der Offenbarung Johannis, Nürnberg 1799.

89 *Dr. Johann Heinrich Jung Stilling:* Erster Nachtrag zur Siegsgeschichte der christlichen Religion in einer gemeinnützigen Erklärung der Offenbarung Johannis, Nürnberg 1805 (^{2}1814).

90 Eine auf das Mittelalter zurückgehende Schwurgeste (rechte Hand auf linker Brustseite = „Herz“) zur Bezeugung der eigenen Ehrlichkeit.

ich bin nur der Geheimschreiber der beyden Gesandten Gottes an die Menschheit, nämlich des grauen Mannes, *Ernst Uriels von Ostenheim,* und des grosen Morgenländers, *Theodors Josias von Edang,*[91] was die mir sagen daß ich schreiben soll, das schreib ich getrost, und wenn alle Obrigkeiten meine Schriften verbieten, und mich mit Gefängnis= oder gar Lebensstrafe belegen sollten; das alles hindert mich nicht, dem Trieb meiner Menschenliebe zu folgen, und meinen Zeitgenossen zu sagen, was über ihrem Haupt blüht, und was sie in der nahen Zukunft zu erwarten haben. Bis an mein Lebensende will ich warnen und belehren, und nun in diesem und den folgenden Heften des grauen Mannes die Resultate meiner öftern und langen Unterredungen mit obgedachten glorwürdigen Gesandten, des grosen Monarchen aus dem Orient[92] mittheilen.

In meinem lezten Heft schrieb ich:[93] *Teutschland* bedürfe keines Kriegs, um das Schrecklichste aller göttlichen Gerichte aus seinem eigenen Busen zu entwickeln; weil seine Sünden und Gräuel bis an den Himmel steigen,[94] und es so nicht lange mehr fortdauern kann. Damals ahnete ich keinen nahen Krieg, und siehe! er kam unvermuthet wie ein Sturmwetter, und düngte die Fluren an der *Donau* hinab mit Blut. Tausende schleuderte er in die dunkle Ewigkeit hinüber, und abermal Tausende verstümmelte er zu Krüppeln. Ich wiederhole meine traurige Frage: *was hat diese scharfe Züchtigung bewürkt?* – Ich antworte aus eigener und anderer Erfahrung: *im Ganzen gar nichts*. Diejenigen welche der Krieg nicht berührt hat, taumeln am Rand des Ab-

91 Ebenfalls eine aus dem Roman „Das Heimweh“ übernommene Gestalt, die für die heiligende Gnade steht (Edang = Anagramm von Gnade).

92 Gott.

93 Vgl. *Dr. Johann Heinrich Jung genannt Stilling:* Der Graue Mann. Eine Volksschrift, Heft 21, 1809, S. 527.

94 Vgl. Apk 18,5.

grunds fort, und die welche der Jammer getroffen hat, starren ungefühlig in die Welt hinein, und schleppen stoisch ihre Last, bis es besser wird. Hin und wieder mag der Eine oder Andere zur Besinnung gekommen seyn, was ist das aber unter so vielen Millionen? Dagegen wächst das Verderben unaufhaltbar empor: Die unbändigste Wollust und Unzucht ist allgemein herrschend, besonders unter den vornehmen und gebildeten Ständen; kann man es glauben, daß ein Italiener einen ansehnlichen Vorrath von Maschinen, auf einer teutschen Messe feil hatte, deren schändlichen Gebrauch, ich nicht mit einem Gedanken berühren mag, und im Huy[95] waren sie verkauft. Man hält es gar nicht mehr für Sünde, wenn verheurathete Männer neben aus gehen, und die Tempel der Cyprischen Göttin[96] besuchen, so gar Weiber von Stande, bieten sich an geheimen Orten in der Nacht unerkannt, diesem Gräuel dar. Die Apostolische Drohung: *Die Hurer und Ehebrecher wird Gott richten*,[97] macht gar keinen Eindruck mehr; das ist aber auch kein Wunder, denn die ganze Bibel gilt nichts mehr. Von den *unnatürlichen* Abscheulichkeiten[98] mag ich kein Wort sagen; diese waren immer das Signal zum Schlußgericht; sie sind die lezten Zuckungen des Wollustteufels, ehe ihn der lezte Blitz des Zorns des allmächtigen und gerechten Gottes, in den Feuerofen schleudert. Auch jene stumme einsame Sünde[99] ist jezt allgemeiner als jemals. *Sagt, liebe Zeitgenossen! Was soll aus unsern Kindern und Kindeskindern werden, wenn das so fortgeht?* – Der graue Mann lispelt mir ins Ohr: *Sorge nicht, es wird nicht so fortgehen: der Herr*

95 Im Nu.
96 Bordelle (Anspielung auf die griechische Liebesgöttin Aphrodite als auf der Insel Kypros Geborene).
97 Hebr 13,4.
98 Homosexualität.
99 Masturbation.

wird seine Getreuen aus Sodom führen,[100] *oder zum Heimgang; oder zum Zeugen=Tod versiegeln!*[101] *Amen! Ja! es geschehe!* –

Mit diesem schrecklichen Verderben vereinigt sich noch ein Anderes: Der nie erhörte Luxus steigt zu einer Höhe hinauf, von welcher man ohne Hals und Bein zu brechen nicht wieder herunter kan. Es werden täglich Summen Geldes verschwendet, deren Gröse unglaublich ist, und während dem irren tausende unserer Brüder, ohne Obdach, ohne Kleidung und ohne Nahrung umher, und verschmachten. Von dem unbändigen und fiebergleichen Modewechsel in Schmuck, Kleidung und Hausgeräthe mag ich gar nichts sagen, er ist an der Tagesordnung, und geht über alle Gränzen hinaus. Wo sollen nun die Mittel zu alle dem Aufwand herkommen? – Die Quellen des Einkommens versiegen am Ende, und dann muß es biegen oder brechen.[102]

Man kann mir sagen: *das war aber der Fall bey allen Nationen*! – Richtig! es ist schlimm genug für uns, daß wir uns in ihrem Spiegel nicht erkannt haben, aber bey uns kommt noch etwas Wichtiges hinzu: alle Nationen, die durch ihre Laster und den Luxus endlich dem ernsten Gericht anheim gefallen sind, waren doch in Ansehung ihrer Religion, *dem Glauben und der Bekänntniß* nach, treu geblieben; und wenn es auch Freygeister unter ihnen gab, so waren diese doch nie die herrschende Parthey. Nie hiengen die Juden vester an ihrer Religion, als bey dem Schlußgericht über ihren Staat, Stadt und

100 Vgl. Gen 19.
101 Vgl. Apk 7,1–8.
102 Vgl. das Sprichwort „Was sich nicht biegen lassen will, muss brechen." (*Karl Friedrich Wilhelm Wander:* Deutsches Sprichwörter-Lexikon. Ein Hausschatz für das deutsche Volk, Bd. 1, Leipzig 1867, Ndr. Aalen 1963, S. 372). Zur Motivgeschichte vgl. *Albrecht Schöne:* Vom Biegen und Brechen, Göttingen 1991.

Tempel,[103] wie grundverdorben auch ihre Sitten waren; wie sehr und wie lange kämpften die heidnischen Römer für ihre Religion unter den ersten christlichen Kaisern, und erst Theodosius der Grose[104] überwand sie ganz. So unbeschreiblich sittenloß und lasterhaft auch die griechische Kirche, und der Hof zu *Constantinopel* waren, so blieb ihnen doch die Religion bey allen Irrthümern und Mängeln heilig. Ich wollte keinem unserer Neologen gerathen haben, auch in den lezten und verdorbensten Zeiten zu *Constantinopel,*[105] oder auch in einer andern griechischen Stadt, so zu predigen, wie er unter uns *mit Beyfall* predigt, man hätte ihm den Kopf vor die Füße gelegt, oder ihn gar verbrannt. Glaubt nicht daß ich das billige, ich will nur so viel damit beweisen, daß noch nie eine Nation so von ihrer Religion abgefallen ist, wie die Abendländische Christenheit, und vorzüglich – ich möchte Blut weinen, daß ich es öffentlich sagen muß – *als die Protestanten.* Das Wesen der christlichen Religion besteht doch, wahrhaftig! darinnen: *Daß Jesus Christus wahrer Gott und wahrer Mensch in einer Person ist, daß Er zur Rechten des Vaters sizt und die Welt regiert; daß Er durch sein Leiden und Sterben, die Menschen von der Sünde und Verdammnis erlöset hat, und daß Er durch seinen Geist, den in Adam gefallenen und Grundverdorbenen Menschen heiligen, und zum Bürger des Himmels und seines Reichs bilden will, so bald er gründlich Buße thut, und von Herzen an Ihn und sein Evangelium glaubt.* Dies ist reiner Ausdruck der Wahrheit, der Bibel und der wahren allgemeinen christlichen Kirche von den er-

103 Die Eroberung Jerusalems und die Zerstörung des Tempels im Jahr 70 im Ergebnis des Jüdischen Krieges (66–70).

104 Theodosius I., der Große (347–395), ab 379 römischer Kaiser; erhob das Christentum zur Staatsreligion und erließ Gesetze gegen heidnische Kulte.

105 Gemeint ist die Zeit vor der Eroberung Konstantinopels 1453 durch die Osmanen, mit der das Byzantinische Reich endete.

sten Pfingsten an bis daher[106]. Das ist auch der wahre, reine Gehalt der beyden Symbolischen Bücher[107] der Protestanten, der *Augsburgischen Confession*,[108] und *des Heydelbergischen Catechismus*.[109] Wahre Aufklärung und Fortschritt in den Wissenschaften, können mehr Licht und Reinigkeit in die Nebensachen der Religion bringen, aber jene wesentliche Lehre des Christenthums darf im geringsten nicht berührt werden.

Nun bitte ich, die leider! allmälig und immer herrschender werdende Lehre der Protestanten zu prüfen: Sie sezt vest, Christus sey nicht wahrer Gott, sondern nur ein bloser aber guter Mensch, vielleicht? auch der beste Lehrer der Menschen gewesen, doch den *Sokrates*[110] und den *Marck Aurel*[111] nicht zu verachten. (Mir sagte einmal einer der größten und allgemein berühmtesten Gelehrten *Teutschlands – Was Christus! – Marck Aurel ist mein Erlöser!* – er wirds jezt wohl gewiß wissen, und er mag froh seyn, wenn ihm das Schicksal *Marck Aurels*[112] geworden ist.) – Daß *Christus* zur Rechten des Vaters sizt und die Welt regiert, das glaubt man nicht, sondern ihr metaphysischer Gott den kein Mensch kennt, hat der Schöpfung, der ganzen Natur, physische und moralische Kräfte gegeben, durch welche sie nach unabänderlichen Gesetzen regiert wird. Die Erlösung der Menschen durch das Leiden und Sterben *Christi*, hält man für eine orientalische Bildersprache; damals war man an das opfern für die Sünde gewöhnt,

---

106 Bis jetzt.
107 Bekenntnisschriften.
108 Das Augsburger Bekenntnis (Confessio Augustana) von 1530 als zentrale lutherische Bekenntnisschrift.
109 Der Heidelberger Katechismus von 1563 als zentrale reformierte Bekenntnisschrift in Deutschland.
110 Sokrates (469–399 v. Chr.), griechischer Philosoph.
111 Mark Aurel (121–180), von 161 bis 180 römischer Kaiser, Philosoph der Stoa.
112 Mark Aurel starb vermutlich an einer als antoninische Pest bezeichneten Pandemie.

und so machte man den Tod *Christi* auch Gleichnisweise zum Opfer, eigentlich aber besteht die Erlösung blos in Befolgung seiner Sittenlehre. Den Fall *Adams*[113] hält man für ein mythologisches Gedicht, und man behauptet, alles was wir Menschen Böß nennen, komme aus der Eingeschränktheit der Seelenkräfte her. Auch bedürfe es da keines heiligen Geistes zu ihrer Erhöhung, sondern diese Kräfte seyen dazu allein hinlänglich, sie brauchten nur geweckt und angestrengt zu werden, so werde man der Seligkeit würdig u.s.w.

Jeder Sachkundiger wird gestehen müßen, daß ich vorhin den wesentlichen wahren apostolischen Lehrbegrif, und nun jezt hier zulezt, den zu unserer Zeit herrschenden neologischen richtig angegeben habe. Zugleich wird jeder, der nur gesunden Menschenverstand hat, erkennen, daß dieses leztere System, dem ersten wahren, so wie es *Christus,* seine Apostel, und die apostolischen Männer gelehrt haben, geradezu entgegen gesezt ist; jezt lege nun jeder die Hand aufs Herz, und sage dann seine Überzeugung redlich, ob nicht das gegenwärtig würklich schon mit dem Mund bekannte, oder *noch nicht bekannte,* aber doch im Herzen *geglaubte* System, der von *Paulus* 2 Thessal. 2. so deutlich geweissagte Abfall[114] ist? – Wer nur noch nicht ganz aller Urtheilskraft beraubt ist, der muß ja das im reinsten, hellesten und deutlichsten Licht erkennen. Hat nun der heilige Apostel diesen Abfall mehr als siebenzehnhundert und vierzig Jahr voraus gesehen, und als ein gewisses Zeichen der Zukunft des Herrn vestgesezt, und dieser Abfall ist nun da, so können wir auch gewiß versichert seyn, daß auch die übrigen Zeichen, die damit verbunden sind, und die Zukunft des Herrn gewiß in Kurzem erfolgen werde; und zwar um so gewisser, da

113 Der Sündenfall nach Gen 3.
114 Vgl. 2Thess 2,3–11.

auch alle übrigen politischen Verhältnisse in der Christenheit, so damit übereinstimmen, daß der wahre glaubige Christ gar nicht mehr daran zweifeln kann. *Liebe Zeitgenossen! ich bitte Euch um Gottes Barmherzigkeit, um Jesu Christi willen, beherziget doch was ich hier sage: Noch bey Euern oder Euerer Kinder Lebzeiten, wird der Rathschluß Gottes über die Menschheit ausgeführt, und das was die heiligen Propheten vor Jahrtausenden geweissagt haben, pünktlich erfüllt werden; So wahr der Herr lebt, es wird geschehen?* – Wer nun den Herrn *Jesum* nicht lieb hat, *der sey Anathema Maranatha!!!*[115] –

Man hat mir Schuld gegeben ich weissagte, der jüngste Tag werde im Jahr 1848 oder 1836 kommen, und mich darüber ausgespottet; nein! meine Lieben! Dieser Spott trift mich nicht, in meinem ganzen Leben hab ich das nicht behauptet, aber das hab ich gesagt, und ich sage es auch noch; *daß gegen diese Zeit der grose Kampf zwischen Licht und Finsternis ausgekämpft seyn, und das so lang gewünschte Reich des Friedens auf Erden beginnen werde.* – Wer geöfnete Augen hat, der wird sehen, und wer Ohren hat, der wird hören,[116] und wer den Geist der Weisheit hat, der wird verstehen, was ich mit diesen Worten sagen will. Der jüngste Tag, das ist: die allgemeine Auferstehung der Toden, und die Verklärung unseres Erdplaneten zur ewigen Wohnung der erlösten Menschheit, und ihres vielgekrönten Königs, erfolgt weit über tausend Jahr hernach. *Dies sey nun ein für allemal die Antwort auf alle die hämischen und lieblosen Neckereyen des Herrn Professor Benzenbergs in Düsseldorf*[117] *und seiner Nachbäter. Wir werden uns zu*

115 Der sei verflucht; unser Herr kommt! (vgl. 1Kor 16,22).
116 Vgl. Mt 11,15 und 13,9; Apk 2,11 u. ö.
117 Johann Friedrich Benzenberg (1777–1846), Physiker und Astronom in Düsseldorf. Vgl. *J[ohann] F[riedrich] B[enzenberg]:* Astronomische Bemerkungen über die Erklärung der Offenbarung Johannis vom

der Zeit sehen und sprechen, und gebe doch der Herr daß ich sie dann alle als Brüder möge umarmen und bewillkommen können. Doch ich lenke ein und setze meinen mir vom grauen Mann vorgezeichneten Pfad fort.

Wenn es nun also ganz gewiß ist daß wir so nahe an dem grosen entscheidenden Zeitpunkt sind, so wird doch, warlich! jeder der dies ließt und hört, gern ein Bürger dieses herrlichen Reichs des Friedens werden wollen; ich bemerke hiebey, *daß jeder Bürger dieses Reichs ein wahrer Christ, nach dem Sinn Christi und seiner Apostel seyn muß, und daß alle Kinder des Abfalls, welche die Gottheit Christi und seine Erlösungsgnade läugnen, durch schreckliche Gerichte vor dem Anbruch dieses Reichs vertilgt, und weit von seinen Gränzen, in höchst traurige Örter verbannt werden sollen. Aber auch der gewöhnliche bürgerlich rechtschaffene ehrliche Mann oder Frau, ist nicht fähig ein Bürger dieses Reichs, oder welches Eins ist: – Seelig zu werden.* Ach Gott! dazu gehört mehr; hierüber muß ich noch ein paar Worte erinnern, ehe ich weiter gehe.

Nach der neologischen Denkart unsrer Zeit wird zur Seeligkeit nichts weiter erfordert, als eine ehrliche, redliche, rechtschaffene und lasterfreye Aufführung. Dann ist seit einiger Zeit noch eine Mittelklasse zwischen Christen und Nichtchristen entstanden, die es nun ganz genau zu treffen meynen, ich nenne sie *ästhetische Christen:* Diese fühlen und empfinden überall das geistige und physische Schöne und Gute, *Christus* und seine Religion, nebst allem was damit verbunden ist, ist ihnen heilig und ehrwürdig, sie sehen das Schöne und Gute darinnen, und lieben und verehren es, aber so wie

---

H[of]R[ath] und Dr. Joh. Heinr. Jung in Marburg. In: Allgemeiner Litterarischer Anzeiger 198 (1799), Sp. 1985–1990. Zum Briefwechsel zwischen Jung-Stilling und Benzenberg vgl. Edition Mertens/Völkel Bd. 2, S. 525, Anm. 984.

man es in andern Mythologien auch liebt und verehrt, nur daß die christliche Mythologie die beste ist; aber vom wahren Glauben an *Christum* und sein Evangelium; von Buße, Vergebung der Sünden, und Erlangung des heiligen Geistes, ist ganz und gar die Rede nicht. Diese Leute sind angenehm im Umgang, mit jedermann freundlich, dultend; sie weinen mit den Weinenden, und freuen sich mit den Fröhlichen;[118] sie sind wohlthätig, tugendhaft, wohlanständig, aber von Verläugnung irgend eines sinnlichen Genusses, wenn er nicht geradezu lasterhaft ist, wissen sie nichts; in Ansehung des feinen Geschmacks in Kleidung, Nahrung, Mobilien[119], Schauspielen, Concerten, Bällen u. d. gl. sind sie die Ersten, und in dem Allem competente Richter. Sie glauben, und ihr Lebenswandel bezeugt es, daß sinnlicher Genuß der Zweck ihres Lebens ist; sie mögen ihn auch noch so sehr verfeinern und vergeistigen, *die Sache* die sie geniesen, ist immer Gegenstand der vergänglichen Sinnenwelt, *und wenn diese nun einmal verschwindet, was hat der Geist, was hat die verarmte Menschenseele alsdann von ihrem verfeinerten Geschmack?* Auch diese *ästhetische Christen* werden in der Probe nicht bestehen, ihr Gold wird sich im Tiegel verflüchtigen und nichts als unbrauchbare Schlacke wird zurück bleiben.[120] Hier gilt kein Mittelweg, kein Akkordiren[121], entweder ein wahrer Christ oder ein Nichtchrist, die Laodicäer[122] werden ausgespien. […]

---

118 Vgl. Röm 12,15.
119 Möbeln.
120 Vgl. Spr 17,3 und 27,21.
121 Sich abstimmen, arrangieren.
122 Nach Apk 3,12–22 Glieder der endzeitlichen Gemeinde von Laodicaea, die „weder kalt noch warm“ sind und die der Herr „ausspeien“ wird (Vers 15 f.).

2. Biographie als Apologie und Exempel wahren Christentums

2.1 Brief an George Jacob Decker[123], Elberfeld, 7.11.1777

Staatsbibliothek zu Berlin – Preußischer Kulturbesitz, Nachlass Decker, Bd. 8, Bl. 264 f.; Benrath Lebensgeschichte, S. 697 f.; Schwinge Briefe S. 83 f.

Elberfeld d[en] 7ten 9br. 1777.

Mein Herr!

Gestern Abend erhielt ich durch Herrn Grünenthal[124] den Abdruck meiner Bogen, worinnen ich Heinrich Stillings Lebensgeschichte angefangen und bis an den Tod seines GrosVatters[125] fortgesetzt hatte.[126] Ich überließ sie vor einigen Jahren an Goethe, damit zu machen was ihm beliebte, und erst verwichenes Frühjahr erhielt ich Geld und Nachricht zugleich;[127] wuste aber so wenig den Verleger als Sie den Verfasser vielleicht wusten. Ich bin allerdings entschlossen dieses Werck fortzusetzen,[128] denn das interessanteste ist noch zurück, und ich

---

123 George Jacob Decker (1731–1799), Hofbuchdrucker und Verleger in Berlin, der Jungs Autobiographie (s. Anm. 126 u. 128) verlegte.

124 Nicht ermittelt. Offenbar ein Verlagsmitarbeiter Deckers.

125 Johann Eberhard Jung (1680–1751), Köhler in Hilchenbach.

126 Es handelte sich um die Druckfahnen des ersten Bandes von Jung-Stillings Autobiographie (Henrich Stillings Jugend. Eine wahrhafte Geschichte, Berlin und Leipzig 1777), die sein Leben bis 1751 beschrieb. Zu Goethes Überarbeitung von Jung-Stillings „Jugend“ für den Druck vgl. *Reidel* 1994 und Nachwort, 3.

127 Johann Wolfgang von Goethe (1749–1832). Zum Verhältnis zwischen Jung-Stilling und Goethe s. Nachwort, 3.

128 1778 erschienen die Bände „Henrich Stillings Jünglings-Jahre“ und „Henrich Stillings Wanderschaft“. Es folgten 1781 „Henrich Stillings häusliches Leben“, 1804 „Henrich Stillings Lehr-Jahre“ und 1817 als Fragment „Henrich Stillings Alter“.

glaube daß dieses Buch in seiner Art eben so originell ausfallen wird, als Heinrich Stilling ein individueller Mensch ist, ich werde nichts als historisch wahre Geschichte hinschildern, man erlaube mir nur Schnörckel und Zierathen nach der Mode umher zu werffen, damit es etwas ins Auge falle und mit RomanenHunger gelesen werde. Stof gnug zu sechs Bänden mächtiger Scenen schweben in meinem Gedächtnüß, allein ich dencke, ich werde es in noch zween Bände, wie dieser erstere ist zusammendrängen. Drey Bände von einem Thema sind in unseren Bücher=schwelgerischen Zeiten gnug. Besonders da ich noch viel zu schreiben willens bin und Teutschland gern recht satt auftischen mögte.[129] Ich habe einen Roman angefangen: Die Geschichte des Herrn von Rosenau betittelt.[130] Zwantzig Bogen eng voll geschrieben liegen schon da, hatt Stilling seine Rolle ausgespielt, so soll Rosenau auftretten. Außer was noch meine Gluckhenne in meinem Hauptfach, in der Medizin und Chirurgie ausbrüten wird, es ist mein felsen vester Grundsatz viel zu schreiben, aber nichts, als was bieder, nützlich, noch nicht gesagt, oder noch nicht so gut gesagt worden.

Sie haben einen *Stilling* vor sich, trauen Sie auf sein gutes Hertz, teutschen Muth und Blut. Wir sagen, drücken die Hand, thun, und halten. So schilderte mir Grünenthal auch meinen Verleger. Danck sey's Göthe, um Sie und Ihre Bekanntschaft. Vortreflich daß Sie just in Berlin wohnen, und dazu – mit Nicolai[131] in einer Stadt!!! Friede sey mit Nicolai und mit seinem Geist, damit kein Nothanker[132] wieder erscheine, hat er Recht, so sag ers gut, und mit liebevollem Hertzen.

---

129 Zur Funktion autobiographischen Schreibens bei Jung-Stilling s. Nachwort, 3.

130 Die Geschichte des Herrn von Morgenthau. Von dem Verfasser der Geschichte des Henrich Stillings, 2 Bde., Berlin 1779.

131 Friedrich Nicolai (s. Anm. 3).

132 *Nicolai,* Sebaldus Nothanker (s. Anm. 3).

Liebster Herr Decker! das KaufmannsHertz bey Seit, das biedere teutsche an die Stelle, ist eine Louisd'or[133] zu viel vor einen Bogen von Stillings Lebensgeschichte? Ich bedarf's, bin nicht reich, hab aber die Nothdurft, allein auch Schulden, an Freunde, die mich empor huben. Thun Sie was Sie können, und geben Sie mir einen Louisd'or, können Sie aber nicht, so melden Sie mir, wie viel ich zu gewarten habe. Sie sind, und bleiben mein Verleger, und ich bin und bleibe meiner Autorschafft unbeschadet

Ihr ergebenster Diener Johann Heinrich Jung.

| Meine Addresse ist An Doctor Jung in Elberfeld. Goethens Feile ist die beste, sie polirt gut, aber meine kennen Sie noch nicht. Goethe bekam meine Bogen roh und schraf[134], nun will ich einmahl selber feylen, und sehn, ob man sich auch darinn spiegeln könne. Ich empfehle mich! |

2.2
Lehrbuch der Staats-Polizey-Wissenschaft (1788)[135]

Meine Geschichte als Lehrer der Staatswirthschaftlichen Wissenschaften, statt einer Vorrede.

Ich hab schon seit langer Zeit sehnlich gewünscht, meinen geliebten Teutschen Lesern endlich einmal Rechenschaft von meinem Würkungskreis *als Gelehrter* thun zu dürfen, wenn man mir anders diesen Ehrentitel zugestehen will; ich wenigstens bekenne mit voller Überzeugung, daß zu einem wahren Gelehrten *immer*

133 Französische Goldmünze, die von 1640 bis 1793 geprägt wurde.
134 Rauh, unpoliert.
135 *Johann Heinrich Jung:* Lehrbuch der Staats-Polizey-Wissenschaft, Leipzig 1788 (Reprint Frankfurt a. M. 1970), S. V–XXXV.

noch weit mehr gehöre, als ich mir bewust bin: Doch mit Bescheidenheit pralen ist grösere Eitelkeit als stolz seyn, ich wende mich lieber zu meinem Zweck.

Meine Verfassung in *Lautern* und hernach in *Heydelberg* war nicht von der Art, daß ich aus freyer Brust reden konte; es gab Verhältnisse, die mirs zur Pflicht machten zu schweigen, ich konte daher meinen Wunsch nie befriedigen, nie dem Publicum sagen, wie es mich als Schriftsteller und Lehrer zu beurtheilen habe, welches ich doch in meiner Lage für höchst nöthig halte, denn ich bemerkte gar oft, daß man nicht im wahren Gesichtspunct stand, wenn man einen Blick auf meinen Würkungskreis warf, und doch glaube ich überzeugt zu seyn, daß man den Mann durchaus kennen müsse, dessen mündliche oder schriftliche Lehren Eingang finden, und das gehörige Zutrauen haben sollen.

So bald ich daher im verwichenen Frühjahr, nämlich im Jahr 1787 auf Ostern hieher nach *Marburg* kam, und mein neues Lehramt[136] antrat, so beschloß ich die erste Gelegenheit zu benuzzen, um den Lesern meiner sämtlichen Staatswirthschaftlichen Schriften mich ganz so zu zeigen, wie ich bin, und ihnen offenherzig zu gestehen, woher es komme, daß ich innerhalb neun Jahren, nun schon acht Lehrbücher geschrieben habe,[137]

136 Professor für Ökonomik an der Universität Marburg.

137 *Dr. Johann Heinrich Jung:* Versuch einer Grundlehre sämmtlicher Kameralwissenschaften. Zum Gebrauche der Vorlesungen auf der Kurpfälzischen Kameral Hohenschule zu Lautern, Lautern 1779; *ders.:* Versuch eines Lehrbuchs der Forstwirthschaft. Zum Gebrauche der Vorlesungen auf der Kurpfälzischen Kameral Hohenschule zu Lautern. 2 Bde., Mannheim, Lautern 1781–1782 (²1787); *ders.:* Versuch eines Lehrbuchs der Landwirtschaft der ganzen bekannten Welt in so fern ihre Produkten in den Europäischen Handel kommen. Den Vorlesungen auf der Kurpfälzischen Kameral-Hohenschule zu Lautern gewidmet, Leipzig 1783; *ders.:* Versuch eines Lehrbuchs der Fabrikwissenschaft. Zum Gebrauch Akademischer Vorlesungen, Nürnberg 1785; *ders.:* Gemeinnütziges Lehrbuch der Handlungswissenschaft. Für alle Klassen von Kaufleuten und Handlungsstudirenden, Leipzig 1785; *ders.:* Lehrbuch der Vieharzneykunde. 2 Bde., Heidelberg 1785–1787.

mit denen ich unter allen vielleicht am wenigsten zufrieden bin; denn keine Forderung ist doch billiger als die: daß niemand etwas drucken lassen soll, bis das Ganze, dessen Plan er sich entworfen hat, vollkommen reif ist. Diese Gelegenheit fand sich bey der Herausgabe dieses Werks, und ich eile nun mit Freuden meinen so lang genährten Wunsch zu erfüllen.

Den Lesern von Stillings= oder welches eins ist, *meiner* Lebensgeschichte[138], ist mein Herkommen bekannt; meine Großeltern und Eltern waren sehr geringe und arme Bauersleute, aber zugleich Menschen von dem vortreflichsten und edelsten Caracter, so wie es überhaupt wenige giebt, sie verlebten ihre Tage still und unbemerkt, und begnügten sich mit dem inneren und seeligen Bewustseyn der bessern Zukunft.

– Hilares et nos occurrere morti.
Novimus, et nostros ultro finire labores.[139]

Mein Großvater[140] verheurathete meinen Vater[141] bey sich ins Haus; dieser hatte wegen seiner gebrechlichen Füße das Schneider=Handwerk gelernt, zugleich hin und wieder auf den Dörfern schulgehalten, und war überhaupt als ein vortreflicher Kinderlehrer bekannt. Das Dörfgen, in welchem meine Voreltern und Eltern gewohnt haben, heist Im Grund, und liegt in einem waldigten Gebürge des Fürstenthums *Nassau=Siegen*, im Amt *Hilgenbach*[142], hier wurde ich den 12ten September

---

137 Von Jung-Stillings Autobiographie waren bis zu diesem Zeitpunkt Henrich Stillings Jugend, Jünglings-Jahre, Wanderschaft und häusliches Leben erschienen (s. Anm. 126 und 128).

139 Zitat aus dem 1769 erschienenen 3. Band der von Michael Denis in Wien herausgegebenen lateinischen Übersetzung der „Gesänge des Ossian“ des schottischen Dichters James Macpherson (1736–1796): „Auch wir begegnen freudig dem Tod. Wir wissen, dass auch unsere Mühen zu Ende gehen.“

140 Johann Eberhard Jung (s. Anm. 125).

141 Johann Helmann Jung (1716–1802), Schneider in Hilchenbach.

142 Hilchenbach.

1740 gebohren; anderthalb Jahre nach meiner Geburt starb meine Mutter,[143] welches meinen Vater dergestalt darnieder schlug, daß er sich in die Einsamkeit zurückzog, sich mit seinem Handwerk nährte, und ganz allein in der Ausübung der Religion Linderung seiner Schmerzen, und Ersaz seines Verlustes suchte. Ich war sein einziges Kind, alle seine Liebe strömte auf mich in vollem Maaß, und wär er ein Mann von gewöhnlichem Schlag gewesen, so würde ich verzärtelt, und bey meinem höchst lebhaften und empfindsamen Temperament ein elender Taugenichts geworden seyn, allein die Vorsehung, die Ihre heilige Absichten mit mir hatte, leitete meinen Vater so, daß er seine Liebe zu mir in der besten Erziehung äusserte, die ihm in seinen Umständen möglich war: er hatte den grosen und wichtigen Grundsaz, *der Mensch müsse von der Wiegen an immer Willenlos gehalten werden, um sich hernach in alle Schicksale seines Lebens finden zu können,* und er übte diesen Grundsaz ununterbrochen aus; alles was ich nur mit einiger Leidenschaft verlangte, das erhielt ich nie, und zugleich wurde in jeder Befriedigung meiner Bedürfnisse eine Reinlichkeit und Ordnung beobachtet, die fast ohne Beyspiel war. Dadurch bekam mein Geist eine Richtung, und mein ganzes Ich eine Geschmeidigkeit, die mich in meinem ganzen Leben, durch eine ganze Kette der schweresten Leiden immer aufrecht, und im festen Vertrauen auf Gott erhalten haben.

Da die Handthierung[144] meines Vaters von der Art war, daß er immer auf seiner Stuben sizzen muste, so konte er auch meine Erziehung vollkommen abwarten; er hielt mich von allen Kindern entfernt, und niemand sah mich ausser dem Hause, doch durfte ich täglich in

143 Johanna Dorothea Catharina Jung, geb. Fischer (1717–1742).
144 Berufstätigkeit.

den Hof spazieren gehen, so bald sich mir aber irgend ein Knabe näherte, so pfiff er, und ich eilte wieder in meine Einsamkeit.

So wie ich Morgens aufgestanden war, kniete mein Vater mit mir nieder, und betete mit Inbrunst, besonders für mich; mit heiligem Schauer denk ich noch oft dran, wie er gleichsam seinen Gott beschwor einen rechtschaffenen Mann aus mir zu machen; dann bestand mein ganzes Geschäfte den Tag über, im Lesen, Schreiben, Rechnen, und Erlernung der Religions=Wahrheiten; da nun mein Kopf und mein Herz weder mit Kinderspielen, noch mit sonst etwas in der Welt angefüllet waren, so machte alles was ich lernte tiefen Eindruck auf mich, und hier liegt der Grund, warum Gelehrsamkeit und Wissenschaften von je her meine Lieblings=Neigungen gewesen sind. Den Abend vor Schlafengehen betete mein Vater abermal auf die nämliche Weise wie des Morgens, und so verlebte ich meine ersten zehen Jahre in dem Hause meines Großvaters.

Die Begriffe, welche mir mein guter Vater von der Religion beybrachte, waren nichts weniger als pedantisch, und bloß dieses war mein groses Glück; hätte ich ganze Stunden lang trockene dogmatische Schriften lesen, oder gar auswendig lernen müssen, so wär ich gewis ein Feind aller wahren Gottesverehrung geworden, allein davor blieb ich bewahrt; ich wurde beständig durch Ermahnungen und Beyspiele zur höchsten Moral angewiesen, und mein Vater schleppte mir von allen Seiten her Lebensbeschreibungen vortreflicher Menschen, und wahrer Christen zusammen: dadurch wurde der Trieb ihnen gleich zu werden so tief in meine Seele eingegeistet[145], daß er würklich die einzige Ursache von al-

145 Deutsche Wortbildung zu „inspiriert“ (s. Anm. 76); hier im Sinne von „eingeprägt“.

lem ist, was ich nunmehro durch die gütige Leitung der hohen Vorsehung geworden bin.

Indessen muste ich doch den Heydelbergischen Catechismus[146] mit allen seinen Glossen[147] auswendig lernen, wenn ich dereinst zum Abendmahl sollte confirmirt werden, mein Vater stellte mir die Nothwendigkeit vor, er sagte mir: Du brauchst das nicht als Christ, sondern als Glied der reformirten Kirchen, lerne du nur täglich etwas auswendig, so kanst du zu seiner Zeit alles, was du können must; ich befolgte dies, und bestand endlich in der öffentlichen Prüfung so, daß jedermann darüber erstaunte.

Doch ich eile weiter, damit ich hier nicht am unrechten Ort zu weitläufig werde; ich will also alles kurz zusammen fassen: um mich nicht zu ermüden, wechselte mein Vater mit meiner Lektür ab, ich durfte auch mit unter Romanen und Geschichten lesen, und da ich nichts anders that, so war ich in meinem siebenden Jahr schon so weit in der Erkänntniß fortgerückt, daß mich jedermann für ein halbes Wunder hielt. Bey allem dem wurde ich ausserordentlich streng in der Zucht gehalten, die Ruthe war so zu sagen mein täglich Brod, und jede auch die kleinste Vergehung wurde damit bestraft; man tadelte dies an der sonst so vortreflichen Erziehungsmethode meines Vaters; er hatte auch würklich die Absicht nicht, die die Vorsehung dabey beäugte, denn bey ihm war es Übung in der Abtödung des Fleisches und aller sinnlichen Lüste, er würde mit jedem Kind so verfahren, und also gefehlt haben; in dem göttlichen Plan aber war diese Führung erhaben, und höchst nothwendig, die Vorsehung sezte diese strenge Erziehung durch viele unbeschreibliche Trübsalen ununterbrochen fort, und es ist noch nicht lange, daß diese

146 S. Anm. 108.
147 Erklärungen.

Strenge etwas nachgelassen hat, ich fühle auch sehr wohl, was mein natürlicher Leichtsinn, und meine Lebhaftigkeit aus mir gemacht haben würden, wenn ich nicht von der Wiegen an so streng geführt worden wäre.

Nun war meine ganze Seele zur Gelehrsamkeit, und zu den Wissenschaften gestimmt, ich wünschte nichts anders als ein Gelehrter zu werden, und zu studiren, allein wie sollte ich diese Sehnsucht befriedigen? Das ganze Vermögen meines Vaters betrug keine fünf hundert Gulden, ans Studiren war also nicht zu denken; es wurden freylich allerhand Plane [!] gemacht, allein jeder war unausführbar, und mein Vater begnügte sich also damit, mich noch einige Zeit in die lateinische Schule zu schicken, wozu Gelegenheit in der Nähe war, und mich dann dem Schulhalten zu widmen, weiter konnte seine Absicht nicht gehen; da aber die Schulbedienungen von der Art sind, daß sie ihren Mann nicht nähren können, so blieb weiter nichts übrig, als daß er mich auch noch sein Handwerk lehrte; dieses war mir nun zwar äusserst zuwider, allein es muste seyn, wenn ich mich anders[148] ehrlich durchbringen wollte. Indessen gerieth ich in die Mathematik, denn mein Vater war auch zugleich Landmesser, er hatte also einige geometrische Bücher, ich lehnte[149] noch einige dazu, studirte für mich allein, und machte erstaunliche Fortschritte.

Indessen lebte ich unter lauter Kohlbrennern[150], Bauern, Bergleuten, Eisenschmelzern, und Hammerschmieden, und da ich von der Wiegen an mit hellem Blick alles anzusehen gewohnt war, und nun so gar auch Känntnisse von der reinen und angewandten Mathematik, und besonders von der Mechanik hatte, so wurden mir die Produktions=Wissenschaften; Nämlich die

148 Hier im Sinne von „überhaupt“.
149 Entlieh.
150 Auch „Köhlern“: Hersteller von Holzkohle.

Forst= und Landwirthschaft, der Bergbau, und die Metallurgie[151] ganz geläufig; man bemerke hier meine planmäßige Führung: eben diese Wissenschaften waren es, die ich erst dreysig Jahre hernach auf hohen Schulen lehren sollte, wer hieß mich das alles so genau beobachten, so genau studiren? Weder ich noch jemand in der Welt dachte damals dran, daß mir diese Känntnisse jemals würden nüzzen können, indessen war mein innerer Trieb unbeschreiblich, und ich folgte ihm.

Im funfzehnten Jahr meines Alters wurde ich erst Schulmeister auf einem Dorf an der Wittgensteinischen Gränze[152]; ich wohnte in dem Haus eines Försters, wo ich noch mehrere Forstkänntnisse sammelte; ich bekam also praktische Begriffe, die man unmöglich aus Büchern oder auf hohen Schulen von bloßen Gelehrten erhalten kan. Von diesem Ort rückte ich sieben Jahre lang als Schulmeister, in meinem Vaterland, von einem Dorf zum andern fort;[153] allenthalben waren Eisenschmelzen, Bergwerke, Eisenhämmer, und Landwirthschaft im höchsten Flor,[154] ohne irgend eine Absicht, wurden mir alle diese Geschäfte gründlich bekannt; ich benuzte nebenher jede müsige Stunde, und übte mich in der Mathematik, Geographie, Geschichte, mit einem Wort in allen Wissenschaften, wovon mir nur Bücher unter die Hände fielen. Nun ist aber dort der Gebrauch eingeführt, daß die Bauern ihren Schulmeister *jedes Jahr* wählen, oder, wie sie zu sagen pflegen, *miethen*, geschieht das nicht, so muß er abziehen, und es wird ein neuer gedungen[155]; diese Leichtigkeit abgesezt zu wer-

151 Hüttenwesen.

152 Es handelte sich um das Dorf Lützel (heute Stadtteil von Hilchenbach).

153 Von 1755 bis 1762 war Jung-Stilling nacheinander Lehrer in Himmelmert bei Plettenberg, Kredenbach, Dreisbach (heute zu Netphen), Klafeld und Hilchenbach.

154 In der höchsten Blüte.

155 Verpflichtet.

den, hat zwar den Nuzzen, daß die Schulmeister fleisiger und wachsamer sind, als anderswo, allein sie sind auch der Cabale[156] mehr ausgesezt, dies leztere traf mich auf eine ganz ungewöhnliche Art: ich war in den sieben Jahren an sechs verschiedenen Orten, an jedem hatte ich warme enthusiastische Freunde, aber auch die bittersten Feinde; vielleicht war meine ganz isolirte Erziehung Schuld daran, ich war zu offenherzig, zu sonderbar[157], zu auffallend, und daher kam es, daß meine Feinde gar leicht eine Blöße fanden, wo sie mich tief verwunden konten; ich wurde also fast von jedem Dorf mit dem bittersten Haß verstoßen, und zugleich mit der wärmsten Zärtlichkeit beweint. Ich muste dann allemal wieder zu meinem Vater und seinem Handwerk meine Zuflucht nehmen, dieser hatte aber wieder geheurathet, er besaß ein Bauerngut, welches er neben seiner Profession bearbeitete; hier gieng nun mein Elend an: denn nun muste ich alle Bauernarbeit verrichten, wozu kein Glied an meinem Leibe Geschick hatte, weil ich von Jugend auf nicht daran gewöhnt war, ich weinte ins Geheim für Müdigkeit, und es bemeisterte[158] sich meiner allmälig eine Schwermuth, die mir das Leben fast unerträglich machte; ich sehnte mich dann wieder nach einem Schuldienst, und kaum hatte ich ihn, so entstunden wieder Cabalen, die mich endlich vor das Consistorium[159] brachten, wo ich bey aller meiner Unschuld aufs schändlichste mishandelt wurde. Jezt war es um mein Schulhalten geschehen, bey meinem Vater konte ich auch nicht aushalten, und so arbeitete ich hin und wieder bey andern Meistern auf dem Handwerk; mein Vater beklagte mich zwar, allein er so wohl als meine üb-

156 Intrige.
157 Eigenbrödlerisch.
158 Befiel, überwältigte mich.
159 Hier: Presbyterium, Ältestenversammlung der Gemeinde.

rige Verwandten hielten doch dafür, es würde wohl nichts aus mir werden, und man gab mich verlohren. Die wehmüthigen Empfindungen, die ich dabey hatte, vereinigt mit dem innern erstaunlichen Drang und Hunger nach Wissenschaft, spannten mich unaufhörlich auf die Folter, so daß ich endlich im Jahr 1762 meinen Stab in die Hand nahm, und als Handwerksbursch aus meinem Vaterland ins Herzogthum *Berg*[160] wanderte.

In *Solingen* fand ich Arbeit,[161] Bewunderer und Freunde, und eben dieses war mein Unglück, jeder sagte mir laut, ich verdiente ein ander Schicksal, und ich glaubte es selbst, daher schämte ich mich meines Handwerks, mein Stolz trieb mich immer an, einen nach meiner Meynung anständigern Beruf zu suchen, und so gerieth ich abermal wieder ins Unglück, und zwar in das allererschrecklichste, gegen welches meine vorige Lage ein Elysium[162] gewesen war.

Ich kam nämlich aufs Land bey einen vornehmen Kaufmann[163] als Hauslehrer; dieser nebst seiner Frauen waren hochmüthige und ungefühlige Menschen; Geld und Familien=Verhältnisse waren ihnen Menschenwürde, alles übrige Betteley; ich hingegen war äusserst arm, ohne Kleider, und entblöst von jedem Befriedigungsmittel menschlicher Bedürfnisse. Daher wurde ich äusserst verächtlich, und als ein Landstreicher angesehen, alle mein Känntnisse galten nichts, man schämte sich meiner, schloß alles was Werth hatte vor mir zu, und kaum wurde das vom Gesinde bemerkt,

160 Territorium im östlichen Rheinland.
161 Jung-Stilling arbeitete bei einem Schneidermeister Stöcker. In Solingen waren breite Kreise von der Rezeption der mystischen Frömmigkeit Gerhard Tersteegens (s. Anm. 75) geprägt.
162 „Insel der Seligen" (von „Elysion" aus der griechischen Mythologie).
163 Peter Hartcop (1724–1770), Kaufmann und Hammerwerkbesitzer auf der Bever bei Hückeswagen.

so fieng das eine und das andre an zu naschen, auch wohl etwas zu veruntreuen, und dann wurde der Verdacht auf mich geschoben; dazu kam noch, daß man mich den ganzen Tag mit den Kindern einsperrte, so daß ich weder Menschen noch freye Luft geniesen konte.

Jetzt kam mein Kummer auf die höchste Stuffe, mein Körper zehrte so ab, daß nichts als Haut und Knochen an mir war, und Gottes Hand allein bewahrte mich, daß ich mir nicht das Leben nahm. Doch ich mag meine Leser mit allem meinem Jammer nicht ermüden, gnug, ich entfloh im März des 1763sten Jahrs aus meinem Fegfeuer, gieng durch das Städtgen *Rade vorm Wald* gegen die Grafschaft Mark zu, ohne einen Heller Geld zu haben; hier irrte ich im Wald umher, und es war nun an dem, daß ich in meinem Leben zum erstenmal hätte mein Brod betteln müssen, als ich auf einmal erwachte und mein Handwerk lieb gewann; nun beschloß ich feyerlich lebenslang ein Handwerksmann zu bleiben, mein Stolz war nun aus dem Grunde geheilt, ich kehrte also in obengedachtes Städtgen zurück, fand daselbst bey einem edlen vortreflichen Manne[164] Arbeit, und Seelenfrieden, mir ward es wieder innig wohl, und dieser Knecht Gottes kleidete mich von Haupt zu Fuß, und versah mich mit allem was ich bedurfte.

Nachdem ich hier etwa 16 Wochen sehr vergnügt gelebt hatte, suchte mich ein anderer reicher Kaufmann[165] wieder zum Hauslehrer zu bekommen, ich sträubte mich lange dagegen, ließ mich aber doch endlich überreden, und hier war es, wo die Vorsehung anfieng mich aufwärts zu führen; Herr *Peter Johannes*

---

164 Es handelte sich um Johann Jacob Becker (1706–1767), Schneider in Radevormwald.

165 Peter Johannes Flender (1730–1781), Kaufmann in Kräwinklerbrücke bei Radevormwald.

Flender an der Krähwinklerbrück, eine Stunde von Rade vorm Wald wohnhaft, nahm mich nicht nur zum Hauslehrer, sondern auch zugleich zum Comtoirbedienten[166] an, er ließ mich französisch lernen, und da ich nun seine Söhne so wohl in dieser als in der lateinischen Sprache unterrichten muste, so wurde ich selbst fertiger[167] in denselben, und also immer geschickter zu studiren; aus bloser Liebhaberey legte ich mich auch auf das Griechische, in welchem ich hinlängliche Känntnisse erlangte; vorzüglich aber übte ich mich in der Philosophie nach *Wolfs*[168] und *Gottscheds*[169] Grundsäzzen, und da ich glaubte die *Logik* müsse in den Eigenschaften der Dinge eben das seyn, was die Rechenkunst in Ansehung ihrer Gröse und Zahl ist, so gab ich mir erstaunliche Mühe im Definiren und Demonstriren[170]; freylich fand ich nun, daß man in Erfindung solcher Wahrheiten nicht zur *mathematischen* Gewißheit kommen könne, zugleich aber fieng ich auch an zu glauben, daß das eben nicht nöthig sey, indem man sich mit der *moralischen* wohl begnügen könne.

Wenn es wahr ist, was man mir schon oft gesagt hat, daß in meinen Schriften System, Deutlichkeit und Ordnung hervorleuchte, so hab ich diese Vorzüge ganz allein den Stunden zu danken, in welchen ich bey Herrn *Flender* mit unsäglicher Mühe *Wolfs* Schriften durchgearbeitet, und alles nachdemonstrirt[171] habe.

Schon bey meinem Vater war das Reich der Phantasie ein Steckenpferd für mich, ich las Dichter und Romanen. Dieses sezte ich jezt noch immer fort; nun las

166 Handelsgehilfe.
167 Besser, gewandter.
168 Christian Wolff (s. Anm. 6).
169 Johann Christoph Gottsched (1700–1766), Schriftsteller und Literaturtheoretiker der deutschen Aufklärung.
170 Beweisen als Methode der Wolffschen Philosophie (s. Anm. 6).
171 Beweise nachvollzogen.

ich *Miltons* verlohrnes Paradies,[172] *Klopstocks* Messias,[173] und andere mehr; schon als Kind hatten mich der *Homer*[174] und der *Virgil*[175] bezaubert, die ich in alten teutschen Übersezzungen gelesen hatte, und jezt bekam ich eine Vorliebe zu den epischen und männlichen erzählenden Gedichten, die sich auch auf immer fest in mein Wesen verwebt hat.

In meiner jezzigen Lage befand ich mich wohl, Herr *Flender* vertraute mir immer mehr an, ich verwaltete zween abgelegene Eisenhämmer, lernte also die Handlung[176], und die Fabriken aus dem Grund kennen, und da ich auch Landgüter zu verwalten hatte, so sezte ich mich auch in der Landwirthschaft immer fester. Dem allem ungeachtet würkte etwas in mir, das ich zu der Zeit nicht kannte, wie sehr ich mich auch manchmal prüfte und untersuchte, es war ein innerer mächtiger Drang nach einer anderen Bestimmung, die ich aber mit aller Mühe nicht errathen konte; ich fühlte wohl, daß sie im Gebiet der Gelehrsamkeit war, aber wenn ich mir alle Facultäten dachte, so fand ich doch an keiner ein rechtes Behagen; nichts erhub indessen meine Seele mehr als wohlgeschriebene politische Romane, und die Geschichte solcher Landesherren, die zum Besten ihres Volks gewürkt hatten; wenn ich über Land gieng, welches oft an mich kam, so träumte ich mir immer Regierungen und Staatsverfassungen, kurz meine ganze Seele arbeitete in diesem Fach ohne zu wissen warum?

172 *John Milton:* Paradise lost. A poem written in ten books, London 1667 (und zahlreiche weitere Auflagen; bereits seit dem 17. Jahrhundert auch mehrere Übersetzungen ins Deutsche).

173 *Friedrich Gottlieb Klopstock:* Der Messias. 4 Bde., Halle 1751–1773.

174 Homer (um 8./7. Jh. v. Chr.), seit der Antike breit rezipierter altgriechischer Dichter.

175 Vergil (70–19 v. Chr.), lateinischer Dichter und Epiker.

176 Hier: das Geschäftswesen, die Ökonomie.

so gar schämte ich mich dieser Neigung, und bedauerte mich selbst, daß ich auf einem Steckenpferd ritte, welches so ganz ausser meinem Würkungskreis lag; daher redete ich auch wenig von dieser Sache, um nicht für einen politischen Kannengieser[177] gehalten zu werden.

Dieser innere und mächtige Trieb machte mich denn doch immer unzufrieden; ich that alles was mir aufgetragen war mit äusserster Treue, aber nicht mit Lust, ich spürte immer eine ewige Langeweile, und wuste nicht warum, sahe auch keinen Ausweg je meine Neigung befriedigen zu können. Dazu kam noch die Ungewißheit was dereinst aus mir werden würde; zum Handwerksmann war ich nun verdorben, dem Schulamt war ich auch entflogen, und zur Handlung hatte ich weder Lust noch Vermögen.

Endlich im Jahr 1768 erwachte auf einmal die Lust in mir Medizin zu studiren; verschiedene Umstände würkten zusammen, daß ich mich diesem Theil der Gelehrsamkeit widmete; Herr *Flende*r bestärkte mich in dem Vorsaz, und er mochte wohl einen Plan mit mir haben, der seiner Meynung nach mich glücklich machen sollte, allein mein Plan konte er nicht seyn. Ich studirte nun für mich selbst, las anatomische und physiologische Schriften, und präparirte mich so gut ich konte zu diesem meinem künftigen Beruf.

Indessen wurde ich mit einem rechtschaffenen Bandfabrikanten zu *Ronsdorf*,[178] eine gute Stunde von Elberfeld bekant, ich verband mich mit seiner ältsten Tochter,[179] nahm im Jahr 1770 im Herbst meinen Abschied von Herren *Flender*, nachdem ich sieben Jahr in seinem Dienst gewesen war, und gieng nun nach *Stras*-

177 Schwätzer.

178 Johann Peter Heyder (1723–1785), Fabrikant und Kaufmann in Ronsdorf. Zur spezifischen Frömmigkeitstradition in Ronsdorf s. Anm. 860.

179 Christine Catharine Heyder (1751–1781).

burg, um die Arzneykunde zu studiren. Die sonderbaren Schicksale, und die fast wunderbare Vorsorge Gottes, welche ich in allen diesen Umständen erfahren habe, stehen in *Stillings* Lebensgeschichte[180] nach der Wahrheit beschrieben, und ich übergehe sie hier, weil ich jezt nur den Zweck habe meine Geschichte als Gelehrter mitzutheilen.

Zu *Strasburg* gerieth ich in einen Zirkel von Männern, der ausserordentlich viel zu meiner Ausbildung beytrug: *Goethe*[181] studirte auch da, und speiste mit mir an einem Tisch, so auch der jezzige Inspector der *Pfeffelischen* Kriegsschule in *Colmar,* Herr *Lerse,*[182] ferner Herr *Lenz,*[183] und besonders der ehrwürdige Actuarius[184] Salzmann[185]; lauter Männer von vorzüglichem Geist und Herzen. *Herder*[186] hielt sich auch eine Zeit lang dort auf, und ich hatte die Ehre genau mit ihm bekannt zu werden. Indessen hörte ich die treflichen Männer *Spielmann*[187] und *Lobstein*[188], nebst *Schurern,*[189] *Ehrmann,*[190] und anderen geschickten Lehrern mehr. Eins kan ich nicht unbemerkt lassen: schon als Schul-

---

180 S. Anm. 138.
181 Johann Wolfgang von Goethe (s. Anm. 127).
182 Franz Lerse (1749–1800), Pädagoge und Kunstschriftsteller; studierte seit 1770 in Straßburg Theologie.
183 Jacob Michael Reinhold Lenz (1751–1792), Schriftsteller des Sturm und Drang; war 1771 als Begleiter der kurländischen Barone Friedrich Georg und Ernst Nicolaus von Kleist nach Straßburg gekommen.
184 Buchhalter, Sekretär.
185 Johann David Salzmann (1722–1812), Jurist in Straßburg; in den frühen 1770er Jahren Gesellschafter des von Jung-Stilling besuchten Akademikerkreises.
186 Johann Gottfried Herder (1744–1803), Theologe, Sprachphilosoph und Dichter der deutschen Klassik.
187 Jacob Reinbold Spielmann (1722–1783), Apotheker, Professor für Medizin und Chemie in Straßburg.
188 Johann Friedrich Lobstein (1736–1784), Professor für Anatomie und Chirurgie in Straßburg.
189 Jacob Ludwig Schurer (1734–1792), Mediziner, Professor für Physik in Straßburg.
190 Friedrich Ludwig Ehrmann (1741–1800), Professor für Physik in Straßburg.

meister war der öffentliche Vortrag meine gröste Lust gewesen, denn im Siegenschen ist es ein alter Gebrauch, daß der Schulmeister des Sonntags Nachmittags für seine Dorfgemeinde einen Gottesdienst halten, und ihr eine Predigt aus einer Hauspostille[191] vorlesen muß; dieses war mir nun eine besondere Freude, und ich hatte es nach meiner Art in der Declamation[192] so weit gebracht, daß ich in dem Vorlesen einen allgemein anerkannten Vorzug hatte. Als ich nun die Professoren zuerst ihre Collegien lesen hörte, so wurde der Trieb in mir unwiderstehlich, auch solche Collegia zu halten, und ich beschloß daher gleich den ersten Winter eine Lehrstunde in der Philosophie zu geben; ich machte mein Vorhaben bekannt, und bekam eine Menge Zuhörer, jezt fieng ich an mich mit äusserstem Fleiß im öffentlichen Reden zu üben, und so sezte ich mich auch in der Weltweisheit immer fester. Nun fand ich aber auch allmälig, daß die *Leibniz=Wolfianische* Philosophie[193] ausserordentliche Lücken habe, daher suchte ich höhere Quellen, und fand sie auch. Unter allen Wissenschaften die ich studiren muste, zogen mich die *Physik* und *Chymie* besonders an, und das zweyte Jahr las ich für Herrn *Spielmann* die Chymie publice; endlich schrieb ich 1772 im Winter meine Inaugural=Dissertation *Specimen Historiae Martis Nassovico-Sigenensis*,[194] wurde examinirt, und disputirte den 22ten März ohne Vorsiz,[195] wie ich wohl ohne eiteln Ruhm sagen kan, mit ganz besonderm Beyfall; ich reiste nun fort,

191 Predigtsammlung für den Hausgebrauch.

192 Öffentliche Rede, Vortrag.

193 Auf die Philosophie von Christian Wolff (s. Anm. 6) und Gottfried Wilhelm Leibniz (s. Anm. 19) zurückgehend.

194 *Johannes Henricus Jung:* Specimen Historiae Martis Nassovico-Siegenensis […]. Die XXIV. Martii MDCCLXXII, Straßburg [1772].

195 Ohne einen Professor als Vorsitzenden (Präses), der für den Inhalt und den geordneten Ablauf der Disputation die Verantwortung trägt.

und ließ mich als ordentlicher Arzt in der berühmten Bergischen Handelsstadt *Elberfeld* nieder.

Jezt glaubte ich nun nicht anders als ich sey von der Vorsehung zum Arzt berufen und bestimmt worden, besonders weil sie mich so sichtbarlich unterstüzt und geleitet hatte, daher erwartete ich nun auch vorzüglichen Segen in Heilung der Krankheiten, allein wie erstaunte ich, als ich fand, daß die praktische Arzneykunde durchaus meine Sache nicht war; ich hatte mir dieselbe viel wissenschaftlicher und gewisser vorgestellt, fand aber nun in den meisten Fällen, daß die Prämissen, woraus ich meine Heischesäzze[196] folgern sollte, ganz vor meinen Augen verborgen waren, und daß ich mehrentheils als bloßer Empiriker verfahren muste. Dazu kam noch, daß ich mich mit diesem Beruf nähren muste, weil ich und meine Frau kein Vermögen hatten, nun waren aber ausser mir noch vier wackere Ärzte in der Stadt, die alle in voller Würksamkeit standen, und sich so zu sagen in die ganze Einwohnerschaft getheilt hatten, so daß für mich niemand übrig blieb als die Armen, und solche Kranken, die kein Mensch heilen konte, und die also noch ihr Heil bey mir versuchten; ich hatte also gnug zu thun, aber ich konte nicht von meiner Praxis leben, denn ich wurde nicht bezahlt, dazu kam dann noch mein natürlicher Hang zur Wohlthätigkeit, und eine immerwährende Kränklichkeit meiner Frauen, so daß mein Zustand viel trauriger wurde als jemals. Ich mag von den schrecklichen sieben Jahren, die ich als Arzt in *Elberfeld* verlebt habe, nichts mehr sagen, sondern ich verspare[197] alles in die Fortsezzung von *Stillings* Lebensgeschichte.[198]

---

196 Hypothesen.
197 Schiebe auf.
198 S. Anm. 128.

Indessen verzweifelte ich in den ersten Jahren noch nicht ganz, und ich fieng nun an mit äusserstem Fleiß zu untersuchen, ob die Arzneykunde nicht mehrerer Gewißheit fähig seye? Ich studirte also mit äussertem Fleiß, durchkroch so zu sagen alle Winkel dieser Wissenschaft, las beständig physiologische und chirurgische Collegia für die jungen Wundärzte, und that überhaupt was ich konte, allein ich fand am Ende, daß ich nie als praktischer Arzt glücklich seyn würde, weil es mir zwar nicht an Wissenschaft, wohl aber an dem *unnennbaren Etwas* fehlte, das auch den sehr mittelmäsigen Arzt zu beglücken fähig ist.

Während der Zeit gerieth ich zufälliger Weise an die Staar=Operationen, diese machten mir Freude, besonders weil ich vorzügliches Glück dabey hatte, und ich wurde überhaupt als Augenarzt berühmt. Zugleich wurde ich mit den berühmten Brüdern *Jakobi* in *Düsseldorf*[199] bekannt, der Herr Geheime Rath[200] entdeckte an mir, so wie er glaubte, ein besonderes Genie, ich muste etwas für den damals entstandenen teutschen Merkur[201] schreiben, und dieses war *Ase=Reitha eine orientalische Erzählung*[202], ein Aufsaz, der würklich Beyfall fand, und mich aufmunterte mehreres von der Art zu versuchen. Doch ich übergehe das alles, weil es nicht zu meinem jezzigen Zweck dient.

Nach und nach fieng ich an gewahr zu werden, daß ich nicht zur Arzneykunde berufen seye, aber wozu dann? – Das war eine erschreckliche Frage für mich, ich

---

199 Johann Georg Jacobi (1740–1814), Dichter und Publizist, und Friedrich Heinrich Jacobi (1743–1819), Philosoph und Publizist.

200 Gemeint ist wohl Johann Wolfgang von Goethe (s. Anm. 127), seit 1776 Geheimrat in Weimar.

201 Von 1773 bis 1789 in Weimar von Christoph Martin Wieland und Johann Georg Jacobi herausgegebene Literaturzeitschrift.

202 Erschienen in Der Teutsche Merkur 3 (1773), 223–237, sowie in *[Christoph Martin Wieland]:* Des Herrn Wieland Allerley, Frankfurt a. M. und Leipzig 1774, S. 159–175 (andere Ausgabe S. 161–177).

hatte Frau und Kinder – *und – Schulden*, wer dies Unglück nicht kennt, der kennt das gröste nicht, das einem redlichen und aufrichtigen Mann zustoßen kan; alle Jahr wurden meine Schulden größer, und ich sahe keine Rettung und keinen Ausweg; mit einem Wort, wenn mich die Religion und mein unerschütterliches Vertrauen auf die Vatertreue meines Gottes nicht erhalten hätte, so wär ich vergangen in meinem Elend.

Im Jahr 1776 schrieb mir der Herr Regierungsrath *Medikus*[203] in *Mannheim* wegen einer Sache, worinne ich ihm aber wegen meiner Lage nicht willfahren[204] konte. Es ist ganz Teutschland bekannt, daß dieser rastlose Gelehrte die ehmalige Bienengesellschaft in *Lautern* gegen das Ende der sechziger Jahre in eine *physikalisch=oeconomische* verwandelte, und nach und nach die berühmte Cameral=Hohe=Schule, das erste Institut dieser Art,[205] daran anknüpfte; Churfürst *Carl Theodor*[206] begünstigte alle seine Vorschläge, und die bekannten vortreflichen Männer, *Sukow*[207] und *Schmid*[208], wurden als die ersten Lehrer an diese hohe Schule berufen. Ich wuste von dieser ganzen Sache ein und anderes aus dem allgemeinen Gerücht, hatte aber keine weitere Aufmerksamkeit darauf; da ich nun, wie oben gemeldet, dem Herren Regierungsrath *Medikus* nicht

203 Friedrich Casimir Medicus (1736–1808), Arzt und Botaniker.

204 Wunschgerecht dienlich sein.

205 Die 1768 in (Kaisers-) Lautern gegründete Gesellschaft zur Förderung der Bienenzucht nannte sich ab 1770 „Physikalisch-Ökonomische und Bienengesellschaft“ und bildete den Kern der 1774 eröffneten kameralistischen Hochschule in Kaiserslautern (ab 1779 „Hohe Schule“; 1784 Integration in die Universität Heidelberg).

206 Carl Philipp Theodor, Pfalzgraf und Kurfürst von der Pfalz, Herzog von Jülich-Berg und (seit 1777) zudem Kurfürst von Bayern (1724–1799).

207 Georg Adolf Suckow (1751–1813), Professor für Physik, Chemie, Mineralogie und Bergbaukunde an der Hohen Kameral-Schule in (Kaisers-) Lautern bzw. Heidelberg.

208 Ludwig Benjamin Martin Schmid (1737–1793), Professor für Wirtschaftswissenschaften an der Hohen Kameral-Schule in (Kaisers-) Lautern bzw. Heidelberg.

willfahren konte, ihm aber doch meine Bereitwilligkeit zeigen wollte, so schlug ich ihm vor, ob ich ihm nicht mit Abhandlungen für das periodische Werk: *Bemerkungen der Churpfälzischen physikalisch=oeconomischen Gesellschaft in Lautern,* dienen könnte? Dieser Vorschlag wurde angenommen, und ich arbeitete eine nach der andern aus: ich beschrieb nämlich meine Erfahrungen, welche ich in Forstsachen, in den Fabriken und der Handlung[209] gemacht hatte, man nahm meine Arbeiten mit unerwartetem Beyfall auf; so gar wurde ich gleich anfangs schon als Mitglied dieser würdigen Gesellschaft erklärt, und ich erhielte darüber mein Patent.

Indessen wurde mein Zustand immer trauriger und drohender, und ich ahndete[210] noch immer keine frohe Auskunft; als ich aber 1778 auf Neujahr bey Ausfertigung meiner Rechnungen abermals weiter zurück gekommen war, und noch über das meine Praxis abnahm, so wuste ich keinen Rath mehr; zudem hatte ich in dortigen Gegenden Pränumeranten[211] für die Bemerkungen der physikalisch=oeconomischen Gesellschaft gesammelt, die Zeit war da, daß dies Geld eingesendet werden muste, allein ich hatte es nicht, sah mich deswegen genöthigt dem Herrn *Medikus* meine Lage zu entdecken[212], und ihm zu sagen, daß ich bey der Ausübung der Arzneykunde mein Glück nicht machen könte; *Medikus* schrieb mir alsofort wieder zurück; er getraue sich den Churfürsten dahin zu bestimmen, daß Er mich als Lehrer der Landwirthschaft, Fabriken und Handlung und der Vieharzneykunde mit 600 Gulden Gehalt an der Cameral=Hohen=Schule anstellte; dieser Vorschlag drung mir tief in die Seele, und ich kan

209 S. Anm. 176.
210 Ich ahnte, erwartete.
211 Pränumeranden: Vorab-Besteller einer Publikation, deren Druck erst durch ihre Vorauszahlungen möglich wurde.
212 Offen zu legen.

nicht umhin zu bemerken, daß damals etwas sonderbares mit mir vorgieng: ich fühlte nämlich bey dem Lesen dieses Briefs, daß dies die Bestimmung meines Lebens, und der Beruf sey, zu dem mich die hohe Vorsehung von der Wiegen an vorbereitet habe; alles was ich lehren sollte, hatte ich praktisch und so zu sagen mit der Faust gelernt, und nun auch als Medicus gerad alle die Hülfswissenschaften, und zwar mit vorzüglicher Vorliebe studirt, die dazu nöthig waren; zugleich stand das ganze System der Staatswirthschaft deutlich und sonnenhell vor meinen Augen, und es ist der Mühe werth, daß ich es hier nur mit ein paar Worten darlege.

Der Regent hat zwo Hauptpflichten: 1) sein Volk zu schüzzen, und 2) es zu beglücken.

Das Schuzgeschäfte besteht gegen die auswärtigen Feinde im Krieg, und zur Handhabung der innern Ruhe, in der Ausübung der Gerechtigkeitspflege.

Die Beglückung geschieht durch Erleichterung des Würkungskreises sämtlicher Unterthanen, und seiner Leitung zum höchsten Wohlstande.

Der Würkungskreis der Unterthanen besteht in sämtlichen Productionsbeschäftigungen, in der Fabrication, und in der Handlung.

Wenn die Diener der regierenden Gewalt diesen Würkungskreis regieren und leiten sollen, so müssen alle seine Theile zu ordentlichen systematischen Wissenschaften erhoben, und von jenen ordentlich studiret werden.

Dann besteht der Würkungskreis der regierenden Gewalt und ihrer Dienerschaft erstlich darinnen, daß sie die ganze bürgerliche Gesellschaft so leite, einrichte und ordne, damit ihr ganzer Gang, so wohl im Leben als Erwerben dem höchsten Wohlstand[213] entgegen strebe,

213 Der trefflichsten Einrichtung.

und ihn würklich erreiche; dies alles bewürkt sie durch die *Polizey*[214].

Da alle diese Bemühungen, die Ausführung dieser Polizey und des Schuzgeschäftes nebst der Erhaltung des Regenten eine jährliche Aufwandssumme erfordern, welche nothwendig von der bürgerlichen Gesellschaft bestritten werden muß, so entsteht eine Wissenschaft, welche lehret, wie man diese Summe auf eine gerechte Weise auf alle Unterthanen vertheilen, von ihnen erheben, und zugleich durch eine gute Rechnungsführung zu Buch tragen müsse; diese Wissenschaft ist die Lehre vom *Finanz= und Rechnungswesen.*

Wenn nun diese Summe in die Generalcasse[215] eingebracht worden, so muß man sie nun auch zweckmäsig verwenden; dieses geschieht durch die beste Einrichtung der Staatsverfassung, Bildung des Regenten, und seiner Dienerschaft, und überhaupt durch die beste Einrichtung der Staatsmaschine, damit alles leicht und ungehindert von statten gehen möge, diese Wissenschaft nenne ich *die eigentliche Staatswirthschaft,* oder *die Staatshaushaltungskunde.*

Dieses ganze System entwickelte sich leicht und gleichsam in einem Augenblick in meinem Gemüth, und es gab mir eine innere Beruhigung und einen Frieden, den ich in meinem ganzen Leben noch nie in dem Grad geschmeckt hatte. Nun schrieb ich an *Medikus,* daß ich den Beruf annehmen würde, dieser stellte also dem Churfürsten die Sache vor, Se[ine] Durchl[aucht] genehmigten den Vorschlag, und so wurde ich im Frühjahr 1778 von der Cameral=Hohen=Schule zum or-

---

214 Polizei meint hier die gesamte Regierung, Verwaltung und Ordnung eines Gemeinwesens durch eine Obrigkeit. Jung-Stilling geht im Weiteren genauer auf sein Verständnis von „Polizei“ ein.

215 In den Staatshaushalt.

dentlichen öffentlichen Lehrer der *Landwirthschaft, Technologie, Handlung* und *Vieharzneykunde* erwählt.

So bald ich diese Nachricht hatte, legte ich mich nun mit Ernst auf meine neue Bestimmung, indem ich mein obiges System weiter bearbeitete und zergliederte; nun hielt ich aber für nüzlich, daß der Jüngling, so wie er auf die hohe Schule käme, mit diesem System hinlänglich bekannt gemacht würde, damit es ihn im ganzen Lauf seiner Studien sicher leiten möchte, daher beschloß ich ein Lehrbuch zu schreiben, dem ich den Titel *Grundlehre sämtlicher Cameral=Wissenschaften*[216] beyzulegen gedachte; ich fieng auch schon würklich an, daran zu arbeiten, und zog mich allmälig ganz aus meiner medizinischen Praxis heraus, so brachte ich den Sommer zu, und dachte nun nicht anders, als daß ich im Herbst nach *Lautern* ziehen würde, allein wie erschrak ich, als ich, ohne auch nur den Schlag von ferne zu ahnden, einen Brief von *Medikus* bekam, in welchem er mir ankündigte, daß aus meinem Beruf nichts werden könnte, weil mit der Cameral=Schule eine Änderung vor der Thür seye, die es bedenklich mache mehrere Lehrer anzustellen. Jezt war mein Zustand erschrecklich, doch faßte ich mich endlich, ergab mich in mein Schiksal, und fieng wieder an zu praktisiren. Kaum hatte ich mich beruhigt, so kam meine Vocation, und ich zog im October auf meinen Posten.

Den ersten Winter arbeitete ich meine Grundlehre ins Reine und ließ sie drucken, zugleich aber las ich mein erstes Collegium über das Manuscript; jezt fühlte ich recht, wie sehr ich in meiner natürlichen Laufbahn war, *Stimme, Brust, Vortrag,* alles befand sich wie es seyn sollte, alles schien mir bekannt, leicht und geläufig.

216 S. Anm. 137.

Bey der Erscheinung meiner Grundlehre im Publico war mir von Herzen bange, mein System war noch roh und unbearbeitet, und ich stieß gar oft auf Gegenstände, die ich noch gar nicht durchschauen konte, das Ganze war recht gut, aber in der Zergliederung fehlte noch viel, und doch drung mich Noth und Klugheit damit ans Licht zu treten: denn erstlich war ein Leitfaden zu diesem Collegium nöthig, und zweytens entstand ein allgemeines Vorurtheil gegen mich; das Publicum konte nicht begreifen, wie ein praktischer Arzt so ex abrupto[217] ein Lehrer der Cameralwissenschaften werden könte; ich hielt also für nöthig öffentlich ein Probestück meiner Fähigkeiten darzulegen, um zu zeigen, was ich jezt schon vermöchte, und was ich also bey fernerer Verwendung vermögen würde. Indessen wurde mein Buch noch gut gnug aufgenommen, besser als ich erwartet hatte, dies machte mir nun Muth in Bearbeitung meines Systems getrost fortzufahren.

Das darauf folgende Frühjahr fieng ich nun an die *Forstwirthschaft,* die *Landwirthschaft* und die *Technologie* zu lesen; zur Forstwirthschaft war ich nicht verpflichtet, allein ich legte mir diese Pflicht selbst auf, denn ich glaubte sie sey dem staatswirthschaftlichen Beamten unentbehrlich. Ich suchte ein Lehrbuch, fand aber unter allen keins das in mein System paßte, ich dictirte also im Collegium, und that so gut ich konte; die *Landwirthschaft* und *Technologie* las ich über Herrn *Beckmanns*[218] vortrefliche Compendien[219], allein ich muß aufrichtig gestehen, mein System stand vor mir,

---

217 Unversehens, plötzlich.

218 Johann Beckmann (1739–1811), Kameralist und Technologe, Professor für Ökonomie in Göttingen.

219 Vgl. *Johann Beckmann:* Grundsätze der teutschen Landwirtschaft. Göttingen, Gotha 1769 (^{6}1806); *ders.:* Anleitung zur Technologie oder zur Kenntniß der Handwerke, Fabriken & Manufacturen […], Göttingen 1772 (^{6}1809).

ich sahe es im Geist als ein prächtiges Gebäude an, das ich vollenden müste, und ich fand nirgend einen Leitfaden, der in meinen Plan nur einigermassen paßte. Ich faßte also den kühnen Entschluß, für erst einmal mein Lehrgebäude aus dem Groben zu bearbeiten, und über meine Wissenschaften *rohe Entwürfe* herauszugeben, und so bitte ich auch alle meine Leser alle meine bisherige staatswirthschaftliche Schriften anzusehen; ich muste sie schreiben, um meine Lehrstunden ordentlich halten, und meinen Zuhörern das ganze System vortragen und beybringen zu können, unmöglich aber war es mir in so kurzer Zeit etwas Vollendetes zu liefern; wenn mir Gott Leben und Gesundheit schenkt, so werde ich, wenn nun noch meine *Finanzwissenschaft*[220] und *Staats=Haushaltungskunde*[221] heraus ist, wieder vorn anfangen, und dann mein ganzes System, so viel es in diesem gebrechlichen Leben thunlich ist, vollendet der Welt darlegen. Doch ich kehre wieder zu meiner Geschichte zurück.

Mein Herr College *Sukow*[222] lehrte die Hülfswissenschaften, *reine und angewandte Mathematik, die oeconomische Naturgeschichte, Naturlehre, und Scheidekunst*[223], und zwar alles zum oeconomischen Zweck. Herr Hofrath *Schmid*[224] aber trug das *Natur= und Völkerrecht*, die gewöhnliche Polizey, Finanz= und *Staatswirthschaft* vor. Nun hatte ich aber keinen heiseren Wunsch, als daß die ganze Cameral=Schule von Anfang an, bis zu Ende, nach meinem System gelehrt und gearbeitet hätte, und doch durfte ich mein Verlangen nicht äussern; jeder Gelehrte hat seinen eigenen Plan

220 *Johann Heinrich Jung:* Lehrbuch der Finanz-Wissenschaft, Leipzig 1789.
221 *Dr. Johann Heinrich Jung:* Lehrbuch der Cameral-Wissenschaft oder Cameral-Praxis, Marburg 1790.
222 Georg Adolf Suckow (s. Anm. 207).
223 Alter Ausdruck für Chemie.
224 Ludwig Benjamin Martin Schmid (s. Anm. 208).

und Gang, und es wäre Tollkühnheit und Raserey von mir gewesen, wenn ich den beyden verehrungswürdigen Männern Anträge von der Art hätte machen wollen; ich füllte also bloß die Lücke zwischen *Sukow* und *Schmid* aus, so daß ich jedes halbe Jahr *die Grundlehre sämtlicher Cameralwissenschaften, und dann im Sommer die Forstwirthschaft, Landwirthschaft und Technologie,* im Winter aber *das Rechnungswesen, die Handlungswissenschaft, die Vieharzneykunde, und die Gewerbpolizey* lehrte. Bey allem dem wuchs aber das Verlangen in mir, einmal in eine Lage zu kommen, in welcher ich das ganze staatswirthschaftliche Fach ganz allein zu bearbeiten und zu lehren haben würde, denn mein Trieb ist unüberwindlich, mein System ganz zu vollenden, dies war mir aber in *Lautern* und *Heydelberg* unmöglich. Dies ist der erste Grund, warum ich die *Pfalz* verließ, und den Ruf nach *Marburg* annahm. Dazu kam aber noch ein zweyter:

Meine Erziehung, mein bisheriger Lebenswandel, und Verhältnisse, und mein Caracter, in welchem Offenherzigkeit, die nicht immer mit der gehörigen Behutsamkeit verpaart gieng, besonders hervorstach, stellten mich gleich von Anfang meinen Mitarbeitern auf einer Seite dar, die man nicht in ihrem wahren Licht betrachtete; meine rastlose Thätigkeit, die so äusserst gut gemeynt war, wurde als Empordrang angesehen, man glaubte ich wollte jedem den Rang ablaufen; den Beyfall, den ich in meiner Amtsführung hatte, suchte ich nicht zu verdecken, sondern da ich von Herzen glaubte, jeder müste sich mit mir darüber freuen, so äusserte ich mich hin und wieder darüber, und zwar mit einer Art von Entzücken; dieses wurde nun als ein Triumph über meine Collegen betrachtet, es war also nichts natürlicher, als daß bald Mistrauen und Kälte entstand, welche so gar heimliche Schranken erzeugte, die man, wie man glaubte, meinem emporstrebenden

Geist entgegen sezzen müste. Ich merkte das alles bald mit dem äussersten Kummer, aber die wahre Ursache ahndete ich erst, als es zu spät war, ich suchte daher alle die um mich waren, durch Dienstfertigkeit und Freundlichkeit zu gewinnen, allein das Mistrauen war einmal tief eingewurzelt, man sah das als Falschheit an, und betrachtete mich als einen politischen Menschen, vor dem man sich in acht zu nehmen habe.

Indessen wurde im Jahr 1784 im Herbst die Cameral=Hohe=Schule nach *Heydelberg* verlegt, allerhand Umstände kamen noch hinzu, so daß jenes Mistrauen mehr zu als abnahm; alle meine Treue, mein Fleiß und meine Mühe wurden von denen verkannt, die mir doch wenigstens ihre Zufriedenheit hätten bezeugen sollen; das alles zusammen machte mir endlich meine Lage schwer, so daß ich verwichenen Winter 1787, auch noch darum um so viel lieber den Ruf hieher nach *Marburg* annahm, weil er in Ansehung der Besoldung das Glück meiner Familie auf immer gründete.

Gott weiß, daß ich hier weder dem Herren Regierungsrath *Medikus*[225], noch irgend einem meiner ehmaligen Herren Collegen etwas zur Last legen, oder zu nah geredet haben will, wir haben Beyspiele gnug, daß sich auch die besten Menschen nicht verstanden, besonders wenn Collegial=Verhältnisse dazu kamen. Gott segne die Staatswirthschafts=Hohe=Schule mit Ihrem Director und Lehrern! nur das erlaube man mir zu sagen: sie haben mich alle sehr verkannt, und es wird eine Zeit kommen, wo sie das einsehen und bereuen werden.

Meine Vocation hieher nach *Marburg* legte mir nun die Pflichten auf, die *Oeconomie, Finanz= und Cameralwissenschaften* zu lehren, allein ich würde meinem innern Trieb nicht entsprechen, wenn ich mich damit

225 Friedrich Casimir Medicus (s. Anm. 203).

beruhigen wollte; hier bin ich in meinem Fach ganz allein, keiner beneidet, keiner hindert mich, durch viele Erfahrungen belehrt, bin ich behutsamer und klüger geworden, auf diese Weise kan ich also mein ganzes System nach den Wünschen meines Herzens ganz ausfüllen, und dies geschieht, so lang mir Gott Leben und Gesundheit fristet, folgender Gestalt:

Der *Sommercours* ist allemal *dem Würkungskreis der Unterthanen, oder den Gewerbwissenschaften* gewidmet, der Wintercours hingegen dem Würkungskreis der gesezgebenden Gewalt.

Da die Grundlehre *sämtlicher Staatswirthschaftlichen Wissenschaften* sehr gemeinnüzzig ist, so lese ich sie jedes halbe Jahr publice, und zwar Mittwochs und Samstags in einer Vormittagsstunde, in den übrigen vier Tagen der Wochen widme ich im Sommer die nämliche Stunde der *Forstwissenschaft,* und im Winter dem *Bergbau;* dann lehre ich im Sommer noch drey Stunden des Tages, in der ersten die *Landwirthschaft,* in der zweyten die *Technologie,* und in der dritten die *Handlungswissenschaft.*

Im Winter bestimme ich, nebst der Morgenstunde, die die Grundlehre und den Bergbau enthält, die erste der *Polizey,* die zweyte der *Finanzwissenschaft* und dem *Rechnungswesen*, und die dritte *der Staatshaushaltungskunde*; so gebe ich also täglich vier Stunden, und mein ganzes System wird in einem Jahr ausgefüllt.

Als ich hieher kam hatte ich folgende Lehrbücher herausgegeben:[226]

1) Grundlehre sämtlicher Cameralwissenschaften.
2) Lehrbuch der Forstwirthschaft, 2te Auflage.
3) Lehrbuch der Landwirthschaft.
4) Lehrbuch der Fabrikwissenschaft.

---

226 S. Anm. 137.

5) Lehrbuch der Handlungswissenschaft.

6) Lehrbuch der Vieharzneykunde.

Diese Wissenschaft habe ich nun hier meinem Collegen dem würdigen Herrn Professor der Arzneykunde, *Busch*[227] überlassen, der sie über mein Compendium schon würklich vorträgt, denn sie lag immer zu weit ausser meiner Sphäre.

7) endlich, Lehrbuch der Cameral=Rechnungswissenschaft[228]. Ich hab schon oben erinnert, daß ich mit keinem von diesen Werken zufrieden bin, denn sie sind alle blos vorläufige rohe Entwürfe, deren ich aber bedurfte, wenn ich meine Wissenschaften systematisch lehren wollte; ich muste allemal eilen, um nur einen Leitfaden zu bekommen. Der unpartheyische sachkundige Mann wird aber doch bey dem allem System, Ordnung, Deutlichkeit und Tendenz zu einem gewissen Ziel, nämlich der Staatsbeglückung, bemerken, und also einsehen, daß noch aus meinen Kindern[229] etwas werden kan, wenn sie nun nur gut erzogen werden.

Verwichenen Sommer im August fieng ich an auf meine Wintercollegia zu denken: hier hatte ich mich auf des berühmten Herren von *Sonnenfels*[230] Grundsäzze[231] verlassen, als ich aber seine Polizey durchgieng, so fand ich, daß sie von meinem System himmelweit verschieden war; denn ich denke mir unter dem Wort *Polizey alle Mittel, welche die regierende Gewalt anwendet, die bürgerliche Gesellschaft so zu ordnen und einzurichten,*

227 Johann David Busch (1755–1833), Arzt und Professor für Human- und Veterinärmedizin sowie Pharmakologie in Marburg.

228 *Dr. Johann Heinrich Jung:* Anleitung zur Cameral-Rechnungs-Wissenschaft nach einer neuen Methode des doppelten Buchhaltens. Zum Gebrauch der akademischen Vorlesungen, Leipzig 1786.

229 Gemeint sind hier literarische Produkte.

230 Joseph von Sonnenfels (1732/33–1817), österreichischer Kameralwissenschaftler, Verwaltungsreformer, Publizist und Sprachwissenschaftler.

231 *Joseph von Sonnenfels:* Grundsätze der Polizey-, Handlung- und Finanzwissenschaft. 3 Bde., Wien 1765–1776 (und zahlreiche weitere Auflagen).

daß jeder einzelne und mit ihm das Ganze sicher, ruhig und bequem seine irdische Glückseligkeit erlangen kan, und würklich erlangt; in gedachtem Buche aber fand ich nur die gewöhnliche Polizey, und zwar blos aus dem Begrif der Sicherheit hergeleitet. Seine Finanzwissenschaft aber fand ich bis auf die Verzehrungssteuer meinen Begriffen gemäß, diese wählte ich also zum Lehrbuch, und beschloß nun noch vor Winter abermal einen rohen Entwurf der Polizey zu schreiben, und darüber zu lesen. Ich gab mich also ans Arbeiten, und Herr *Reich* in *Leipzig*[232] ans Drucken, und so kamen immer so viel Bogen, als ich zu meinem Collegium brauchte. Mein edler Freund *Reich* starb, und so ist dies das lezte Werk, welches er verlegt hat.

Auf diese Weise ist also folgendes Werk wieder in Eile und auf eine Art entstanden, die Entschuldigung bedarf, viele Vorschläge mögen wohl gedehnt, viele unreif, und noch viele unausführbar seyn, allein die Ordnung und das System halte ich doch beynahe für vollkommen, und ich glaube damit wird man sich wohl beruhigen. Wenn man mit diesem Buch indessen so zufrieden ist, wie mit allen vorigen, so danke ich Gott und der Nachsicht unserer Rezensenten; meine Geschichte wird jeden überzeugen, daß ich in meiner Lage nicht mehr habe thun können; habe Gedult geliebtes teutsches Vaterland! Fristet mir mein groser himmlischer Führer das Leben und meine Gesundheit, so folgt nun nächsten Sommer meine *Finanzwissenschaft*[233], dann die *Staatshaushaltungskunde*[234], und dann werde ich wieder von vorne anfangen, ein Werk nach dem andern ins Reine arbeiten, und so vollkommen machen, als es

232 Philipp Erasmus Reich (1717–1787), Buchhändler und Verleger in Leipzig.
233 S. Anm. 220.
234 S. Anm. 221.

mir möglich ist; möchte ich nur so lange leben, bis auf diese Weise mein ganzes System fertig ist!

Muß ich mich auch etwa über den Titel *Staats=Polizeywissenschaft*[235] erklären? – ich wollte mein Lehrgebäude dadurch von der gewöhnlichen Polizey, welche auch mit dazu gehört, unterscheiden, mehr brauch ich wohl nicht zu sagen.

Leser! – Zuhörer! Freunde alle! – blickt in mein gutes redliches offenes Herz, und liebt mich wie ich Euch alle liebe.

Marburg den 12ten Jenner[236] 1788

Dr. Jung

2.3 Der Schlüssel zum Heimweh (1796)[237]

Sämmtliche Schriften Bd. 5, S. 261–440, hier: S. 263–272; Sämmtliche Werke Bd. 5, S. 307–524, hier: S. 309–322

Zueignungs=Schrift an alle heimwehkranken Leser meines Heimwehbuches.

Meine theuere und inniggeliebte Landsleute!

Ehe ich Euch, meine Lieben! den Schlüssel zum Tempel des Heimweh's[238] überantworte, muß ich Euch doch wohl erzählen, wie ich dazu gekommen bin, ein so sonderbares und so ganz altmodisches Gebäude, der so

235 S. Anm. 135.
236 Januar.
237 *Heinrich Stilling:* Der Schlüssel zum Heimweh, Frankfurt a. M. und Leipzig 1796, S. III–XX.
238 *Heinrich Stilling,* Das Heimweh (s. Anm. 87).

hochverfeinerten und aufgeklärten Welt gleichsam zur Schau, an die grose Heer= und Landstraße hinzubauen, und mich also ihrem ganzen Spott, und aller ihrer Verachtung Preis zu geben.

Wer meine Lebensgeschichte[239] gelesen hat, der weiß, daß ich einer von den Gegenständen bin, an welchen die göttliche Vorsehung noch immer durch Thatsache beweist, daß alle Aussprüche der Bibel, die ihre allerspezielleste Leitung, derer, die kindlich auf Sie trauen, versichern, buchstäblich wahr sind. Ich wurde, so wie ich kaum anfieng zu lallen, zum Gebät, und zum Glauben an Jesum Christum gewöhnt; meine Erholung bestand im Lesen, und besonders der Lebensgeschichten frommer Christen; mein Nachahmungstrieb erwachte, und ich kannte keinen größern Wunsch, als dereinst ein frommer und heiliger Mann zu werden.

Vorzüglich aber war mir, die *Reise eines Christen nach der seeligen Ewigkeit von Johann Bunian,*[240] eine unaussprechlich angenehme Lektüre; als ein Knabe von sieben bis acht Jahren, konnte ich mich auf eine entfernte Kammer in eine Ecke, oder auch weit weg im Wald in einen düstern Strauch setzen, und bey meiner Christen=Reise aller Welt vergessen: denn da ich theils durch Unterricht, theils auch durchs Lesen so vieler Lebensbeschreibungen, die Theorie des Weges der christlichen Heiligung, schon in diesen Kinderjahren sehr gut inne hatte, und ich also *Bunians Sinnbilder* vollkommen verstand, so gewährte mir die Einkleidung jener Vernunft= und Bibelwahrheiten in das Gewand der

239 S. Anm. 126 und 128.

240 *John Bunyan:* The pilgrim's progress from this world to that which is to come. Delivered under the similitude of a dream, wherein is discovered the manner of his setting out, his dangerous journey, and safe arrival at the desired country, London 1678 (und zahlreiche weitere Auflagen und Übersetzungen, auch ins Deutsche).

Einbildungskraft, ein unaussprechliches Vergnügen, und ich wurde dadurch angefeuert, nicht allein die Reise des Christen selbst zu unternehmen, sondern auch einmal so etwas zu machen.

Wenn ich mir noch die Anstrengungen meines achtjährigen Geistes vorstelle, auch ein solches Bunians=Buch zu schreiben, so kann ich mich des Lachens nicht enthalten; mit dem Titel und den Namen kam ich noch ziemlich zurecht, aber die Bilder konnt' ich nicht zu Stande bringen, und wenn ich glaubte, ich hätte eins fertig, so lächelte der alte *Stilling*[241] und sagte: ja, *Heinrich*! das kannst du nicht brauchen, das hat ja *Bunian* schon gebraucht, du hast ihm nur ein anderes Mäntelchen umgehangen.

Kurz! ich muste das Ding einstweilen ruhen lassen, bis in mein vier und fünfzigstes Jahr.

Mein Heimweh ist also acht und vierziger, denn im Jahr 1748 ist dieser Wein gekeltert, und bis dahin fleisig aufgefüllt, und in Acht genommen worden.

Unter allen bedauernswürdigen, und unbeschreiblich leichtsinnigen Abirrungen, und eben so vielen reumüthigen Versprechen, es in meinem Leben nicht mehr zu thun, blieb immer der Vorsaz unverrückt: du willst doch dereinst noch eine Christen=Reise schreiben! – mein Lagerfaß wurde also immer aufgefüllt, indessen kams denn doch nie zur Ausführung; wenn ich also schrieb, so wars immer etwas anders. Damit Ihr aber nun auch wissen mögt, meine Lieben! warum es nie zur Ausführung kam, und warum ich nicht alles andere liegen und stehen lies, und diesem schon in der Kindheit gefaßten Vorsaz folgte, so will ich mich auch darüber erklären:

---

241 Vermutlich meint Jung-Stilling hier seinen Vater Johann Helmann Jung (s. Anm. 141), der allerdings nicht den Beinamen „Stilling" hatte.

Ehe ich nach *Strasburg* reiste um dort zu studiren,[242] fühlte ich mich schlechterdings unfähig etwas Druckwürdiges zu schreiben: denn je mehr [ich] laß, desto mehr sahe ich ein, wie viel dazu erfordert würde. Dort aber wurde ich nun mit Freygeistern bekannt, und jetzt erst lernte ich alle Einwürfe kennen, die man gegen die christliche Religion macht; Knoten die sich meine Vernunft nicht lößen konnte, entstanden in meinem philosophischen System, und Gott! was wäre damals aus mir geworden, wenn ich selbst Vermögen zum Studiren gehabt, und ich nicht von der Casse der Mutter Vorsehung abgehangen hätte! –

Diese Abhängigkeit erhielt mich also bey dem Bäten und Glauben, ungeachtet sich nun meine Vernunft gegen beydes empörte. O wie ruhig hatte ich bis dahin gelebt! – ich wuste von keinem Zweifel, und was ich von Jugend auf in der Bibel, und von meinem Vater und Groseltern gelernt hatte, das war mir eben so gewis wahr, als das zweymahl zwey vier ist; nun aber hatte sich der finstere fatale Determinismus[243], wie ein starker Gewapneter[244] in meine Seele gelagert, der sagte jezt zu allem, was ich bisher geglaubt hatte, nein! – und ich konnte ihn nicht widerlegen – das heist: ich konnte ihn nicht hinauskämpfen; denn alle meine bisherige Führungen, und alles was mir bisher so überzeugend für mein Herz gewesen war, und wobey sich auch meine Vernunft beruhigt hatte, dabey beruhigte sie sich nun nicht mehr: denn sie glaubte nun das Gegentheil von dem was ich bisher für wahr gehalten hatte, beweisen zu können. Zwanzig langer Jahre hab ich mit diesem schrecklichen Feind gekämpft, ehe ich ihn bezwingen konnte, dann aber gelang es mir, ihn so stark zu fesseln,

242 Im August 1770.
243 Lehre von der kausalen (Vor-) Bestimmtheit allen Geschehens bzw. Handelns.
244 Vgl. Lk 11,21.

daß er mir wohl schwerlich je wieder Mühe machen wird.

Fragt Ihr mich, meine Lieben! wie es denn möglich gewesen, daß ich in dieser Gemüthsverfassung habe ein Christ bleiben können? so bekenne ich Euch mit tiefer Beugung, und mit der innigsten Rührung, daß dieses auch würklich unmöglich gewesen wäre, wenn mich nicht der gütige und barmherzige himmlische Vater, täglich und stündlich in der Creuzschule[245] in Übung gehalten hätte. Ich war immer in der Lage, daß ich entweder schlechterdings und im vollen Sinn des Worts *christlich=glauben*, oder so weit laufen muste, als mich meine Füße nur tragen konnten, oder ich muste mir nur geschwind das Leben nehmen. Natürlicher Weise ergriff ich also das Erste, vornämlich auch darum, weil ich täglich neue Beweise und Erfahrungen hatte, daß Gott auf eine ganz besondere und handgreifliche[246] Weise über mich wachte, und für mich sorgte. So sehr das nun auch alles meinen Glauben stärkte, und mich immer in der Abhängigkeit von meinem Erlöser, und in dem Wandel in der Gegenwart Gottes,[247] und im Bäten und Wachen[248] erhielt, so blieb doch immer der innere schwere Kampf ungeendigt, da hieß es immer: die Erfahrung kann dich täuschen, aber was die Vernunft demonstriren[249] kann, das täuscht nie! – groser Gott! ich meynte oft, ich müste vergehen! –

In dieser Gemüthsverfassung wäre es wohl schwer gewesen, ein *Bunians*=Buch zu schreiben: denn bloße Bilder der Imagination[250] ohne gründliche Überzeu-

245 Erziehung durch Entbehrung, Leiden und Verlassenheit (als Nachahmung Christi).
246 Manifeste, erfahrbare.
247 Vgl. Gen 17,1; Ps 116,9 u. ö.
248 Vgl. Mt 26,41.
249 Beweisen.
250 Einbildungskraft.

gung der Wahrheit, hinzustellen, das genügte mir nicht, und würde auch wohl schwerlich irgend einem meiner Leser genügt haben. Indessen kam mir doch während dieser Zeit zweymal der Gedanke, das Werk zu unternehmen: schon in Strasburg faste ich den Vorsatz, den Kampf des Christen auf seinem ganzen Lebenswege, in ein episches Gedicht, und zwar in Hexameter[251], einzukleiden, es wurde mir aber widerrathen, und so unterblieb es. Sechszehn Jahr später erwachte der Trieb in *Heidelberg* stärker, ich gieng ans Werk, und schrieb würklich etliche Bogen in jenen Versen, diese las ich einem berühmten Dichter vor, dem sie so wohl gefielen, daß er mich ernstlich zur Fortsetzung ermunterte; indessen unterbliebs doch, und zwar immer aus dem natürlichen Grunde, daß ich die Waffen zu einem Kampf, und die Kunst zu überwinden, unmöglich schildern und beschreiben konnte, ehe ich jene kannte und diese wuste: denn was ich bisdaher in allen meinen Werken zur Vertheidigung der christlichen Religion gesagt hatte, das war mir selbst noch nicht hinlänglich zur völligen Überzeugung.

Endlich, im Jahr 1787 kam ich hieher nach Marburg; hier fand ich nun in meinem Amt so viel zu thun, daß ich ans Schreiben der Christen=Reise gar nicht denken konnte: denn nun muste ich noch erst vier Lehrbücher[252] herausgeben; ich dachte auch gar nicht mehr an dieses ehemalige Vorhaben, ob sich gleich öfters in mir der Wunsch äußerte, bald einmal wieder etwas ästhetisches zu schreiben.

251 Griechisches Versmaß für gehobene Dichtung mit sechs betonten Silben.

252 S. Anm. 135, 220 und 221 sowie *Johann Heinrich Jung:* Methode den grauen Staar auszuziehen und zu heilen, nebst einem Anhang von verschiedenen andern Augenkrankheiten und der Cur=Art derselben. Mit Kupfern, Marburg 1791.

Endlich gefiel es der Vorsehung, mich von meinem zwanzigjährigen schweren Kampf zu befreyen: ich gerieth nämlich im Sommer 1790 ins Studium *der Kantischen Philosophie*[253], hier fand ich den Schlüssel zum Halbgebohrnen; jezt erkannte ich im Licht der Warheit[254], und mit der festesten Gewisheit, die entsezlichen Fehlschlüsse welche die Vernunfte macht, so bald sie sich ins Übersinnliche wagt, und hier entstanden nun die Demonstrationen, die ich hin und wieder im Heimweh, besonders in den Egyptischen Einweihungen, und dem Unterricht auf dem Berg *Sinai*,[255] eingewebt habe. Bey dieser Entdeckung war ich vor Freuden wie emporgehoben, und nun meines Glaubens gewiß.

In Ansehung der *Kantischen Philosophie* muß ich nur noch dies erinnern: sie ist ein wahres unterirrdisches Labyrinth, so wie ichs im zweyten Band in der Pyramiden=Reise[256] vorgestellt habe; wer das Öllicht der Eingeweihten nicht mitnimmt, und es nicht sorgfältig am Brennen erhält,[257] der ist verlohren: denn man kann warlich auf Abwege gerathen, die einen noch weit tiefer in den Abgrund des Zweifels stürzen; wer an seiner Religion nicht zweifelt, und nicht Creuzritter[258], sondern nur blos treuer Unterthan unsers Herren werden will, der bedarf dieses gefährlichen Mittels nicht.

Ob ich nun gleich jezt meinen Kampf gekämpft[259] hatte, und nun geschickt war, die Christen=Reise zu schreiben, so fiel's mir doch nicht einmal ein, mich ans

---

253 Die Philosophie Immanuel Kants (1724–1804). Jung-Stilling irrt sich hier in der Jahresangabe. Es war das Jahr 1788. Zu Jung-Stillings Rezeption von Kants Philosophie s. Nachwort, 3.

254 „Licht der Wahrheit“: zentraler Begriff aus der Freimaurerei (Lichtsuche = Erkenntnissuche), der von Jung-Stilling häufig verwendet wird.

255 Szenen aus „Das Heimweh“ (s. Anm. 87).

256 Szene aus dem zweiten Band von „Das Heimweh“.

257 Vgl. Mt 25,4.

258 Im übertragenen Sinn: Kämpfer für die Sache des Herrn.

259 Vgl. 2Tim 4,7.

Werk zu machen, und es schien mir selbst, als wenn wohl nie etwas daraus werden würde. Indessen trugen sich nun die grosen Revolutionsvorfälle[260] zu; der Geist der falschen Aufklärung, fieng an, diesem Ungeheuer, wie der falsche Prophet in der Apocalypse, dem Thier,[261] Anhänger zu werben; meine lang gehegte Ahnungen und Vermuthungen fiengen an in Erfüllung zu gehen, und nun erinnerte ich mich an die Ermahnung unsers Herren, die Er seinen Jüngern gab: *wenn aber dieses anfähet zu geschehen, so sehet auf, und hebet euere Häupter auf, darum, daß sich euere Erlösung nahet;*[262] ich ward nun aufmerksam, und achtete auf unser festes prophetisches Wort. Noch immer aber ward ans Schreiben der Christen=Reise nicht gedacht.

Endlich, im August des Jahrs 1793, besuchte mich an einem Vormittage, der Herr Verleger meiner letzteren Staatswirthschaftlichen Schriften;[263] unter andern Gesprächen sagte er auch zu mir: schreiben Sie doch einmal wieder etwas ästhetisches! – diese Worte waren wie ein Feuerfunke der auf Zunder fällt; der Entschlus war im Augenblick gefast, *ja! sagt' ich, das will ich thun, und sogleich damit anfangen.* Zugleich fiel mir auch die alte Idee der Christen=Reise wieder ein; mein eigener Weg, die vielen Erfahrungen an andern, und mein glücklich gekämpfter Kampf, dies Alles machte mir die Ausführung leicht.

Aber nun gesellte sich noch eine ganz neue Idee dazu: mir fiel ein, daß ich: da die Vorsehung im Ganzen der Kirchen Gottes wie im Einzelnen, einerley Maxime be-

260 Die Französische Revolution (1789–1799).
261 Vgl. Apk 13 u. ö.
262 Lk 21,28.
263 Der Inhaber der (neuen) akademischen Buchhandlung in Marburg, Johann Christian Konrad Krieger (1746–1825). Hier war 1790 Jung-Stillings Lehrbuch der Cameral-Wissenschaft erschienen (s. Anm. 221) und hier wurde 1794 auch der erste Band von „Das Heimweh“ (s. Anm. 87) verlegt.

obachtet; meine Resultate, die ich aus der langwierigen Betrachtung des prophetischen Worts gezogen hatte, wohl mit der Christen=Reise verbinden könnte. Dies wurde also beschlossen auszuführen, und nun kam es nur noch darauf an, in welches Gewand ich Alles einkleiden wollte?

Ich hatte damals kürzlich den *Trißtram Shandy von Lorenz Sterne*[264] gelesen; die launigte und sententiöse[265] Schreibart dieses Buchs, hatte mich überzeugt, daß, wenn man diesen Styl reinigte, ich möchte fast sagen, heiligte, wie schon in den Lebensläufen in aufsteigender Linie[266] auf eine ganz vorzügliche Weise geschehen ist, ein ganz besonders groser Nutzen daraus entstehen würde; jezt wählte ich also diese Schreibart, und jezt kann auch der Leser meines Heimweh's urtheilen, was von unsern heutigen Bücher=Rezensionen zu halten sey, indem der Berliner=Rezensent behauptet, ich hätte die *Creuz= und Querzüge des Ritters A bis Z*[267] gelesen, und das Heimweh sey eine Nachahmung dieses Buchs, das ich kaum jemals mit einem Blick gesehen, vielweniger gelesen habe; dann sagt er auch: das Heimweh sollte eine Nachahmung des *Telemachs*[268] seyn[269] – doch was verderb ich die Zeit mit solchen armseeligen Lämpchen=Männern[270], sie mögen ja sagen was sie wollen.

---

264 *Laurence Sterne:* The life and opinions of Tristram Shandy, Gentleman. 9 Bde., York/London 1759–1767.

265 Lehrhafte, zu Lehrsprüchen führende.

266 Vgl. *Theodor Gottlieb von Hippel:* Lebensläufe nach Aufsteigender Linie. Nebst Beilagen […]. 3 Teile in 4 Bdn., Berlin 1778–1781.

267 *[Theodor Gottlieb von Hippel]:* Kreuz- und Querzüge des Ritters A bis Z. Von dem Verfasser der Lebensläufe in aufsteigender Linie. 2 Bde., Berlin 1793–1794.

268 *François de Salignac de La Mothe-Fénelon:* Les Aventures de Télémaque, fils d'Ulysse […]. 3 Bde., Erstausgabe Paris 1694–1696 (deutsche Erstausgabe 1733 unter dem Titel „Die seltsamen Begebenheiten des Telemach").

269 Vgl. die anonym erschienenen Rezensionen zu Bd. 1–3 von Jung-Stillings „Das Heimweh" in: Neue allgemeine deutsche Bibliothek, Heft 16 (1795), 377 f.; Heft 23 (1796), 166 f.

270 Vermeintliche Aufklärer im Sinne von Lichtbringern.

Nun auch noch ein paar Worte über den Ursprung des Worts *Heimweh* – welches den Text zu allen vier Bänden gab, und von welchem die ganze Erzählung ein Commentar ist: meine und aller rechtschaffener Christen Empfindung in den gegenwärtigen Zeiten, hat viel ähnliches mit dem natürlichen Heimweh; man möchte sich fertig machen, und nach Haus reisen: denn warlich! es wird einem schwer, länger in diesem Lande der Fremdlingschaft[271] auszuhalten, wo man alles dulten will, und dulten soll, nur die Christen nicht; wo man wohl ungeneckt Christum lästern, aber nicht frey mehr bekennen darf, und wo man Freyheit, Gleichheit und Brüderschaft[272] zum Ziel hat, die Christen aber davon ausschliesen will; sollte man da nicht das Heimweh im höchsten Grad bekommen?

In diesem Gefühl, kam nun einige Zeit vorher, ehe ich zu schreiben anfieng, ein Student zu mir; wir sprachen und verstanden uns; er präsentirte mir sein Stammbuch[273], und da er bey mir war, um auf immer Abschied zu nehmen, so verband ich diese Idee mit meiner herrschenden, sezte mich und schrieb: Seelig sind die das Heimweh haben, denn sie sollen nach Haus kommen![274] – Nachher gefiel mir diese Sentenz so wohl, daß ich beschloß, mein jezt zu schreibendes Werk, das Heimweh zu nennen, und mit obiger Sentenz den Anfang zu machen: denn ist nicht der ganze Gang des wahren Christen, von seiner Geburt bis an seinen Tod, die Würkung seines wahren himmlischen Heimweh's? – ist es nicht Heimweh, was den wahren grosen Mann zu seiner Bestimmung treibt und drängt? – denn er ist ja nicht eher zu Hause bis er seine Stuffe im Reiche Gottes erstiegen

271 Vgl. z. B. Gen 17,8 und 37,1; Ex 6,4.

272 Anspielung auf das Motto der französischen Revolution „Freiheit, Gleichheit, Brüderlichkeit“.

273 Erinnerungsalbum mit Eintragungen von Sprüchen und Versen von Kommilitonen und Freunden.

274 Anspielung auf die Seligpreisungen der Bergpredigt (Mt 5,1–7,29).

hat, und dies fühlt er mit einem Heimwehtriebe; und ist nicht jezt die ganze wahre christliche Kirche heimwehkrank, – jezt da ihr gar ihre Pfleger, ihre Lehrer, vom Wein der babylonischen Hure[275] zu trinken geben wollen, und wenn sie ihn nicht mag, sie verdürsten lassen?

Seht, meine Lieben! da habt ihr schon den Wink zur dreyfachen Bedeutung meiner Heimweh=Parabel.

Nun noch etwas Wichtiges, für einige wenige Auserwählte, die mich auch hier allein verstehen werden: *Off. Joh. 17. v. 5.* heist es wörtlich nach der Grundsprache:

„Und auf ihrer Stirne den geschriebenen Namen: *Geheimniß! Babylon* die Grose, die Mutter der Huren und der abscheulichsten Dinge der Erden.“[276]

Wir kennen dies Geheimnis, wissen seinen Gang, seine Meister, seine Grade,[277] und seinen Zweck. Wer von uns fühlt nicht die vollkommene Pflicht, diese Känntnisse zu nützen, und dem Geheimnis der grosen Hure aus allen Kräften entgegen zu würken? –

Diesem schröcklichen, imsäglich[278] schädlichen, und abscheulichen Geheimnis der Babylonischen Huren, welches nun bald, durch das Thier aus dem Abgrund[279] offenbar werden wird, steht gerade gegen über, in aller seiner Herrlichkeit, das *Geheimniß* des Reichs Gottes, welches uns zu *erkennen* gegeben ist; aber offenbart wird es erst werden, wenn der Sieger mit den vielen Cronen[280] seinen Triumph hält; *dies* Geheimnis müssen wir wohl vom Geheimnis der Gottseligkeit, 1 Tim. 3, v. 16 unterscheiden: dies ist nach der Himmelfahrt Christi von den Aposteln offenbart worden, jenes aber wird erst offenbart werden, wann Er kommt? –

275 Vgl. Apk 17 und 18.
276 Apk 17,5.
277 Bezeichnungen aus der Freimaurerei.
278 Setzfehler anstelle von richtig „unsäglich“.
279 Vgl. Apk 13 u. ö.
280 Vgl. Apk 2,10.

Also: wir haben das Geheimnis der grosen Huren entdeckt, und erkennen auch das Geheimnis des Reichs Gottes; beyde sind unterschieden wie *Christus* und *Belial,*[281] Licht und Finsternis, Erleuchtung und Aufklärung, Demuth und Ichheit, und wie das Lamm und das Thier.[282] Wer unter uns fühlt nun nicht die vollkommene Pflicht, das Geheimnis des Reichs Gottes aus allen Kräften zu befördern? – denn wer da weiß Gutes zu thun, und thuts nicht, dem ists Sünde. Jac. 4, v. 17.

Jezt kommt nur alles darauf an, was für Maasregeln wir zu ergreifen haben? – dazu giebt nun das Heimweh die Methode an die Hand, wer sie fassen kann, der wird sie fassen![283] – doch dürfen wir uns dem Feinde nicht blos geben; wer mit Geheimnissen angegriffen wird, der muß sich mit Geheimnissen wehren, darum darf er sie auch nicht öffentlich drucken lassen.

Aber, meine Brüder! – wir Creuzordensritter dürfen ganz und gar nichts unternehmen, bis es uns unser Grosmeister befiehlt[284]; der übersieht das Ganze, er weiß allein zusagen:

Jezt ists gerechte und vollkommene Zeit!

Aber bereit müssen wir uns halten, Tag und Nacht in unserer Rüstung stehn,[285] und wohl aufpassen.

Jezt ists Mitternacht![286]

Nur den Lämpchen=Männern[287] nicht getraut! – sie gehen umher und suchen wen sie verschlingen mögen;[288] sie sind die leibhaften Pharisäer zu *Christi* Zeiten; daß Sie's nicht sollten am rechten Zipfel gefast ha-

---

281 Dämonische Gestalt, Gegenspieler Gottes. Vgl. u. a. 2Kor 6,15.

282 Vgl. v. a. Apk 5, 13 und 14.

283 Vgl. Mt 19,12.

284 Gemeint ist Christus. Die Begriffswahl assoziiert Strukturen der Ritterorden (vgl. Anm. 258) wie auch der Freimaurer.

285 Vgl. Eph 6,10–17.

286 Vgl. Mt 25,1–13.

287 S. Anm. 270.

288 Vgl. 1Petr 5,8. Vergleich mit dem Teufel.

ben, das ist ihnen lächerlich; wenn sie fasten oder Almosen geben, so drommetets und posaunets die Publizität vor ihnen her; Sie sitzen auf Mosisstul und wachen daß ihnen die Römer nicht Land und Leute nehmen, und gerade dies Wachen ist das Mittel, wodurch sie den Römern zum Raub werden.[289]

Ja, warlich! den Römern – wer dies liest, aber auch versteht, der merke drauf! – Ich habs gesagt und meine Seele gerettet![290]

Marburg, den 8. September 1795.

Heinrich Stilling.

2.4 Sendschreiben an seinen Freundeskreis, Marburg, 7.1.1801[291]

Vömel Briefe, S. 142–150; Siegerland 4 (1970), S. 11–16; Benrath Lebensgeschichte, S. 684–690; Schwinge Briefe, S. 263–267

Marburg, d[en] 7ten Jänner 1801.

Denen lieben und innig hochgeschätzten Brüdern Berger[292], Tops[293], Roshof Vater und Sohn[294], und Evertsen[295], wünsche ich Gnade und Frieden!

---

289 Anspielung auf die Situation der Juden im Palästina des Römischen Reichs.

290 Vgl. Ez 3,19.

291 *Johann Heinrich Jung:* Sendschreiben an seinen Freundeskreis, Marburg, 7.1.1801. Ediert nach: Euphorion. Zeitschrift für Literaturgeschichte. 3. Ergänzungsheft, Leipzig und Wien 1897, S. 154–158 (das Originalschreiben ist nicht überliefert).

292 Johann Wilhelm Berger (1747–1829), Sprachlehrer in Mülheim/Rhein, später gräflicher Sekretär in Kleve; Tersteegenanhänger, korrespondierte auch mit der Christentumsgesellschaft.

293 Johann Hermann Tops (1743–1805), Schullehrer in Mülheim/Rhein.

294 Möglicherweise Bernhard Hermann Rosshoff (1742–1819), Schulmeister in Speldorf bei Mülheim/Ruhr, und Johann Hermann Rosshoff (geb. 1768).

295 Johann Engelbert Evertsen (1722–1807), Kaufmann und Fabrikant in Barmen; wichtiger Korrespondenzpartner Gerhard Tersteegens (s. Anm.

Ich danke zuvörderst Gott in Jesu Christo, und dann auch Ihnen allen, Meine theuersten Brüder! daß nun das Hindernis, welches unserer völligen Herzens= und Geistes=Vereinigung im Wege stund, durch Eure liebevolle Verzeyhung meiner Feler, gänzlich gehoben ist.[296] Tragt mich Schwachen, weil Ihr stark seyd,[297] und ich gar viel zu tragen habe!

Ich werde Euch allen, *jedem besonders* hinführo gerne auf jeden Brief antworten, für diesmal aber muß ich Euch allen in *einem* Brief *Einerley* schreiben, weil Ihr Alle es wissen müst, und ich keine Zeit habe einerley Sache fünfmal zu schreiben.

Es liegt mir nämlich noch etwas auf dem Herzen, das ich aus dem Wege räumen und berichtigen muß, weil es noch immer, entweder Euch Allen, oder doch dem einen oder dem andern einen Anstoß geben könnte – ! – *warum bin ich Hofrath und Professor, warum ein Vornehmer und angesehner, und berühmter gelehrter Mann geworden, und nicht Schneider und Schulmeister, also nach dem Muster und Beyspiel unseres Herrn, nicht in der Niedrigkeit geblieben?* – habe ich wohl auch die Regel befolgt: *Trachtet nicht nach hohen Dingen, Sondern haltet euch herunter zu den Niedrigen?*[298]

Jeder Christ, dem es ums seelig seyn ein wahrer Ernst ist, und der da weiß, daß es unmöglich ist, ohne wahre Herzens=Demuth und Herzens Reinheit, mit Gott in innige Gemeinschaft durch Christum zu kommen, dem muß das an mir auffallend seyn. Ich habe

---

75) und maßgeblicher Multiplikator von dessen Einfluss im Wuppertal und im Bergischen Land.

296 Dem Brief waren mehrjährige briefliche Auseinandersetzungen voraus gegangen, in denen die Adressaten Jung-Stillings sozialen Aufstieg und Lebensweise sowie geistlichen Stolz kritisiert hatten (vgl. *Schwinge* 1994, S. 117).

297 Vgl. Röm 15,1.

298 Vgl. Röm 12,16.

zwar in meiner, das ist, in Stillings Lebensgeschichte[299] das Nöthige darüber gesagt, allein die Sache ist doch so noch nicht ins Licht gestellt worden, nicht in den Gesichtspunct gesetzt, daß sich Seelen wie Ihr, Meine lieben Brüder! – völlig damit beruhigen könnten.

Höret daher meine Erklärung über diesen Punct! – daß ich durchaus ganz und gar nichts bin, nichts seyn will und von mir selbst durchaus auch kein Sandkörnchen schwer Gutes an mir finde, das versteht sich von selbst; aber eben so wahr und gewiß ist es auch, daß ich nicht das Allergeringste weder directe noch indirecte dafür kann, oder dazu beygetragen habe, daß ich churpfälzisch-bayrischer Hofrat und Professor der Staatswirthschaft in Marburg und ein berühmter Gelehrter geworden bin; Ihr werdet alle davon überzeugt werden, wenn ich folgende Aufschlüsse über meine Führung gebe, die ich vor dem Angesicht des Herrn niederschreibe und heilig versichere daß sie Wahrheit sind.

Schulmeister konnte ich in meinem Vaterlande nicht bleiben: denn ich war durch Verfolgung und Schicksale mancher Art so in Mißkredit gerathen, daß mich so leicht niemand mehr zum Schuldienst verlangt; wie viel und wie wenig ich daran schuld war, das weiß Gott alleine. – als Schneiderbursch bey meinem Vater zu arbeiten, das gieng nicht an: denn ich hatte eine Stiefmutter[300], welche es für Müßiggang ansahe, wenn ich in der Stuben auf dem Handwerk arbeitete, ich sollte Feld= und Bauern Arbeit verrichten, und das war mir unmöglich, ich hatte zu schwache Nerven[301] dazu, und hatte es nicht gelernt.

299 S. Anm. 126 und 128.

300 Anna Margaretha Feldmann (1726–1796), zweite Ehefrau von Johann Helmann Jung (s. Anm. 141).

301 In der Sprache des 18. Jahrhunderts noch: Muskel-, Sehnenkräfte.

Es blieb mir also nichts übrig als auf mein Handwerk zu wandern; ich gieng also nach Solingen – vor 38 Jahren – wo ich bey einem Meister Stöker[302], der am Kirchhof wohnte, auf dem Schneiderhandwerk arbeitete; hier wurde ich stolz – Das Handwerk war mir zu gering, ich schämte mich dessen, und suchte also eine Condition[303] – es ist merkwürdig, daß ich auch in eben der Zeit eine bleibende Rührung und Erweckung bekam; denn die vorherigen Rührungen, die ich von Jugend auf hatte, hatten nur kurze Zeit gedauert.

Von der Zeit an 1762 im Frühjahr, blieb der Trieb für den Herrn zu leben und zu sterben[304] beständig in mir. Mein Stolz wurde erhört, ich kam zu Herrn Peter Hartkop[305] auf der Better [Bever] in der Nähe von Hückerswagen, von den innern und äußern Leyden, die ich da als Hauslehrer seiner Kinder ausgestanden habe, sag ich kein Wort, aber ich wurde näher zum Herrn gebracht, und hier laß ich zuerst Ter Stegens[306] Schriften, die mir sehr gesegnet waren; im Frühjahr 1763 gieng ich aus meinem Dienst von der Better weg, und kam nach Rade vorm Wald, wo ich bey einem frommen Schneidermeister Joh[ann] Jacob Becker[307] wieder auf dem Handwerk arbeitete; jetzt war ich fest entschlossen, als Handwerksmann zu leben und zu sterben, es mögte auch kosten was es wolle, und dabey dann dem Herrn treu zu dienen.

Hier wurde ich mit Herrn Flander[308] an der Krähwinklerbrücke bekannt, der mir es aber so nahe legte, daß ich mich endlich wieder überreden ließ, und als

302 N. N. Stöcker (s. Anm. 161).
303 Anstellung.
304 Vgl. Röm 14,7–9.
305 Peter Hartcop (s. Anm. 163).
306 Gerhard Tersteegen (s. Anm. 75).
307 Johann Jacob Becker (s. Anm. 164).
308 Peter Johannes Flender (s. Anm. 165).

Hauslehrer seiner Kinder zu ihm zog; dies geschah aber mit Furcht und Zittern[309] und ich entschloß mich nicht eher dazu, bis meine christlichen Freunde mich überzeugt hatten, es sey Gottes Wille. Bey Herrn Flander war ich 7 Jahr bis 1770, ich unterrichtete seine Kinder und half ihm in seiner Fabrik=Handlung. Während dieser Zeit gieng also mein Handwerk verlohren, und ich wurde untüchtig dazu. Was sollte also nun aus mir werden? – es fand sich eine Gelegenheit die Tochter eines blühenden Handelshauses zu heurathen.[310] Das Mädchen war eine der größten Schönheiten und sehr begabt, aber ich fand in meinem ganzen Wesen einen Widerwillen gegen die Handlung[311]; ich fand zuviel Sünden darinnen, und ich hatte nicht Geldliebe genug, um in diesem Geschäfte nicht früher oder später fallit[312], und sehr unglücklich zu werden; ich schlug also diese Winke aus.

Dagegen zeigten sich ganz andere Aussichten: mir wurden von einem berühmten AugenArzt[313] Arcana[314] angeboten, wenn ich Medicin studieren wollte, um sie recht gebrauchen zu können, ich hatte auch schon von Innen und Außen Winke zum Studio medico gehabt, und mich schon lange in Philosophie und Sprachen geübt. So daß ich mich nun in Gottes Namen entschloß Medicin zu studieren, ungeachtet ich keinen Heller dazu wuste und hatte, zu eben der Zeit versprach ich mich zu Ronsdorf mit meiner ersten Frauen Peter Heyders[315] eines Floretfabricanten und frommen Mannes

309 Vgl. Tob 13,5; 2Kor 7,15; Phil 2,12.
310 Nicht ermittelt.
311 S. Anm. 176.
312 Zahlungsunfähig.
313 Johann Baptist Molitor (1713–um 1768), katholischer Pfarrer und Laienmediziner in Attendorn, wo er auch ein Hospital erbaute.
314 Geheimnisse, Geheimmittel.
315 Johann Peter Heyder (s. Anm. 178).

frommen Tochter.[316] Diese ganze Heurath war weiter nichts als die Folge einer frommen Schwärmerey; worüber ich hier nichts weiter sagen will, als ich heurathete das gute fromme aber irrende Mädchen auf ihrem Krankenbette bloß aus Pflicht; Liebe hatte ich nicht zu ihr, sondern ich glaubte Gott fordere dies Opfer von mir; ich gewann sie aber doch herzlich lieb und hab sie während ihrer langen Kränklichkeit, bis in ihren Tod treulich verpflegt.

Ich studirte und mein Vertrauen auf Gott ließ mich nicht stecken; denn mir wurde geschickt, was ich brauchte; ohne daß ich vorher wußte, woher ich einen Heller nehmen sollte.

Dies, Meine theuersten Brüder! muß Euch fest überzeugen, daß mein Studiren Gottes Wille war, denn er lenkte fremden Leuten das Hertz, mich mit dem Nöthigen zu versorgen: denn mein Schwiegervater konnte es nicht, und es läßt sich doch von Gott nicht denken, daß Er die eitlen stolzen Wünsche der Menschen so merkwürdig befördere.

Ich studierte in Strasburg, hatte aber das Unglück, daß mir der Geist dieser Zeit Pfeile der Versuchung und des Unglaubens in mein Herz schoß, welche Wunden hinterließen, die auch noch immer schmerzen, und mir sehr viele Kämpfe verursachen. O lieben Brüder! ich kämpfe oft schrecklich, ich muß meinen Weg fortpilgern ohne eine Hand vor den Augen zu sehen; Aber Gott lob! ich traue fest ohne zu sehen, und wenn mich der Herr auch töden wollte, so will ich doch auf Ihn hoffen. Ach der Weg des dunklen Glaubens[317] ist schwer! Die Emp-

316 Christine Catharine Heyder (s. Anm. 179).

317 In der Mystik der Quietisten, v. a. der Madam Guyon (s. Anm. 390), im Gegensatz zum hellen, leichten Glauben Bezeichnung für den Zustand der Getrenntheit von Gott. Vgl. Texte 3.1 und 3.3.

findung der Gegenwart Gottes hilft mir über alle Schwierigkeiten weg, dies ist das Einzige was mich aufrecht hält.

Ich zog 1772 im Frühjahr nach Elberfeld als Arzt. Hier giengen nun erst meine Prüfungs Jahre an: fast alle dortigen Erweckten waren mir einigermaßen zuwider – keiner war ganz zufrieden mit mir – Du wirst Dich dessen erinnern, liebster Bruder Evertsen[318]! in eurem Haus fand ich oft Trost und Erquickung, obgleich Du und Dein seeliger Bruder[319] auch nicht recht klug aus mir werden konntet – Viele der dortigen Erweckten waren mir so gar im eigentlichen Sinn von Hertzen feind. Ich glaube wohl, daß ich durch meinen lebhaften, leichtsinnigen und unüberlegten Carakter an allem Schuld war, aber im inneren Grund meiner Seelen war doch die Übergabe an die ewige Liebe völlig und beständig – dies konnte aber niemand wissen, man sahe aufs Äußere, und urtheilte darnach.[320] Ach es geht lange Zeit dazu, bis die natürlichen Unarten durch das göttliche Reinigungsfeuer weggefegt sind; das hätte man doch auch bedenken sollen; indessen auch das gehörte zu meiner Feuer=Probe[321]. Ich und meine Frau hatten kein Vermögen, meine Praxis brachte wenig ein, und doch mußte ich leben. Das Geld, womit ich studirt hatte, mußte auch bezahlt seyn, von Jahr zu Jahr wurden die Schulden größer, und damit wuchsen auch die Leyden, so daß ichs kaum mehr ertragen konnte, zudem nahm meine Praxis ab, nur meine Augencuren waren geseegnet. Zwar half der Herr öfters wunderbar dem augenblicklichen Mangel ab, aber im ganzen war in Elberfeld keine Aussicht für mich ferner zu leben, vielweniger

318 Johann Engelbert Evertsen (s. Anm. 295).
319 Abraham Evertsen (1713–1785), Kaufmann und Fabrikant in Barmen.
320 Vgl. 1Sam 16,7.
321 Ursprünglich Form eines Gottesurteils. Hier: Bewährungsprobe.

Schulden zu bezahlen; bey dem Allem aber rührte ich keinen Finger, um aus meiner schrecklichen Lage zu kommen, sondern ich ließ lediglich den Herrn walten.

Auf einmal, ganz ohne mein Denken und Suchen bekomme ich den Ruf als Professor der Cameralwissenschaften nach Lautern mit 600 Gulden Gehalt. Jetzt fühlte ich tief in meiner Seelen die Pflicht diesem Ruf zu folgen: denn in dem Fach hatte ich mehr Kenntnis als in der Medizin, zum öffentlichen Vortrag war ich besonders geschickt und das Gehalt setzte mich in den Stand meine Familie zu ernähren, und auch nach und nach Schulden zu bezahlen; ich nahm also den Ruf aus Pflicht und Gehorsam an, ich zog 1778 nach Lautern, und der Herr seegnete mein Lehramt außerordentlich, so daß ich nun nach 22 Jahren viele hundert Männer in Ämtern weiß, die zum Besten der Menschen nach meinen Grundsätzen würken, und die ich unter Gottes Beystand gebildet habe.

Nach dreyen Jahren starb meine erste Frau in Lautern, ich heurathete in Abhängigkeit von der Leitung des Herrn zum zweyten mal, und bekam nun eine vortreffliche Haushälterin[322], meine Schulden wurden nach und nach abgetragen, doch blieben noch immer viele übrig. 1784 versetzte uns Alle der Churfürst[323] an die Universität nach Heydelberg, meine Familie wurde stärker, der Aufwand auch, und das Gehalt wurde nicht vermehrt, folglich konnte ich keine Schulden mehr bezahlen; als mich daher im Jahre 1787 der Herr Landgraf von Hessen[324] hieher nach Marburg gegen ein jährlich Gehalt von 1440 Taler berief, so muste ich diesen Ruf nothwendig annehmen, um meine Schulden bezah-

322 Hausfrau. Es handelt sich um Maria Salome von St. George (1760–1790) aus Wiesbaden.

323 Carl Philipp Theodor Kurfürst von der Pfalz (s. Anm. 206).

324 Ludwig IX. von Hessen-Darmstadt (1719–1790), seit 1768 Landgraf von Hessen-Darmstadt.

len zu können. Ich gieng also hieher, und bin nun beynahe 14 Jahre hier, und zwar mit außerordentlichem Seegen in meinem Amt, auch sind nun meine Schulden getilgt, der Herr sey gepriesen! Vor zehn Jahren starb denn auch meine 2te Frau, ich hatte kleine Kinder,[325] und mußte also abermals heurathen; ich bekam daher meine jetzige 3te Frau,[326] welche die älteste Tochter des sehr frommen und rechtschaffenen Professors der Theologie Coings[327] ist. Dieser mein SchwiegerVater starb aber bald nachher, so wie auch seine fromme Gottesfürchtige Frau,[328] und nun zeigte sich wieder die treue Führung des Herrn auch darinnen, daß ich nun auch der Versorger dieser frommen Familie werden sollte; ich nahm also die Kinder des seeligen Coings[329] zu mir, und sie sind noch zum Theil bey mir; dann mußte ich auch meinen alten, nunmehr 85jährigen Vater[330] aus dem Siegerland abholen, und bey mir verpflegen, welches auch meine liebe vortrefliche Frau mit unaussprechlicher Treue und Gedult thut. Der gute Mann ist ganz wie ein kleines Kind. Ich bin im Äußern so belastet, daß es mir doch bey allem dem, besonders in diesen theuern Zeiten schwer wird durchzukommen, und es bleibt mir nichts übrig – der Herr wirds versehen! –

Seht, geliebte Brüder! das ist meine äußere zwar schwere aber doch auch sehr gnädige Führung; ich weiß gewiß, das mein gegenwärtiger Stand nach dem Willen des Herren ist. Er will in Gnaden, daß ich das seyn soll,

---

325 1790 lebten folgende Kinder Jung-Stillings: Johanna (1773–1826), Jakob (1774–1846), Elisabeth (1786–1802), Caroline (1787–1821) und Franz (1790–1791) Jung.

326 Elisabeth Jung, geb. Coing (1756–1817).

327 Johann Franz Coing (1725–1792), Professor für Philosophie und Theologie in Marburg.

328 Elisabeth Christina Lubecca Duysing.

329 Nicht ermittelt.

330 Johann Helmann Jung (s. Anm. 141)

was ich bin, denn meine Eigenheit[331], wie gros sie auch seyn mag, hat doch im Geringsten daran keinen Theil, daß ich Professor in Marburg bin. Den HofrathsTitel gab mir der Churfürst von der Pfalz[332] ganz aus eigener Bewegung, und ganz umsonst, ich hatte so etwas nie verlangt und nie erwartet. Der Churfürst liebte mich sehr, und wollte mir dadurch eine Gnade erzeigen, die ich also auch in dieser Beziehung annehmen mußte.

Was nun meinen innern Zustand, und meinen Ruf als christlich=religiöser Schriftsteller betrift, so will Euch lieben Brüder! auch darüber Rechenschaft ablegen:

In meinem Lehramt mußte ich sehr viele Lehrbücher schreiben und drucken lassen,[333] weil es daran ganz fehlte, dadurch wurde ich in der gelehrten Welt sehr berühmt und mit allen, auch den vornehmsten Ständen bekannt, ich bekam Fürsten, Grafen und Adliche in Unterricht, und auch dies war Plan der Vorsehung: denn dadurch bin ich nun mit vielen Herrschaften bekannt worden, ich correspondire mit ihnen und kann also nun zum Besten des Reichs Gottes sehr nützlich auf sie würken. So wurde alles vorbereitet. Im Jahre 1794 kam der hiesige Buchhändler Krieger[334] zu mir, und bat mich, ich möchte doch einmal etwas hübsches schreiben, er wollte es verlegen und drucken; ich bedachte mich und fand mich willig dazu, und nahm mir vor, des Bunians ChristenReiße[335] nachzuahmen – so entstand also das Heimweh[336] nebst seinem Schlüssel[337] in fünf Bänden, während dem Schreiben dieses Buchs suchte ich höhere Kraft in meinem innern Seelengrund entwickelte sich

331 Selbstsucht.
332 Carl Philipp Theodor Kurfürst von der Pfalz (s. Anm. 206).
333 S. Anm. 135, 137, 220, 221 und 228.
334 Johann Christian Konrad Krieger (s. Anm. 263).
335 *John Bunyan*, The pilgrim's progress (s. Anm. 240).
336 *Heinrich Stilling*, Das Heimweh (s. Anm. 87).
337 *Heinrich Stilling*, Der Schlüssel zum Heimweh (s. Anm. 237).

die Überzeugung, der Herr wolle mich in diesen schweren und wichtigen Zeiten als Werkzeug in seinem Dienst brauchen, dahin ziele seine ganze Führung mit mir von Jugend auf, zugleich fühlte ich auch den Zug der ewigen Liebe, zur Einkehr und in die Gegenwart Gottes weit stärker, und ich ward von der Zeit an ein ganz anderer Mensch. Dies Buch nun, das Heimweh hat unbeschreiblich gewürkt, und würkt noch immer fort im Segen, daher entstand nun auch der graue Mann,[338] die Siegsgeschichte[339] u. s. w.

Meine innere Seelengestalt ist folgende:[340] Ich fühle mein gänzliches Nichts äußerst lebhaft. Ich bin seit vielen Jahren fast beständig im Gefühl der Gegenwart Gottes, und wenn ich einmal zerstreut bin, und sie verliere, so hab ich keine Ruhe, bin äußerst elend, ja es ist mir als könnt ich nicht leben, bis ich wieder in diesem meinen Element bin. Ich habe schlechterdings keinen Willen mehr, auch giebt es unter allen sinnlichen Vergnügen kein Einziges das mir Freude machte. Ich lebe in einem immerwährenden Zustand der Abgeschiedenheit von allem Irdischen. Zu nichts habe ich Lust als zum Einen das Noth ist;[341] Ganz für den Herrn zu leben und zu sterben[342] ist mein einziger Kampf, Stand und Ehre der Welt sind mir ganz und gar nichts, und ich sehne mich nur immer nach Ruhe und Einsamkeit, thue aber alle meine Geschäfte deren erstaunlich viel,

---

338 *Dr. Johann Heinrich Jung, [sonst auch Heinrich Stilling genannt] [genannt Stilling]:* Der Graue Mann. Eine Volksschrift, Heft 1–30, Nürnberg 1795–1816 (vgl. hierzu *Schwinge* 1994, S. 50–183).

339 *[Johann Heinrich Jung-Stilling],* Die Siegsgeschichte (s. Anm. 88) und *Dr. Johann Heinrich Jung Stilling,* Erster Nachtrag zur Siegsgeschichte (s. Anm. 89).

340 Die im Folgenden verwendeten Begriffe und thematisierten Ideale entstammen der Mystik der Madam Guyon (s. Anm. 390) und Gerhard Tersteegens (s. Anm. 75).

341 Vgl. Lk 10,42.

342 Vgl. Röm 14,8.

von allerley Art sind, munter und willig, aber nicht mit Lust, sondern bloß aus Pflicht. Das Alles aber ist blos Gottes Werk in mir, ich fühle sehr lebhaft, daß ich zu allem Guten, das in mir ist, auch nicht ein Jota[343] beygetragen habe, im Gegentheil, wenn ich mein eigenes Wesen prüfe, so finde ich daß keine Sünde, kein Laster, kein Verderben zu denken ist, wozu nicht ein sehr lebhafter Keim in mir läge, aber, der Herr sey gelobt, diese ganze Welt voll Sünde in meiner Natur, ist ganz unter der Herrschaft des Geistes Gottes, der seine Wohnung in meiner Seelen aufgeschlagen hat, ohne daß ich das Geringste dazu beygetragen hätte. Mein schwerstes Leyden ist der Stand des dunklen und nackten Glaubens,[344] diese Bürde trage ich schon sehr lange. Aber der Herr wird mir helfen tragen, so lang Er es für gut findet.

Jetzt lieben Brüder! Kennt Ihr mich ganz. Von *mir selbst* könnt Ihr Euch keine zu niedrige Vorstellung machen, ohne das Gute das der Herr in mich gelegt hat, und wozu ich nichts beygetragen habe, das erwirbt mir doch Euere Liebe, um die ich nochmals demütig bitte. Forthin werde ich nun jedem von Euch einzeln schreiben. Ach stärkt mich doch oft durch Eure Briefe! Der Herr sey Euch allen nahe, und Euerem ewigen Bruder

Jung.

| Jetzt bitte ich nun von Hertzen, mich zu beobachten und mir zu sagen wo ich fehle, meine Schriften könnten Euch dazu Anlaß geben. |[345]

343 Nicht das Geringste.

344 S. Anm. 317.

345 Jung-Stilling fügte hier noch ein persönliches Schreiben an Berger (s. Anm. 292) an.

3. Wahres Christentum im Diskurs: „Pietismus", „Mystik" oder „Schwärmerei"?

3.1 Theobald oder die Schwärmer (1784)[346]

Sämmtliche Werke, Bd. 6, S. 3–434, hier: S. 5–47, Sämmtliche Schriften, Bd. 6, S. 3–358, hier: S. 5–40

Vorbericht welcher durchaus gelesen werden muß

Ich verspreche auf den [!] Titel eine *wahre Geschichte;* über diesem Punkt muß ich mich rechtfertigen. Denn mancher wird sehr oft über dem Lesen meines Buchs an der Haltung dieses Versprechens zweifeln.

Die Vorsehung hat mich von meiner Jugend an durch viele Schwärmereyen mitten durch geführt, ohne Theil daran zu nehmen; viele rissen mich auch in ihrem Strom mit fort; mein noch lebender, ehrwürdiger Vater[347] war ehemals in gewisse Verhältnisse mit verwickelt, doch niemals in fanatische, nicht einmal in ganz schwärmerische, ob gleich viele Männer von allerhand Schlag uns besuchten; er liebte alle, die Werk von der Religion machten,[348] und ließ sich auch mit allen in Gespräche ein; doch aber weiß ich mich nicht zu besinnen, daß er einmal pietistischen Versamlungen beygewohnt hätte, er gieng von jeher in die Kirche, war nie ein Separatist, und doch hieng er auch den Symbolen[349] nicht an, und las zugleich allerhand mystische Schriften, so

346 *Heinrich Stilling:* Theobald oder die Schwärmer. Eine wahre Geschichte. Mittelmaß die beste Straß. 2 Bde., Frankfurt a. M. und Leipzig 1784/85, S. 5–8 und 9–63.

347 Johann Helmann Jung (s. Anm. 141).

348 Die ihren Glauben im Leben bewährten.

349 Kirchlichen Bekenntnissen.

daß er eigentlich ein Mittelding zwischen einem Mystiker und evangelisch reformirten Christen war; sein Leben und Wandel aber war und ist noch immer unsträflich, und der Lehre Jesu, menschliche allgemeine Schwachheiten ausgenommen, gemäß. So wurde ich auch erzogen, ob gleich im Anfang mehr mystisch als hernach; durch die vielfältigen Besuche so vielerley Gattungen von Menschen, hörten wir alles, wir wurden ganz bekannt mit dem Gang der Erweckungsgeschichten, alle dabey intreßirte merkwürdige Männer, ihr Leben, ihr Charakter, wurden so oft und so lebhaft, in unserm ländlichen Stübchen, geschildert, daß ich noch immer, wenn ich mir jene Scenen vor meine Seele führe, die frommen Erzähler, den breiten Wald, mit seinen geflügelten Sängern, durch die Fenster, im Gold der Abendsonne glänzen sehe.

Nach der Hand[350] kam ich aus meinem so schwärmerischen Vaterland ins Herzogthum *Berg*,[351] wo es wiederum eine ungeheuere Menge kleiner Sekten giebt, deren Ursprünge alle wichtige Beyträge zur Seelenlehre, und Geschichte der Menschheit ausliefern. Kurz, ich bin gleichsam durch meine Erfahrungen dazu berechtigt, eine Geschichte der Schwärmer dieses Jahrhunderts zu schreiben, oft hatte ich mir dies auch vorgenommen, allein die Liebe verbietet es mir, denn es leben noch zu viele würdige, und dabey hin und wieder sehr intreßirte[352] Männer, deren Namen und Geschichten ich auslassen müßte, mithin würde meine Geschichte sehr unvollkommen ausfallen.

Ich leiste also im folgenden Werk so viel ich kann, ich erdichte mir einen Helden, und setze dessen Leben aus lauter wahren Geschichten zusammen, so daß eigentlich

350 Später.
351 Vgl. zur Biographie Jung-Stillings Abschnitt 2 und Anhang.
352 Parteiergreifende.

nichts erdichtet, sondern nur der Gang der Dinge anders geordnet ist, sogar aus meinem eigenen Leben sind einige wenige Anecdoten mit eingeflochten, hin und wieder sind Namen verändert, und wo es mit Fug geschehen konnte, da habe ich die rechten Namen beybehalten.

Mein Zweck ist, unser teutsches Vaterland zu belehren, *daß der Weg zum wahren zeitlichen und ewigen Glück, zwischen Unglauben und Schwärmerey mitten durchgehe.*

Das erste Hauptstück.

Der Gang der deutschen Nation im 15ten Jahrhunderte hatte viel ähnliches mit dem Gange derselben im 18ten. Der Geist fieng an Morgenluft zu wittern; je nachdem nun der Stand eines Menschen höher oder niedriger, weiter vorne oder mehr hinten war, je nachdem verhielt sich auch der Grad des Lichts, der alles um ihn her zu erleuchten anfieng, man sagte sich untereinander ins Ohr, was man sahe, und so verbreitete sich das Licht noch mehr. Die Erfindung der Buchdruckerey und der neuen Welt[353] wirkte gewaltig mit, und so kams endlich im 16ten Jahrhundert zu der großen Veränderung, die denn doch, man mag dagegen sagen was man will, zur allgemeinen Erkenntniß der Wahrheit ganz erstaunend mitgewirkt hat.

Die Reformation machte einen großen Theil der Menschen von dem Regiment der Geistlichkeit frey. Vorher wars Pflicht zu glauben, was die Kirche vorschrieb, nun aber giengs dem großen Haufen der Protestanten, wie es ehemals von den Israeliten hieß: *Zu der Zeit war kein König in Israel, und ein jeder thät, was ihn recht däuchte.*[354] Freylich fiengen die Consistorien, und ein-

353 Jung-Stilling bezieht sich hier auf die Entdeckung Amerikas.
354 Ri 17,6.

zelne Geistlichen an, auf ihre durch Reichs= und Friedensschlüsse befestigte Symbolen[355] zu wachen, und der weltliche Arm gieng ihnen auch tapfer an Handen, allein jeder konnte und hatte Materie zu lesen. Die Bibel, als der allgemeine Grund der Religion, war verdeutscht in allen Läden und wohlfeil zu haben, daher gabs viele, theils fähige, theils stolze, theils auch phantasiereiche Köpfe, die entweder weiter sahen, oder zu sehen glaubten, oder die gar der Reformationsgeist belebte. Diese wollten sich nun ihrer republicanischen Freyheit bedienen, sie traten auf, schrieben oder lehrten, und wurden je nach Beschaffenheit der Sachen Schwärmer oder Häupter kleiner und großer Sekten. Ob diese Verfassung dem Reich der Wahrheit zuträglich sey? ist eine Frage, die schon der große Apostel mit *Ja* beantwortet, er sagt, *es müssen Spaltungen unter euch seyn, damit die Wahrheit ans Licht komme.*[356] Wenn Jeder frey denken darf, so erscheinen Millionen Lehrsätze, die jeder beleuchten kann, dadurch entstehen allgemeine Gährungen, die dem Geist immer mehr Licht und Reinigkeit geben.

Unter den Schwärmern und Sektenhäuptern des 16ten Jahrhunderts sind schon viele aus dem Andenken der heutigen Welt verschwunden, außer wenn man sich ihrer noch aus der Kirchengeschichte erinnert. Indessen sind noch immer zween Männer merkwürdig, die von jenen Zeiten bis daher[357], und vielleicht auch noch weit in die Zukunft hin, unvermerkt unter dem Publikum fortwirken; der eine ist das Haupt der Wiedertäu-

355 Bekenntnisse. Das lutherische Bekenntnis war im Augsburger Religionsfrieden von 1555 reichsrechtlich anerkannt worden, das reformierte im Westfälischen Frieden von 1648.
356 Vgl. 1Kor 11,19.
357 Bis jetzt.

fer, *Simon Menno*[358], und der andre der bekannte *Jakob Böhm*[359]. Die Wiedertäufer leben ruhig fort, und ihre Religion ist so wenig von der protestantischen verschieden, daß der Unterschied blos auf einer andern Uniform[360] beruht, ihr Daseyn bringt weiter keine Bewegung in die allgemeine Gährung im Reiche der Wahrheit; aber Böhms Wirkungen sind noch immer ins geheim und unter dem gemeinen Volk sehr mächtig; seine überaus bilderreiche und bey aller seiner Einfalt erhabene Sprache, die erstaunungswürdige Materien, welche er verhandelt, und die feine Gnosis[361], welche bey allen, oft sehr ungereimten Ausdrücken und Redensarten, doch überall hervorleuchtet, machen solche Eindrücke auf den gemeinen Mann, besonders wenn das Feuer der Einbildungskraft in ihm glüht, und dazu Drang der Vervollkommnung sein Herz belebt, daß der Erzschwärmer[362]im Huy[363] fertig ist, wenn er nicht bey Zeiten zurücktritt, und die einfache Bahn des christlichen Kirchenglaubens wieder vor die Hand nimmt; aber wie schwer das sey, kann nur der beurtheilen, der einmal geschmeckt hat, wie süß der Geist der Schwärmerey ist.

Aber wenn *Böhm* so viele Schwärmer gemacht hat, und noch macht, so ists doch noch die Frage, ob er darum selber einer war? es kommt hier alles auf die Erklärung an, was eigentlich ein Schwärmer ist; dies Wort ist im Teutschen noch nicht hinlänglich bestimmt, man

---

358 Menno Simons (1496–1561), niederländisch-friesischer Theologe; namensgebender Vertreter der Täuferbewegung (Mennoniten).

359 Jacob Böhme (1575–1624), Schuhmacher in Görlitz, Laientheologe, Mystiker und Theosoph, dessen 1682 erstmals gesammelt publizierte Schriften breit rezipiert wurden.

360 Äußerlichkeiten, äußerer Gestalt.

361 Hier: Besondere Erkenntnis.

362 Besonders heftiger Schwärmer.

363 Im Nu.

nennt den Enthusiasten sowol Schwärmer als den Fanatiker, und doch sind beyde weit von einander unterschieden. *Enthusiast* nenne ich einen Menschen, der wenigstens *mehrentheil*s richtige Vernunftschlüsse und Wahrheitsbegriffe ins Lichtgewand der *Phantasie* einkleidet, und nun diese Bilder selber für die nackte Wahrheit ansieht, und sie auf seinem Schauplatz mit lebhafter Wärme agiren läßt; hingegen der Fanatiker nimmt alle lebhafte Vorstellungen der Einbildungskraft für Wahrheit an, und giebt sie noch wohl für göttliche Begeisterung aus; Schwärmer von dieser Art sind höchst gefährlich, so wie die ersten oft herrliche Werkzeuge in der Hand der Vorsehung sind, und sehr selten Schaden stiften. Zu dieser Classe muß *Jakob Böhm* gezählt werden; ein großer Theil seiner Lehrsätze ist mit der gereinigten Christus=Religion übereinstimmend, ein anderer Theil ist philosophische und gar nicht gefährliche Hypothese, und wieder ein großer Theil ist gar keiner Erklärung fähig, mithin völlig unnütz.

Dem allem ungeachtet haben *Böhms* Schriften hin und wieder Schaden angestiftet, wie meine Leser im Verfolg[364] finden werden. Sie gehören für Philosophen, die das Reine vom Unreinen zu scheiden wissen, und dann kann noch viel Nützliches darinnen gefunden werden. Dies behaupte ich nicht allein, sondern viele große weitsehende und nichts weniger als schwärmerische Männer haben das nämliche gesagt, und sagen es noch. Doch ich gehe weiter.

Das 17te Jahrhundert war durchaus kriegerisch. Der Geist hatte keine Ruhe zu spekuliren, sondern es lag ihm daran, zu behalten was er hatte, damit ihm niemand seine Krone rauben möchte.[365] Was zur Zeit der

364 Im Folgenden.
365 Vgl. Apk 3,11.

Reformation war gesäet worden, das wurde nun zum Theil geerndtet;[366] dennoch aber setzte noch immer der Geist der Schwärmerey seine Wirkungen fort, besonders hatte auch die paracelsische Sekte[367] der Ärzte vielen Einfluß auf die Schwärmerey; man räumte im Bombastischen Chaos auf. *Johann Baptista*[368], *Franziskus Merkurius von Helmont*[369], und noch andre brachten eine Art von System heraus, wieder andere verbanden den Böhmismus damit, und so entstunden wunderbare Sachen, während der Zeit suchten *Thomasius und Gottfried Arnold*[370] durch ihre ungemeine Gelehrsamkeit im Reich der Schwärmerey Wahrheit, und besonders benutzte letzterer durch sein vortrefliches Beyspiel, denn er war ein sehr frommer Mann, und durch seine ausnehmende Geschicklichkeit, das Feuer der Schwärmerey zur thätigen Vervollkommnung; seine Geschichte weist aus, welch einen unsäglichen Nutzen er gestiftet habe. Ein großer Theil Menschen lasen insgeheim dergleichen Schriften, aus Furcht für den Juden[371]; viele verbanden den *Paracelsismus* damit, es gab wohlmeinende und betrügerische Goldmacher die Menge; so schwärmte man unter dem Getöse des Kriegs fort; da aber, wo der Same auf ein gutes Land fiel,[372] da wurden

---

366 Vgl. Gal 6,7.

367 Theophrast Bombast von Hohenheim, genannt Paracelsus (um 1493–1541), Mediziner, Alchemist, Laientheologe und Mystiker; seine einem ganzheitlich-hermetischen Ansatz verpflichteten Schriften wurden breit rezipiert.

368 Johann Baptista van Helmont (1580–1644), flämischer Mediziner, Alchemist, Chemiker und Naturforscher.

369 Franciscus Mercurius van Helmont (1614–1699), Sohn des J. B. van Helmont, flämischer Mediziner, Kabbalist, Schriftsteller und Diplomat.

370 Christian Thomasius (1655–1728), frühaufklärerischer Jurist und Philosoph in Halle/Saale. – Gottfried Arnold (1666–1714), Theologe mit zunächst mystisch-spiritualistischer Ausrichtung, später Pfarrer; Verfasser einer breit rezipierten alternativen Kirchengeschichte (Unparteiische Kirchen- und Ketzerhistorie. 4 Bde., Frankfurt a. M. 1699/1700).

371 Vgl. Joh 7,13.

372 Vgl. Mt 13,23.

auch in der Stille vortrefliche Menschen gebildet, die allgemeine schwere Landplage reinigte sie vollends, und so wurden sie in Bündlein gebunden, und in die ewige Scheuren[373] gesamlet.[374]

Nun folgte endlich der Friede. *Ludwig der 14te*[375] war zu der Zeit die bewegende Kraft von ganz Europa; man hielt seinen Hof für die Schule der Artigkeit, und des guten Geschmacks; der teutsche Adel, der bis dahin unwissend und grob gewesen war, reiste dorthin; aber anstatt Aufklärung mit nach Hause zu bringen, brachte man Frankreich mit, und verpflanzte es mitten in Teutschland; mit der Zeit wurde es zur Schande, ein wahrer Teutscher zu seyn, das blieb dem Pöbel übrig, der feine Weltmann war völlig Franzoß. Inzwischen wurden wir doch auch mit der französischen Litteratur bekannt, welche abermal vielen Einfluß auf die Schwärmerey der Teutschen hatte.

Zu der Zeit war *in Frankreich der Jansenismus*[376] im Gang, und man kann nicht leugnen, daß sich sehr viele wackere Menschen unter demselben befanden. Diese Leute hielten es vorzüglich mit der mystischen Religion, welche bis dahin in *Teutschland*, wenigstens unter den Protestanten, noch nicht viel bekannt war; doch es wird nöthig seyn, daß ich kürzlich die wahre Beschaffenheit dieser Religion entwickle, weil sie so oft in folgender Geschichte ein Gott aus der Maschine[377] seyn wird.

---

373 Scheunen.

374 Vgl. Mt 13,29.

375 Ludwig XIV. von Frankreich (1638–1715), ab 1643 König von Frankreich und Navarra, bekanntester Vertreter des höfischen Absolutismus (genannt der „Sonnenkönig").

376 Eine nach dem Bischof Cornelius Jansen bezeichnete innerkatholische Bewegung des 17. und 18. Jahrhunderts in Frankreich und den Niederlanden, die sich auf die Gnadenlehre Augustins berief und als häretisch verfolgt wurde.

377 „Deus ex machina": die überraschende, unerwartete Lösung.

Das Klosterleben war von jeher dazu bestimmt, daß der Mensch Gelegenheit haben möchte, ohne die geringste Sorge und Hinderniß, blos und allein den Übungen der Religion abzuwarten; aus Gottes und Menschenliebe zur Vervollkommnung des menschlichen Geschlechts wirksam zu seyn, war ehemals kein Theil der Religion, sondern nur eine Nebensache, oder Folge derselben; wenigstens glaubte man nicht dadurch Gott ähnlicher zu werden. Statt dessen wählte man sich gewisse innerliche und äußerliche Mittel, wodurch man glaubte, sich selber zu vervollkommnen; fromme Stiftungen und Allmosengeben machten gleichsam den ganzen Wirkungskreyß der Menschenliebe des klösterlich=gesinnten Christen aus. Fasten, die täglich bestimmten Gebete und Kirchenceremonien erfüllen das ganze Leben des Klostergeistlichen, und auf die strengste Erfüllung dieser Pflichten gründete man die Heiligkeit des Christen. Nun gab es aber von jeher in den Klöstern, so wie in allen Ständen, verständige Große und rechtschaffene Menschen, männlichen und weiblichen Geschlechts, welche wohl einsahen, daß obgedachte[378] Werke wenig zur sittlichen Vervollkommnung des Geistes beytrügen; der Grund aller Vollkommenheit besteht in der Gottähnlichkeit;[379] um diese zu erlangen, setzten also jene erleuchtete Lehrer gewisse Grundsätze fest, um welche sich die ganze Sphäre der mystischen Religion umwälzt. Diese sind kürzlich folgende: Gott ist ein ewig und unendlich liebendes höchst sanftes Wesen, die höchste Güte und die höchste Weisheit, in ihm ist die Quelle aller Seligkeit und aller wahren Freude.

378 Oben erwähnte.
379 Vgl., auch zum Folgenden, *Martin Schmidt:* Teilnahme an der göttlichen Natur. In: *ders.*, Wiedergeburt und neuer Mensch. Gesammelte Studien zur Geschichte des Pietismus, Witten 1969 (Arbeiten zur Geschichte des Pietismus, 1), S. 238–298.

Der Mensch ist von allem dem das gerade Gegentheil, er liebt nur sich allein, und andre nur in sofern, als sie den Zwecken seiner Eigenliebe beförderlich sind; was ihm darinnen entgegensteht, das haßt und verfolgt er. Er ist der Ball seiner Leidenschaften, und ungestüm in seinem Wollen, sehr kurzsichtig und schwach am Verstand, und lebt also in seinem natürlichen Zustand unglücklich, und misvergnügt.

Christus hat durch sein Erlösungswerk dem Menschen die Fähigkeit erworben, daß er nun durch die Anstrengung seiner Kräfte und Anwendung der gehörigen Mittel, zur Gottähnlichkeit gelangen kann, für die welche diesen schweren Prozes durchgehen, hat der Erlöser genug gethan, für alle andere nicht, auch tilgt sein Versöhnblut nur die Schwachheitssünden, und die nun einmal geschehen sind, und nicht mehr geändert werden können, in sofern man sie herzlich bereut; alle andere müssen noch nach dem Tode durch schwere Prüfungen abgefegt[380] werden.

Der Weg der Christen fängt also damit an, daß ein Mensch den felsenfesten Vorsatz fast, von nun an nicht mehr zu sündigen, sondern immer vollkommener zu werden; dazu werden folgende Mittel erfordert.

1) Ein beständiges Wachen auf die Gedanken und die Einbildungskraft, wobey man alle Gedanken und Vorstellungen sanft sinken läßt, und eigentlich nichts denkt, als daß man sich selbst bewußt ist. Dies heissen sie die *Einkehr*. Daß man ferner

2) Statt dessen sein Bewußtseyn beständig auf die Gegenwart Gottes richtet, und also im wahren Verstand immer an ihn denkt, womit man dann eine beständige Sehnsucht zur Vereinigung mit ihm, eine vollkommene Überlassung an ihn, mit einem Wort, eine ganz voll-

380 Von „Fegefeuer“.

ständige Abhänglichkeit von ihm, verbindet, dies heist *wandeln in der Gegenwart Gottes,*[381] und das tiefe Wünschen und Sehnen der Seele nach Gottähnlichkeit, heist, das innere oder *unaufhörliche Gebet.*[382] Und endlich:

3) Weil im Umgang mit den Menschen, beständige Versuchung und Hinderniß gefunden wird, so muß man sich immerfort einsam halten, und von allen Menschen so viel möglich entfernen, aus diesem Grunde, und weil der Trieb zur Fortpflanzung des menschlichen Geschlechts die Seele mit irdischen und von Gott entfernenden Lüsten erfüllt, so ist unehlich Leben besser als im Ehestand.

Diese Religionsübung leitete, nach dem Begriffe jener Mystiker, die Seele durch mancherley *Stände der Buße, der Erleuchtung, der Verlassung, des dunklen Glaubens,*[383] *des mystischen Todes, der lautern Liebe* zur Vollkommenheit. Sie nahmen die Bibel zu ihrer Richtschnur an, gaben ihr aber neben der buchstäblichen und historischen, noch eine mystische Bedeutung, so daß alles auf den inneren Menschen gezogen wurde; z. B. das Volk Israel bedeutete die neue Kreatur, oder die guten Gesinnungen, die Heiden aber die Leidenschaften. Christus wurde auch wesentlich existirend in der Seele angenommen, als wenn Er sie bewohne und regiere, da wurde er angebetet. Daher ist so oft die Rede von einem Christo in uns, man behauptete, daß der Mensch für sich weiter nichts könne, als der Wirkung des Geistes Gottes stille halten, daher waren jene Übun-

381 Vgl. Gen 17,1; Ps 116,9 u. ö.

382 Formel für das mystische Ideal der beständigen Ausrichtung auf Gott (in Anlehnung an Mt 26,41). Zentrale Anforderung bei Madam Guyon (s. Anm. 390), von den deutschen Quietisten wie Charles Hector de Saint George Marquis de Marsay (s. Anm. 490) und Gerhard Tersteegen (s. Anm. 75) übernommen.

383 S. Anm. 317.

gen: der *Einkehr, des innern Gebets, und des Wandels vor Gott,* die besten Mittel, Gott in sich wirken zu lassen, und was dergleichen Lehren mehr waren.

Ein jeder vernünftiger Leser wird gestehen müssen, daß die mystische Lehre bey gutgesinnten Menschen in den Klöstern viel Gutes stiften mußte; und wirklich brachte sie außerordentlich gute und vortrefliche Menschen hervor; besonders sind drey Personen merkwürdig, welche in der katholischen Kirche gar vielen Beyfall funden, nämlich die heilige *Catharina von Siena*[384], die von *Genua*[385] und *Johannes a Cruce*[386]. *Molinos*[387] gehört auch hieher, wiewohl sich in seinem System noch einige Besonderheiten finden; alle vier waren bey dem allen vortrefliche Menschen.

Die allgemeine Aufklärung und der Flor aller Wissenschaften, hatte auch Einfluß auf die Religion; *Cartesius*[388] räumte zugleich in der Philosophie auf, und so kam dort der menschliche Geist auf eine gewisse Epoque[389], die eine Nationalveränderung zu bewirken fähig war. In dieser Zeit fand sich in Frankreich eine ausserordentliche Frauensperson, Namens *Johanne Marie Baviere de la Mothe*[390], die Tochter streng katho-

---

384 Katharina von Siena (1347–1380), italienische Mystikerin und Erbauungsschriftstellerin, Dominikanerin und Kirchenreformerin.

385 Katharina von Genua (1447–1510), italienische Mystikerin und Erbauungsschriftstellerin, Franziskanerin und Krankenpflegerin.

386 Johannes vom Kreuz (1542–1591), spanischer Karmelit, Priester, Ordensreformer und bedeutendster Theologe der Mystik in der Neuzeit.

387 Miguel de Molinos (1628–1696), spanischer Theologe, Mystiker, führende Gestalt des von der katholischen Kirche verurteilten Quietismus (von lat. quietas; Ideal der völligen Ruhe in der Schau Gottes).

388 René Descartes (1596–1650), französischer Philosoph, Mathematiker und Physiker, Begründer des neuzeitlichen Rationalismus.

389 Epoche, Ära.

390 Jeanne Marie Guyon du Chesnoy geb. Bouvier de la Motte, genannt „Madame Guyon“ (1648–1717), besonders in Deutschland einflussreiche französische Mystikerin und Quietistin, Erbauungsschriftstellerin. Der wichtigste Vermittler ihrer Schriften und Ideen nach Deutschland war Charles Hector de Saint George Marquis de Marsay (s. Anm. 490). Vgl. *Hans-Jürgen Schrader:* Madame Guyon, Pietismus und deutschsprachige Literatur.

lischer Edelleute, welche von der Wiegen an einen außerordentlichen Trieb bey sich spürte, eine heilige Person zu werden; man trift oft Kinder an, die gleich vom Anfang den Beruf entdecken, zu dem sie gleichsam ihrer Anlage nach bestimmt sind, so wars auch mit diesem Kinde, Gespräche und Geschichten der Heiligen flammten es so an, daß es nichts anders sehen und hören wollte, als von der Religion und ihren Übungen. Da man nun in der römischen Kirche glaubte, der höchste Grad der Heiligkeit müsse im Kloster erreicht werden, so bezeugte auch *Johanne* gleich anfangs die größte Lust zum Klosterleben, ihre Eltern erlaubten ihr auch, daß sie sich einige Zeit darin aufhalten durfte; hier nahm sie nun unter den strengste Casteyungen und Übungen außerordentlich in der mystischen Religion zu, denn die Vorsteherin des Klosters war selber eine große Freundin derselben. Es ist unglaublich, welche Gewalt sich dies junge zarte Frauenzimmer anthat, um alle ihre Lüste und Leidenschaften zu besiegen; z. B. nur eins: weil sie außerordentlich eckel[391] war, so diente sie den Kranken, welche stinkende Geschwüre hatten, am liebsten, und weil sie glaubte, daß alle Neigungen überwunden und getödtet werden müßten, so übte sie sich so lange, bis sie die stinkenden eiternden Wunden ohne Scheu und Ekel mit der Zunge und den Lippen berühren konnte; so machte sie es mit allen ihren Neigungen und Begierden, und so erhielt sie endlich eine solche Herrschaft über ihre Seele und über sich selbst, daß sie ganz Willenloß wurde, und schlechterdings nichts über sich herrschen ließ, als die Grundsätze, welche sie für göttlich und wahr erkannte. Ob eine solche

---

In: Jansenismus, Quietismus, Pietismus. Hg. v. Hartmut Lehmann, Göttingen 2002 (Arbeiten zur Geschichte des Pietismus, 42), S. 189–225.

391 Empfindlich.

Überwindung seiner selbst möglich sey, wird wohl keiner leugnen, dem die Geschichte der Braminen[392] bekannt ist, denn diese treiben das Casteyen um lerer Grillen willen noch weit höher; unsere *Johanne* aber that es blos um vollkommen zu werden, daher plagte sie auch ihr Fleisch nicht mehr, als sie zu ihrem Zweck für nöthig hielt. Die Klippe, an welcher solche Leute so leicht scheitern, nämlich den geistlichen Stolz, vermied sie gänzlich, denn sie setzte den Grund der Vollkommenheit in das Beyspiel der Demuth *Jesu Christi*, und verbarg daher alles im höchsten Grad, was ihr nur einigermaßen zum Ruhm gereichen konnte; kurz man mag von ihr und ihren Schriften sagen was man will, wahre ächte Menschentugend, Sanftheit des Karacters, überschwengliche Güte des Herzens, und alles umfassende Menschenliebe, macht das Bild dieses Frauenzimmers in ihrem praktischen Leben aus.

So sehr sie nun auch wünschte im Kloster bleiben zu dürfen, so wenig erlaubten es ihr ihre Eltern. Sie war engelschön und wohlgewachsen, daher fanden sich viele Verehrer; dazu kommt noch, daß die Sanftmuth und Huld ihrer schönen Seele, und ihr durchdringender Verstand, sich in der erhabenen und regelmässigen Gesichtsbildung dergestalt auszeichneten, daß man nicht leicht etwas Vortreflicheres sehen kann, als ein wohlgetroffenes Porträt dieser Person; bey ihrer Gesinnung aber fand niemand offenen Zutritt; keusch im höchsten Grad und eifersüchtig auf ihr eigenes Herz, redete sie nicht einmal mit einer fremden Mannsperson, ihren Grundsätzen nach, mußte sie ihren Eltern gehorsamen[393], und nicht den wählen, der ihr gefiel, denn wenn sie hätte wählen sollen, so würde sie gewiß gerad den ge-

392 Brahmanen (Braminen): in Indien die Angehörigen der obersten Kaste (Priesterkaste).

393 Gehorsam sein.

wählt haben, bey dem sie am mehresten Kreuz und Leiden vermuthet hätte. Das hat sie in ihren ganzen Leben bewiesen, und so zu handeln, ist gerade der Gang des Geistes des Mystizismus.

Endlich machte sich ein gewisser Herr von *Guyon* bey ihren Eltern beliebt, sie versprachen ihm ihre Tochter ohne sie zu fragen, sie gehorchte und nahm ihn ihrer Denkungsart nach, ganz gegen ihre Neigung; ihr Leiden während ihrem Ehestande war unaussprechlich, ihr Mann hielt sie für dumm; ihren Grundsätzen gemäß mußte sie die schlechteste Hausarbeit thun, und alles dulden, ohne dagegen zu murren; sie wurde von ihrem Kammermädgen gehofmeistert und übers Maul gehauen, das alles aber litte sie mit unglaublicher Geduld und Sanftmuth; sie bekam einige Kinder. In den Blattern verlohr sie ihre Schönheit, und nun liebte sie ihr Mann noch weniger, mit einem Worte, man muß ihre Geschichte selbst lesen, um sich von alle dem Elende zu überzeugen, was diese in allem Betracht edle Person gelitten hat.[394] Endlich starb ihr Mann, und nun hatte die Madam Guyon eine Zeitlang Ruhe, sie kleidete sich wie eine Nonne, und blieb lebenslang Witwe. Jetzt fieng sie an als Lehrerin aufzutreten; sie wurde bekannt, und von vielen hohen und vornehmen Personen geschätzt, unter andern suchte sie *Franz von Salignac=Fenelon*[395] auf, dieser war ein vortreflicher edler junger Mann und Hofmeister bey einem königlichen Prinzen; ganz Europa kennt ihn aus seinem *Telemach*[396], und die

394 Die Autobiographie Guyons, auf die sich Jung-Stilling hier bezieht, war bereits 1727 in deutscher Sprache erschienen (*Jeanne Marie Guyon du Chesnoy:* Das Leben Der Madame J. M. B. de la Mothe Guion. Von Ihr selbst in Frantzösischer Sprache beschrieben, nun aber ins Teutsche übersetzt und in drei Theilen herausgegeben, Leipzig und Frankfurt a. M. 1727).

395 François de Salignac de La Mothe-Fénelon (1651–1715), französischer Theologe, Erzbischof und frühaufklärerischer Schriftsteller.

396 *François de Salignac de La Mothe-Fénelon,* Les Aventures de Télémaque (s. Anm. 268).

Freunde der Religion aus seinen geistlichen Schriften. Die Frau von Guyon wurde seine geistliche Führerin, er nahm ihre Grundsätze an, und ihr hatte er ganz allein seine geistliche Bildung zu danken, er wurde hernach Erzbischof zu *Cambray*, und unterhielt seine Bekanntschaft mit ihr bis an ihren Tod.

Es ist schändlich, daß man vorgiebt, die Frau von *Guyon* sey *Fenelons* Mätresse gewesen; wer das lästert, der hat so wenig ihre Geschichte als ihre Schriften gelesen, solche Lästerer beurtheilen immer andre Leute nach sich selbst, sie glauben nicht, daß es möglich sey, daß Personen beyderley Geschlechts vertraulich mit einander umgehen können, ohne etwas Strafwürdiges zu begehen; denn was ihnen unmöglich ist, das, glauben sie, sey auch nicht in der menschlichen Natur gegründet. Indessen werden in diesem Werk sehr wichtige Geschichten vorkommen, wo dieser Umgang freylich nicht die besten Folgen hatte, dort werde ich auch meine Gedanken über diese Sache genug an den Tag legen. Ich leugne sogar nicht, daß auch bey so reinen, und ich darf sagen, heiligen Personen, wie die Frau von *Guyon* und *Fenelon* waren, ihnen selbst unbemerkt, ein sehr feiner und erhabener Platonismus[397] einschleichen kann, der freylich bey nicht so weit gereinigten Menschen allmählig erschreckliche Folgen haben wird; allein so lang er in den Grenzen der Unschuld bleibt, so lange ist er sehr erlaubt und sogar nützlich, besonders wenn keine Ehe dadurch gestört und kein Ärgerniß erweckt wird. Die vielfältigen Schriften der Frau von *Guyon, Ihre Briefe, Ihre geistliche Ströme, Ihre Lieder, Ihr Buch vom innern Gebet, von der Kinderzucht, Ihre Bibelerklärungen, Ihre Lebensbeschreibung u.s.w.*[398] machten zu Ende des 17ten und zu

397 Platonische Liebe.

398 Titel aus dem umfangreichen literarischen Werk von Jeanne Marie Guyon du Chesnoy, das von Pierre Poiret publiziert wurde (Œuvres spirituelles. 42 Bde., Amsterdam 1713–1722).

Anfang des jetzigen Jahrhunderts ein erstaunliches Aufsehen in ganz Europa, besonders aber in Teutschland. Der reinste und schönste Mystizismus, der in der sanften und lautern Sprache des Herzens, ohne Schwulst und Fanatismus, dem schlichten, freylich aber mystischen Menschenverstand gemäß, auf allen Blättern athmet, nahm Hohe und Niedere, Gelehrte und Ungelehrte ein. Es ist erstaunlich, welch einen Anhang diese Frau allenthalben hatte, und noch hat. Sie blieb indessen den Lehren der römischen Kirche getreu, und in allen ihren Schriften findet man nichts, das die strengste Censur, ja selbst die furchtbare Inquisition hätte tadeln und rügen können, indessen gerieth sie doch durch boshafte Cabalen[399] in eine langwierige und sehr beschwerliche Gefangenschaft; hieran war blos der Jansenismus[400] schuld, denn weil unter diesen Leuten die mehresten Anhänger der Frau von Guyon waren, so beschuldigte man sie auch dieser Lehren, und eben wegen ihrem großen Einfluß hielt man sie gefährlich, dazu kam noch Neid der Geistlichkeit, und endlich ihre Liebe zum Leiden, so daß sie sich nicht einmal gehörig vertheidigte, sondern lieber gewünscht hätte, den Martertod zu sterben. Endlich wurde die berühmte Frau von *Maintenon*[401] aufmerksam auf ihr Schicksal, sie erkundigte sich nach ihr, und es traf sich, daß sie an Leute gerieth, die der Frau von Guyon zugethan waren; nun war ihr bald geholfen, sie kam mit Ehre aus dem Gefängniß, und wo ich nicht irre, so starb sie im Jahr 1717 im 70sten Jahre ihres Alters ruhig und in Ehren. Ich habe bis daher nur solche Personen anführen wollen, welche den mehresten Antheil an der allgemeinen Bildung des

399 Intrigen.
400 S. Anm. 376.
401 Françoise d'Aubigné, Marquise de Maintenon (1635–1719), zweite Ehefrau Ludwigs XIV. von Frankreich (s. Anm. 375).

teutschen Nationalgeistes, in Ansehung der guten und bösen Schwärmerey haben; denn man muß nicht denken, daß die Personen, die ich hier karakterisirt habe, alle diejenigen sind, die Aufmerksamkeit verdienen, im Verfolg[402] wird noch mancher bekannt werden, der wohl großen speciellen, darum aber eben keinen allgemeinen Einfluß aufs Ganze hatte. Doch kann ich nicht umhin, noch zween englische Schriftsteller zu bemerken, die nebenher sehr viel zum Colorit des Gemäldes beygetragen haben: *John Pordage*[403] und *Johanne Leade*[404] schrieben Werke, die, wenn man sie auch nur blos als Geburten einer erhitzten Einbildungskraft ansieht, erhaben in ihren Vorstellungen, mit einem Wort, auch in ihrem Fach Brittisch sind; es gab Teutsche, die sie übersetzten, und so kamen sie in die Hände der Liebhaber. Die übrigen englischen Sekten, der *Quaker*[405], der *Methodisten*[406] u. dgl. kamen nicht nach Teutschland herüber, und hatten also auch weiter keinen Einfluß.

Seit der Reformation war also noch kein Zeitpunkt gewesen, in welchem sich unsere Nation recht hätte besinnen, und ihren eigenen Geist entwickeln können. Im 16ten Jahrhundert war die allgemeine Erkenntniß noch zu weit zurück, man war, etliche wenige Denker ausge-

---

402 Im Folgenden.

403 John Pordage (1607–1681), anglikanischer Theologe und Anhänger der Lehren Jacob Böhmes (s. Anm. 359); Mitbegründer der philadelphischen Sozietät in London (s. folgende Anm.).

404 Jane Leade, geb. Ward (1623/24–1704), englische Mystikerin und Chiliastin, Anhängerin der Lehren Jacob Böhmes, einflussreiche religiöse Schriftstellerin; führende Gestalt der philadelphischen Sozietät in London.

405 Quäker („Zitterer“): eigentlich „Religiöse Gesellschaft der Freunde“; in den 1650er Jahren in England entstandene Erweckungsbewegung mit Betonung persönlicher Offenbarungserlebnisse und universalem Anspruch.

406 Ursprünglich pejorative Bezeichnung für Anhänger der Lehren des englischen Predigers John Wesley (1703–1791). Der Ausdruck „Methodist“ leitet sich von der Betonung fester Regeln für Gesinnung und Lebensführung ab.

nommen, noch allgemein gewohnt, den Geistlichen zu glauben, und diese den Diktator zu machen; im 17ten hinderten Kriege und Landplagen die allgemeine Aufklärung, wenigstens wurde sie aufgehalten. Indessen verdrängte eine gesundere Philosophie die scholastische[407] zum Theil; Frankreich stralte Licht, es mag nun wahres oder falsches, oder beydes zugleich gewesen seyn. Obige Lehrer der Menschen wurden bekannt, man las ihre Schriften bey dem Licht, das man hatte, und so entstand allmählig eine allgemeine Stimmung der Nation, in welcher man alle die Keime findet, die sich bis daher so erstaunlich entwickelt haben, und in Zukunft noch erstaunlicher entwickeln werden. Dazu kam nun noch die Aufhebung des Edikts von Nantes.[408] Viele tausend Hugenotten zerstreuten sich in Teutschland, und brachten französische Künste, Üppigkeit, Feinheit, Artigkeit, Frömmigkeit, Mystizismus, Weisheit, Thorheit, Licht und Schatten mit. Das alles wirkte rund um sich ins Ganze, und trug zur allgemeinen Stimmung vieles bey.

Nun kriegte man in diesem Jahrhunderte freylich noch immerfort, allein das waren lauter Partikulärkriege[409], und zudem bey weitem nicht so drückend als vorher, folglich hinderten sie die fernere Entwicklung des Geistes nicht sonderlich, wenigstens nicht allgemein; man fieng also an, sich mehr mit Spekulationen abzugeben; die französischen Flüchtlinge brachten die Bücher der Frau *Guyon*[410] mit, andere mystische Schriften kamen dazu, und so wurden die Gemüther durchgehends auf folgende Scenen vorbereitet.

407 Schulmäßige, rein theoretische Philosophie.

408 Das Edikt von Nantes hatte den Hugenotten in Frankreich 1598 Religionsfreiheit zugestanden und war 1685 im Edikt von Fontainebleau widerrufen worden.

409 Ein Krieg, der sich auf Teilgebiete erstreckt.

410 Jeanne Marie Guyon du Chesnoy (s. Anm. 390); zu ihrem Werk s. Anm. 398.

Indessen lebte in den Niederlanden *Peter Poiret*[411], ein sehr gelehrter rechtschaffener Mann, der aber der mystischen Religion ganz zugethan war, er war *Fenelons*[412] Schüler und hatte sich ganz nach ihm gebildet; auch hatte er, wo ich nicht irre, mit der berühmten und frommen *Antoinette Bourignon*[413] persönlichen Umgang gepflogen, wenigstens lebte sie noch zu seiner Zeit auch in den Niederlanden; er übersetzte die Schriften der Frau von *Guyon*, der *Jungfer Bourignon*, des *Johannes Cruce*[414], und noch viele andere mystischen Schriftsteller in die hochdeutsche Sprache, und so kamen sie in jedermanns Hände. Die vortreflichen Schriften des *Thomas a Kempis*[415] übersetzte er auch. Dieser Poiret erregte sowol durch diese Arbeit, als auch durch seine höchstmoralische und wohlthätige Lebensart rund um sich her eine außerordentlich starke Bewegung in den Niederlanden. Dies geschah in den ersten zwanzig Jahren dieses Jahrhunderts, und von hier gieng nun die Kraft des Enthusiasmus über ganz Teutschland aus. Der Nationalgeist war also bis dahin *mystisch-Böhmisch,* und mit unter *paracelsisch*. Wenn ich vom Nationalgeist rede, so verstehe ich darunter denjenigen Theil der Nation, der mit der gewöhnlichen Symbole[416] nicht zufrieden, oder dem sie nicht genug-

---

411 Pierre Poiret (1646–1719), aus Frankreich stammender einflussreicher mystischer Theologe und Schriftsteller; zunächst reformierter Prediger, dann Begleiter der Antoinette Bourignon (s. Anm. 413), deren Schriften er veröffentlichte; lebte zuletzt in Holland.

412 François de Salignac de La Mothe-Fénelon (s. Anm. 395).

413 Antoinette Bourignon de la Porte (1616–1680), aus den spanischen Südniederlanden stammende, langfristig einflussreiche spiritualistische Visionärin, Mystikerin und Schriftstellerin.

414 Johannes vom Kreuz (s. Anm. 386).

415 Thomas von Kempen (um 1380–1471), Augustiner-Chorherr, Vertreter der Devotio moderna und Priester, Mystiker und Verfasser von auch im Protestantismus breit rezipierter Erbauungsliteratur (u. a. „Imitatio Christi“).

416 Feminine Nebenform zu ‚das Symbol‘. Vgl. Anm. 349. Hier allgemeiner: Zusammenfassung des Glaubens.

thuend ist, und dieser Theil ist wahrhaftig weit größer, als die Herren glauben, die sich heut zu Tage vorstellen, das helle Licht des Unglaubens habe sich, Dank sey es dem Himmel! so sehr ausgebreitet, daß die einfältigen Grillen des Christenthums nicht lange mehr Stand halten würden.

Zu dieser mystisch=Böhmischen Gesinnung kam noch eine außerordentlich mächtige und höchstwirksame Hypothese, ich meine die Lehre von *Wiederbringung aller Dinge*;[417] ein gewisser *Petersen*[418] schrieb einen Tractat von der göttlichen Haushaltung,[419] in einem feurigen orientalischen Styl, der so viel Ähnliches mit dem Bibelton hatte, daß jedes zu solchen Dingen gestimmtes Gemüth ganz hingerissen wurde, und Petersen alles glaubte. Seine Lehre gründete sich vornehmlich auf die Sätze: daß kein Mensch in diesem Leben den hohen Grad der Reinigkeit erlangen könne, der zum Anschauen Gottes und zur Seligkeit erfordert

---

417 Griechisch „Apokatastasis panton“. Auf den Kirchenvater Origenes (185–um 254) zurückgehende, sowohl in der katholischen als auch in der protestantischen Tradition verurteilte Lehre von der Allversöhnung am Ende der Zeiten (vgl. *Hartmut Rosenau:* Artikel „Wiederbringung aller“. In: Theologische Realenzyklopädie 35 [2003], S. 774–780).

418 Johann Wilhelm Petersen (1649–1727), Pfarrer und theologischer Schriftsteller mit breitem Korrespondenznetzwerk, der wegen chiliastischer Lehren amtsenthoben wurde (vgl. *Markus Matthias:* Johann Wilhelm und Johanna Eleonora Petersen. Eine Biographie bis zur Amtsenthebung Petersens im Jahre 1692, Göttingen 1993 [Arbeiten zur Geschichte des Pietismus, 30]).

419 *Johann Wilhelm Petersen:* Die gantze OECONOMIE Der Liebe GOttes in Christo / Nach ihrer Breite und Länge / Tieffe und Höhe / Auff Veranlassung Des Kurtzen Berichts des Schwedischen *Theologi* Von den Pietisten / Allen Unpartheyischen vorgestellet / Und die neuliche eilfertige Antwort eines *Discipels* von D. Meyern Kürtzlich beantwortet von Joh. Wilhelm Petersen / D. Gedruckt auff Kosten *des Autoris,* [ohne Ort] 1707. Es handelt sich um einen Sammelband, nicht um einen Traktat. Zur Wirkung von Johann Wilhelm und Johanna Eleonora (s. Anm. 862) Petersen hinsichtlich der Apokatastasislehre vgl. *Dieter Breuer:* ‚Der Bekräfftigte Origenes‘. Das Ehepaar Petersen und die Leugnung der Ewigkeit der Höllenstrafen. In: Heterodoxie in der Frühen Neuzeit. Hg. v. Hartmut Laufhütte und Michael Titzmann, Tübingen 2006 (Frühe Neuzeit, 117), S. 413–424.

werde, und daß also eine Reinigung nach dem Tode[420] nothwendig sey. So weit war Petersen mit den Mystikern aus; nun kam aber noch folgendes hinzu: auch die Gottlosen, und sogar die bösen Geister stünden im Reinigungsfeuer der göttlichen Liebe, so daß alle Geschöpfe, je nach dem größern, oder geringern Grad der Bosheit, eine längere oder kürzere Zeit der Quaal würden auszustehen haben; endlich würde aber doch alles wieder zu seinem ersten Ursprunge kehren, und Gott alles in allem seyn. Zu dieser nicht neuen, dem Menschenverstand so leicht eingehenden und angenehmen Lehre, kam nun noch das *tausendjährige Reich Christi auf Erden,* nebst der dazu gehörigen ersten und zweyten Auferstehung.[421] Dies war eigentlich Petersens Lieblingssache, er lehrte den Chiliasmus[422] erhaben und rein, ohne fleischliche, irdische und sinnliche Begriffe, wie man ihm fälschlich Schuld gab. Petersen, der auch in den nördlichen Gegenden Teutschlands lebte, stimmte einen großen Theil Menschen auf seine Seite, und gab dem Bilde eine Nüanze mehr.

Johann Tennhard, ein Peruckenmacher in den fränkischen Gegenden,[423] und *Johann Georg Rosenbach*, ein

420 Als dritter Ort im Jenseits im Sinne eines Fegefeuers.

421 Vgl. Apk 20,5.

422 Chiliasmus (von griechisch „chilia“, „tausend“) bezeichnet nach Apk 20, 1–6 den Glauben an ein tausendjähriges Reich unter der Herrschaft Christi vor oder nach seiner Wiederkunft zusammen mit den Auserwählten auf der Erde. Im Luthertum traditionell verurteilt, lebten chiliastische Hoffnungen seit dem 17. Jahrhundert auch hier wieder auf. Philipp Jacob Spener (s. Anm. 427) brachte sie in Gestalt der markanten Formel von der „Hoffnung besserer Zeiten“ für die Kirche nachhaltig in die Diskussion (vgl. *Johannes Wallmann:* Pietismus und Chiliasmus. Zur Kontroverse um Philipp Jakob Speners „Hoffnung besserer Zeiten“. In: *ders.,* Theologie und Frömmigkeit im Zeitalter des Barock. Gesammelte Aufsätze [1], Tübingen 1995, S. 390–421).

423 Johann (Johannes) Tennhardt (1661–1720), Barbier und Perückenmacher, ab 1704 visionärer Wanderprediger v. a. im süddeutschen Raum und Publizist.

Sporersgeselle zu Heilbronn,[424] waren im eigentlichen Sinn Schwärmer, die es zwar gut meinten, allein in deren Köpfen eine sehr subtile Verrückung, misverstandene Bekehrungssucht, und unverständige Grillen herrschten, und sie unglücklich machten; hätte sie die Geistlichkeit verständiger behandelt, so hätten sie weniger Bewegungen gemacht, allein da man sie für wichtig hielt, und sie einkerkerte; da sie doch eigentlich keine Irrlehren, sondern nur Buße und Bekehrung predigten, so fanden sie desto mehr Beyfall; der christlichgesinnte Pöbel fand hier die ungemein große Ähnlichkeit zwischen den armen Gefangenen und Christo, und zwischen ihren Verfolgern und den Schriftgelehrten und Pharisäern, daher fiel ihnen das gemeine Volk noch mehr zu. Dergleichen Auftritte gabs in Teutschland allenthalben.

Hier muß ich eine Bemerkung machen, die werth wäre, daß sie durch die ganze Christenheit auf allen Gassen und Straßen beständig ausgerufen würde, denn sie ist unaussprechlich wichtig. Die erstaunliche Trägheit und Schläfrigkeit der Geistlichen, ihre Unwissenheit und Ungeschicklichkeit in der Seelsorge, und bey dem allen ihre unbiegsame Herrschsucht, war mehr Schuld an der Schwärmerey, als die Schwärmer selber. Das Anhören einer erbärmlichen Predigt, die kein Mensch verstund, die Taufe, der äußere Genuß des Abendmals und dergleichen blos äußerliche Mittel, machten bey ihnen das Wesentliche der Religion aus, ein jeder wurde tyrannisirt, der anders dachte und anders handelte. Ich verkenne keinesweges die höchstehrwürdigen Lehrer, die hin und wieder hellscheinende Lichter in der Finsterniß waren, ich rede nur vom gemeinen Haufen der Geistlichkeit. Man verfolgte Tenn-

424 Johann Georg Rosenbach (1678–1744), Sporer und Sattler, kirchenkritischer Bußprediger in Franken.

harden und Rosenbachen nicht darum, daß sie Irrlehrer wären, sondern daß sie den Geistlichen ins Amt fielen, und daß es durch so schlechte geringe Leute herabgewürdigt würde; das empörte dann nothwendig das Herz des gemeinen Mannes, welcher in der Aufklärung wuchs, während der Zeit sein Herr Pastor weit zurück blieb, so wurde nach und nach der klärste Theil des Volks gegen den geistlichen Stand eingenommen, und so der Grund zur Schwärmerey und zum Unglauben gelegt. Herr Pastor Stollbein[425] pflegte zu sagen, wenn Leute aus seinem Kirchsprengel in andere Kirchen giengen: *eine jede Sau soll bey ihrem Trog bleiben!!!* herrliche Anspielung auf die Beschaffenheit der Kirche Christi! wenn die Schweinhirten ihren Säuen Träber[426] vorschütten, und die Schafe dann nicht mitfressen wollen, so peitscht man sie herzu. Wenn der Geistliche ist was er seyn soll, so behaupte ich von Grund der Seelen, daß er würdig sey, von aller Welt geehrt zu werden, ich kenne keinen herrlichern Stand; sobald er aber auch ein Mann von gewöhnlichen Schlag ist, so ist er das abscheulichste Geschöpf unter der Sonnen, und aller Verachtung werth; blos die Polizey der Stadt Gottes soll ihn schützen, daß seine Uniform nicht beschmutzt wird; man soll sie um ihres Amts willen ehren, und sie nicht verspotten. So war der geistliche Stand im Anfange dieses Jahrhunderts in der protestantischen Kirche durchgehends beschaffen; damals war aber seine Gewalt noch größer als jetzt. Vortrefliche Theologen hatten es schon lange beklagt und beklagen es noch; man lese nur *Spe-*

---

425 Vermutlich meint Jung-Stilling Johannes Seelbach (1687–1768), der ab 1725 Pfarrer in Hilchenbach war und den er in seiner Lebensgeschichte als „Pastor Stollbein“ bezeichnet.

426 Rückstand bei der Wein- und Bierherstellung.

ners[427], *Gottfried Arnolds*[428], *Johann Caspar Schadens*[429], *Christian Hoburgs*[430], und anderer Schriften, so wird man finden, daß ich nicht zu viel gesagt habe.

Nun traten zween Männer von ganz verschiedenem Charakter auf, die aber beyde den geistlichen Stand zur Geisel dienten. Der eine war der in ganz Niederteutschland bekannte *Hochmann*[431], und der andere, der weltbekannte *Christian Dippel,* oder *Christianus Demokritus*[432], wie er sich in seinen Schriften nennt. Diese zween Männer sind eigentlich die Haupttriebfedern der Schwärmerey, des Pietismus[433], des Separatismus, und mit unter auch warlich des wahren Christenthums in Teutschland gewesen.

Ich kann eigentlich nicht sagen, wo Hochmann her war, ich vermuthe aber, er sey ein oberländischer Handwerksgesell gewesen, der in die Niederlande auf sein

---

427 Philipp Jacob Spener (1635–1705), lutherischer Theologe, maßgeblicher Kirchenreformer, führender Vertreter des später sog. Pietismus (Programmschrift „Pia Desideria", 1675), bedeutender theologischer Schriftsteller.

428 Gottfried Arnold (s. Anm. 370).

429 Johann Caspar Schade (1666–1698), lutherischer Pfarrer, von August Hermann Francke (s. Anm. 478) geprägter Kirchenreformer und Erbauungsschriftsteller; Hauptfigur im sog. Berliner Beichtstuhlstreit.

430 Christian Hoburg (1607–1675), trotz abgebrochenen Theologiestudiums Pfarrer u. a. in Latum bei Arnheim, mehrfach abgesetzt, zuletzt Mennonitenprediger in Altona; Spiritualist, radikaler Kirchenkritiker und einflussreicher Publizist.

431 Ernst Christoph Hochmann von Hochenau (1669/70–1721), studierter Jurist, Mystiker und Wanderprediger; führende Gestalt der in Schwarzenau im Wittgensteinischen von ihm gegründeten „Gemeinschaft der Christusgeweihten" (vgl. *Heinz Renkewitz:* Hochmann von Hochenau [1670–1721]. Quellenstudien zur Geschichte des Pietismus [1935]. [Ndr.] Witten 1969 [Arbeiten zur Geschichte des Pietismus, 5]).

432 Johann Conrad Dippel (1673–1734), Theologe, Mediziner, Arzt und Alchemist, u. a. in Berlin, Maarsen bei Amsterdam, Altona und Schweden, zuletzt in Berleburg; Anhänger der Lehren Jacob Böhmes (s. Anm. 359), kontroverstheologischer Schriftsteller mit frühaufklärerischen Impulsen; publizierte unter dem Pseudonym Christianus Democritus (vgl. *Stephan Goldschmidt:* Johann Konrad Dippel [1673–1734]. Seine radikalpietistische Theologie und ihre Entstehung, Göttingen 2001 [Arbeiten zur Geschichte des Pietismus, 39]).

433 S. Anm. 73.

Handwerk gewandert, und dort in Poirets[434] Schule zu seinem eigentlichen Beruf gebildet worden. Genug, er redete hochdeutsch, war ein gemeiner Mann und kein Gelehrter, er war ehrbar, sauber und bürgerlich gekleidet, und vom vortreflichsten Character, den man sich nur denken kann. Gegen das Ende der zwanziger und in den dreyßiger Jahren gieng er aus *Holland* aus, durchzog die Herzogthümer *Jülich, Berg, Cleve,* und die umliegenden Gegenden; überall suchte er Gelegenheit zu lehren; er versammelte wenige und viele Menschen, wie es die Gelegenheit gab, und lehrte sie den reinsten Mystizismus, gänzliche Sinnesänderung, vollkommene moralische Besserung, nach dem Beyspiel Christi, vollkommene Liebe Gottes und der Menschen, u.s.w. Hochmann redete mit erstaunlichem Enthusiasmus, und mit unbeschreiblichem Feuer, aber ohne Schwulst und Schwärmerey, in der Volkssprache, und alles was er lehrte, belebte er selbst; ganz Meister über sein Herz und über seine Leidenschaften, demüthig und gelassen im höchsten Grad, stahl er jedem das Herz, der mit ihm umgieng. Wo er geladen wurde, da gieng er hin, setzte sich unten an, oder bey das Gesinde, er schwieg, bis er glaubte mit reden etwas ausrichten zu können; mit einem Worte, er war ein herrlicher Mann.

Stilling ist, weis Gott! selbst ein Schwärmer! – wie oft mag das schon mancher meiner Leser gedacht haben! – liebe! liebe teutschen Brüder und Schwestern! laßt euch doch um Gotteswillen nicht so mit dem Strom fortreissen, daß ihr gleich alles, was warm von der Religion und ihren Belehrern spricht, für Schwärmerey erklärt; beurtheilt mich nicht, bis ihr mein Buch ausgelesen habt, bin ich dann noch ein Schwärmer, so haben wir nichts mehr mit einander zu schaffen, und für euch hab ich dann nicht geschrieben.

434 Pierre Poiret (s. Anm. 411).

Hochmanns Predigen mochte so unschuldig und so nützlich seyn, als es wollte, so wurde es ihm doch von der Geistlichkeit verboten, und als das nicht half, so warf man ihn ins Gefängniß; wie ich oben sagte, so wars das beste Mittel, Hochmanns Lehren den größten Beyfall zu verschaffen. Die Freunde der Religion unter dem gemeinen Volk fanden in den wenigsten Kirchen Nahrung, viele konnten die mystischen Bücher nicht kaufen, viele hatten kaum etwas davon gehört, nun kam ein Mann, der redete mit Kraft die Wahrheit, gleich wurde er für einen Gesandten der Gottheit gehalten; man beobachtete ihn, und fand alle Merkmale eines solchen Mannes an ihm, und nun auch das, daß er verfolgt wurde, nun wurde der Beyfall erstaunlich groß. Nicht nur alle, die vorher schon *Böhms*[435] und der Frau *Guyon*[436] Schriften kannten, sondern noch viele, die an keine Verbesserung ihrer selbst bis dahin gedacht hatten, fingen nun erst an, daran zu denken, und so wurde die Erweckung allgemein, einer steckte den andern an. *Hochmann* saß oft lange, dann wurde er wieder frey, und sobald er das war, zog er weiter, und setzte sein Lehren und Ermahnen eifrig fort.

Hier muß ich einem Einwurf begegnen: man könnte sagen, die Obrigkeit und die Geistlichen hätten recht gehabt, Hochmann zu verfolgen, oder ihm wenigstens das Lehren zu verbieten, weil die Polizey mit Recht Conventikel[437] und Winkelpredigten[438] nicht duldet. Darauf antworte ich: Conventikel und Winkelpredigten, die mit Recht nicht geduldet werden können, sind sol-

---

435 Jacob Böhme (s. Anm. 359).

436 Jeanne Marie Guyon du Chesnoy (s. Anm. 390).

437 Diminutiv von „Konvent“ (Zusammenkunft); pejorativ konnotierte Bezeichnung für nichtoffizielle Zusammenkünfte im privaten, kleinen Kreis. Als Versammlungen zur religiösen Erbauung („collegia pietatis“) zentraler Bestandteil des Kirchenverbesserungsprogramms von Philipp Jacob Spener (s. Anm. 427).

438 Im Geheimen gehaltene, nichtoffizielle Predigt.

che, wo Leute insgeheim lehren und zusammenkommen, und nur gewissen Personen der Zutritt erlaubt ist; diese Zusammenkünfte sind allemal so lange wenigstens unerlaubt, als die Obrigkeit nicht selber Theil an dem Geheimnisse hat; wo aber ein Mensch öffentlich redet, Leute öffentlich zusammenkommen, so daß jeder freyen Zutritt hat, da ists die Pflicht der Obrigkeit und der Geistlichkeit, solchen Reden und Zusammenkünften erst selbst beyzuwohnen, oder doch in Geheim durch andere vernünftige Leute beywohnen zu lassen, und also erst zu prüfen, ob und in wiefern solche Anstalten den Grundgesetzen der Religion und des Staats *beförderlich oder hinderlich* sind; im ersten Fall soll jeder Lehrer oder auch jede Obrigkeit denken, wie Mose: wollte Gott, daß alles Volk des Herrn weissagte![439] im letztern aber muß man dennoch sehr behutsam seyn, weil jeder Schwärmer auch bey den verdientesten Strafen glaubt, er leide um Gottes willen, wodurch sein Anhang nur noch immer größer wird.

Nach und nach fand *Hochmann* einen Ruhepunkt zu *Mühlheim an der Ruhr*, einem Flecken nicht weit von *Duysburg*. Nahe dabey liegt der Rittersitz B...[440] auf demselben wohnte ein gewisser T...[441] welcher ehemals Kandidat der Theologie gewesen, und überhaupt ein gelehrter Mann war. *Böhms*[442] und *Paracelsus*[443], nebst

---

439 Vgl. Num 11,29.

440 Möglicherweise die mittelalterliche Burganlage Schloss Broich im heutigen Stadtteil Broich von Mülheim/Ruhr, die sich seit 1682 im Besitz der Familie von Leiningen befand.

441 Nicolaus Tscheer (Cheer, Scheer, Scherer) (1671–1748), Kandidat der Theologie aus Bern, Verfasser mystischer Erbauungsliteratur; Anhänger der Lehren Jacob Böhmes, von dessen Werken er einige edierte; hielt sich u. a. Schwarzenau und im Rheinland, teils im Umfeld von Ernst Christoph Hochmann von Hochenau (s. Anm. 431) auf (vgl. *Rudolf Dellsperger:* Artikel „Tscheer, Niklaus". In: Historisches Lexikon der Schweiz 12 [2013], S. 521).

442 Jacob Böhme (s. Anm. 359).

443 Theophrast Bombast von Hohenheim, genannt Paracelsus (s. Anm. 367).

noch andern Schriften, waren schon in seinen Jünglingsjahren seine liebste Lectüre, er hatte sich also mit dem mystischen System schon sehr bekannt gemacht, als er Hofmeister an einem gewissen Reichsgräflichen Hofe[444] wurde, hier verliebte sich eine junge Gräfin[445] in ihn, und gieng mit ihm fort; er heirathete sie, und sie wurden endlich mit den Eltern in sofern ausgesöhnt, daß ihnen jenes Rittergut zum Unterhalt für sie, ihre Kinder und Kindeskinder angewiesen wurde. Hier lebte nun T... mit seiner Gemahlin ganz ruhig, und sie übten sich beyde nach ihren Grundsätzen im Christenthum so gut sie konnten. T... bearbeitete auch Böhms Schriften, indem er die uneigentlichen Redenarten verbesserte, viel Ungereimtes wegließ, viel Dunkles erklärte, und überhaupt das ganze Werk brauchbarer machte. Sonst hielten sich diese Leute in ihrer Einsamkeit ganz still, und hatten mit niemand Umgang; doch Hochmann suchte sie auf, und verweilte eine Zeitlang bey ihnen, denn dort durfte ihn [!] niemand etwas thun; öfters gieng er auch nach Mülheim, wo er zu lehren Gelegenheit suchte und fand. Hier hielt sich nun zu der Zeit ein gewisser Kandidat der Theologie, Namens *Johann Wilhelm Hofmann*[446] auf, ein Jüngling, der alle Anlagen zum wahren und thätigen Christenthum hatte. Dieser hörte Hochmann öfters reden, und wurde so durch ihn gerührt und erbaut, daß er mit dem feurigsten Ent-

444 Offenbar ein Hof der Reichsgrafen von Leiningen (s. folgende Anm.).

445 N. N. Gräfin von Leiningen-Westerburg (gest. 1756), uneheliche Tochter von Friedrich Wilhelm von Leiningen-Westerburg (1648–1688); heiratete um 1700 in Magdeburg Nicolaus Tscheer (vgl. *Detlef Schwennicke:* Europäische Stammtafeln. Abt. 6: Zwischen Maas und Rhein. Bd. 5 [= NF Bd. 29 des Gesamtwerkes], Frankfurt a. M. 2013, Tafel 73).

446 Wilhelm Hoffmann (1676–1746), Kandidat der Theologie, hielt im frühen 18. Jahrhundert separatistische Konventikel in Mülheim/Ruhr und wurde wegen Verweigerung der Bekenntnisverpflichtung auf den Heidelberger Katechismus nicht zum Pfarramt zugelassen; wichtige Leitfigur und langjähriger Briefpartner Gerhard Tersteegens (s. Anm. 75).

schluß, sein ganzes Leben Gott zu widmen, beschloß; nun hatte er aber Theologie studirt, und war also gewohnt, richtiger zu schließen und zu denken, als andere, und als Hochmann selber, mithin reinigte er Hochmanns Lehre, und Art zu lehren. Dieser ließ sich auch willig unterrichten, und reiste endlich selbst gebessert von Mülheim ab. Der Kandidat Hofmann, der bey dieser Gesinnung, und der damaligen Verfassung unmöglich Rechnung auf eine Pfarrstelle machen konnte, wandte sein kleines Vermögen recht wohl an, er baute sich ein sehr kleines Häuschen, das nur aus einer Stube und einer Kammer bestand, hier ernährte er sich so gut er konnte, ganz allein, dabey war sein Leben allen Menschen erbaulich, er diente jedem wo er konnte, und war überhaupt ein Muster eines rechtschaffenen Mannes. In diesem Häusgen wurde er alt, und starb auch darinnen. Weil er sich niemals mit Lehren und Bücherschreiben abgegeben hatte, so hatte er auch nichts zu leiden, jedermann ließ ihn in Ruhe. Sein Häuschen steht noch; zu *Tersteegens* Zeiten, als der Zulauf von allen Seiten her groß war, pflegte man wohl Leute hinein zu logiren, daher es von der Zeit an die *Pilgerhütte* genannt wird.[447]

Hochmann kam nun ins Herzogthum Berg, hier fand er nirgends mehrern Eingang als zu Elberfeld und Solingen; an diesen Orten blüht die Handlung[448] und die Fabriken, daher sind sie sehr volkreich, und der Geist der Nation ist auch thätiger und aufgeklärter. Hun-

447 Offenbar meint Jung-Stilling die sog. Pilgerhütte Otterbeck bei Heiligenhaus (heute zum Kreis Mettmann gehörig); im frühen 18. Jahrhundert gegründete quietistische Hausgemeinschaft, die in engem Kontakt mit Gerhard Tersteegen stand (vgl. *Horst Neeb:* Gerhard Tersteegen und die Pilgerhütte Otterbeck in Heiligenhaus. 1709–1969. Geschichte und Tersteegen-Briefe an die Bewohner, Düsseldorf 1998 [Schriften des Archivs der Evangelischen Kirche im Rheinland, 15]).

448 S. Anm. 176.

dertweis lief das Volk dem Hochmann zu, und die Erweckung wurde so allgemein und so heftig, daß es nicht zu beschreiben ist. Ein alter Pietist[449] erzählte mir, Hochmann habe einsmals auf der großen Wiese unterhalb Elberfeld, der Ochsenkamp genannt, gepredigt, und das mit einer solchen Gewalt und Beredtsamkeit, so daß sie alle ihrer viele hundert Zuhörer, ganz sicher geglaubt hätten, sie alle würden empor gehoben zu den Wolken, ihnen sey nicht anders zu Muthe gewesen, als wenn der Morgen der Ewigkeit wirklich am Anbrechen sey.

Hochmanns Predigten brachten ungemein viele Menschen zur Herzens= und Sinnesänderung; er machte keine Fanatiker, sondern enthusiastische Verehrer Gottes und Christi. Das einzige Fabelhafte bey der ganzen Sache war, daß alle Hochmannische Anhänger Feinde der Geistlichen, und überhaupt des äußeren Gottesdienstes wurden. Dies war freylich kein Wunder, da die Geistlichkeit nebst der Kirchenverfassung so äußerst schlecht bestellt war; allein der wahre Christ schickt sich in die Zeit, und bezeiget auch durch die äußere Ceremonien, daß er ein Christ ist: so lange die äußern Kirchenceremonien Gott und Christum nicht verunehren, und das geschieht eigentlich in keiner der christlichen Religionspartheyen; ja so lange sich noch sogar etwas Erbauliches dabey denken läßt, so ist es pharisäischer Stolz, Eigendünkel und schwere Sünde, wenn man sich von der äußern Gemeinschaft der Kirchen absondert; man hält sich für besser, als sein armer Nachbar, der oftmals weit edler ist, und glaubt sich zu verunreinigen, wenn man mit ihm zum Abendmahl, zum Liebesmal desjenigen geht, der so gern mit Zöllnern und Sündern zu Tische saß.[450]

449 S. Anm. 73.
450 Vgl. Mt 9,9–13.

Hochmann und seine Anhänger meintens indessen recht gut; daß sie zu weit giengen, war menschlich, wo ist denn etwas Vollkommenes in der Welt? Gewiß ists auch, daß sich die Vorsehung dieses Werkzeugs bediente, die schlafende Geistlichkeit zu wecken, denn auch hier hatten Hochmanns Predigten herrliche Folgen. Endlich konnte er doch auch im Bergischen nicht länger bleiben, man fieng wieder an, ihm [!] zu verfolgen; nun fand er aber eine Freystatt, wo er sein Leben ruhig beschließen konnte.

Graf Kasimir von Wittgenstein Berlenburg[451] war ein Freund der Künste und Wissenschaften, ein eifriger Verehrer der Religion, und bey dem allen ein nicht gemeiner[452] Kopf. Dieser Herr machte heimlich und öffentlich bekannt, daß alle diejenigen, welche entweder wegen der Religion, oder wegen Meinungen verfolgt würden, eine ruhige und sichere Duldung in seinem Ländchen zu erwarten haben würden; diese Nachricht zog Leute von allerhand Schlag nach Berlenburg, und unser Hochmann war einer von den ersten, der dahin reiste, und sein Predigen fortsetzte. Der Herr Graf hörte ihn predigen, oder reden, er nahm seinen Hofprediger[453] mit, welcher auch ein rechtschaffener Mann war; da nun beyde an seiner Lehre nichts auszusetzen fanden, so gab ihm der Graf Erlaubniß zu predigen, wie, wo und wenn er wollte; zu *Schwarzenau*, einem Dorf im

451 Casimir Graf zu Sayn-Wittgenstein-Berleburg (1687–1741), bot religiös Verfolgten Zuflucht in Wittgenstein-Berleburg, das so zu einem Zentrum religiöser Nonkonformisten im Alten Reich wurde; förderte u. a. die Herausgabe der Berleburger Bibel (s. Anm. 854) (vgl. *Ulf Lückel:* Adel und Frömmigkeit. Die Berleburger Grafen und der Pietismus in ihren Territorien, Siegen 2016).

452 Gewöhnlicher.

453 Ludwig Christof Schefer (1669–1731), Pfarrer und Konsistorialrat in Berleburg (vgl. *Ulf Lückel:* Ein fast vergessener großer Berleburger. Inspektor und Pfarrer Ludwig Christof Schefer [1669–1731]. Eine erste Spurensuche. In: Wittgenstein. Blätter des Wittgensteiner Heimatvereins 88 [2000], S. 137–159).

Berleburgischen, fand er den mehresten Eingang; hier setzte er sich fest, und sammelte sich gleichsam eine besondere Gemeinde. Nun war es aber auch Zeit, daß Hochmann starb; denn blos enthusiastische Gemeinden gerathen bey aller Reinigkeit doch bald ins Schwärmerisch=Fanatische, und dann gehts auf ein Lami[454] aus; so wenig als in dieser Periode der Welt ein Geist ohne Leib, Mensch seyn kann, so wenig kann auch eine Religion, sie mag so rein und erhaben seyn als sie will, ohne äußere kirchliche Verfassung, Ceremoniel und Symbole[455] bestehen: das ist eine ewige Wahrheit, und daher kommts eben, daß der Separatismus und alle besondere Sektirerey so selten gute Folgen hat, die Sache mag so rein und heilig angefangen werden als sie will. Dies alles wird der Verfolg[456] dieses Werks bewahrheiten.

Hochmann starb also zu Schwarzenau, und wurde auch dort auf den Kirchhof begraben. Der selige *Gerhard Tersteegen*[457] machte ihm folgende Grabschrift, die auf den Grabstein eingehauen ist:

„Wie Hoch ist nun der Mann, der sonst ein Kindlein, gar
„Einfältig, voller Lieb, und voller Glaubens war.
„Für seines Königs Reich er kämpfte, und drum litte,
„Sein Geist flog endlich hin, und hier zerfiel die Hütte.

Ich habe einen Urheber der Separatisten geschildert, nun folgt der andere, und das ist oben gemeldeter *Dippel*[458]. Dieser war, wo ich nicht irre, ein Elsaßer, er studirte zu Strasburg, kam aber auch über die Schriften

454 Wehklagen.
455 S. Anm. 349.
456 Der Verlauf, das Folgende.
457 Gerhard Tersteegens (s. Anm. 75).
458 Johann Conrad Dippel (s. Anm. 432).

Paracelsi[459], Böhms[460] und der Mystiker, und nahm auch viele ihrer Sätze an; sein Vorhaben, Theologe zu werden, wurde dadurch vereitelt. Dippel war ein großer Kopf, zugleich aber unbiegsam, stolz, emporstrebend, und ein beißender Tadler, er fürchtete nichts in der ganzen weiten Welt; es scheint daß er gerne ein Geistlicher geworden wäre, und mir kommts so vor, als wenn er in diesem Stande das unterste zu oberst gekehrt haben würde, denn der Reformator lag ganz in seinem Charakter. Das beständige Räsoniren[461] über den Verfall der Geistlichkeit, zog ihm ihren bittern Haß zu, er verlor nun auch alle Hofnung, bey ihr Beförderung zu finden, daher studirte er die Medizin, in welcher er recht viel leistete. Nun that der Czaar *Peter von Rusland*[462] die berühmte Reise durch Teutschland[463]; wo er *Dippeln* mag angetroffen haben, weiß ich nicht, seine Lebensbeschreibung hab ich nicht bey der Hand; mein Zweck geht aber auch nicht weiter, als nur zu beschreiben, in wiefern er zur Bildung des Nationalgeistes etwas beigetragen hat; genug Dippel gieng mit dem rußischen Monarchen nach *Rusland* und galt viel bey ihm, auch war er sein Leibarzt. Es ist bekannt, daß der Czaar bey allen seinen großen Talenten öfters etwas übereilt und zu streng handelte; freylich dürfen wir ihn nicht als Beherrscher eines cultivirten Volks betrachten, er hatte es mit einer rohen Nation zu thun, welche gleich muthwilligen Knaben noch oft die Ruthe nöthig hat, wenn bey andern vernünftige Vorstelllungen hinlänglich sind; indessen konnte Dippel das Hängen, Köpfen und

459 Theophrast Bombast von Hohenheim, genannt Paracelsus (s. Anm. 367).
460 Jacob Böhme (s. Anm. 359).
461 Sich wortreich und tendenziell kritisch äußern.
462 Peter I., Alexejewitsch, der Große von Russland (1672–1725), von 1682 (1689 Regierungsantritt) bis 1721 Zar und Großfürst von Russland, ab 1721 erster Kaiser des Russischen Reichs.
463 Die „Große Gesandtschaft“ (Reise durch Westeuropa) Peters I. 1697/98.

Knutpeitschegeben nicht verdauen, er verwieß es dem Czaar, und als das nicht half, so bediente er sich so strenger Ausdrücke, daß der Kaiser für gut fand, ihn seiner Dienste zu entlassen. *Dippel* gieng also von *Petersburg* oder *Moskau* nach *Stockholm,* hier hielt er sich eine Zeitlang auf, und verrichtete manche schöne Cur, denn er war in der That ein sehr geschickter Arzt; eine muß ich doch im Vorbeygang erzählen, weil sie *Dippels* Carakter ziemlich ins Licht setzt.

Ein Bürger in *Stockholm* war hypochondrisch[464], vorzüglich quälte ihn eine Grille[465] so, daß er beständig im Bette liegen mußte, und weder Tag noch Nacht Ruhe hatte, er sah nämlich unaufhörlich ein fürchterliches Gespenst vor seinen Augen, sobald er nur die Augen öfnete, so war es da, es mochte Tag oder Nacht seyn. Der arme Mensch war dadurch in die erbärmlichsten Umstände versetzt, alle Ärzte hatten sich zu Schanden an ihm curirt, und ein großer Theil Menschen glaubte, er sey behext.

Dippel hörte von diesem armen Manne, oder seine Freunde consultirten ihn, genug Dippel gieng hin; nach ein paar gravitätischen Spaziergängen durchs Zimmer auf und ab, und einigen majestätischen Blicken ins Bette, setzte er sich zum Kranken. Denn das ist gewiß, Dippel war einer der ansehnlichsten Männer, die je gelebt haben, und in seinem Gesicht lag eine Hoheit, die man sehen mußte, denn beschreiben läßt sichs nicht; eben so anständig aber auch sehr prächtig kleidete er sich. „Ich höre Sie werden von einem Gespenst vexirt[466]? Ach ja, lieber Herr Doctor! das quält mich so lang, bis ich sterbe, und dann mag Gott wissen, wie's mir gehen wird.

---

464 Ein eingebildeter Kranker.
465 Seltsame Vorstellung.
466 Geärgert, gequält, verstimmt.

„Das ist abominabel[467]; aber wo ist's denn jetzt, ich seh's nicht?“

Da, da drängt sichs längst die Wand, ach! wenns doch auch ein Mensch sehen könnte! Sehen Sie das greuliche Gesicht, wie's die Zähne blöckt, es ist in ein graues Tuch gehüllt, und schlupft so daher.

Dippel forschte unvermerkt die ganze Gestalt aus, und nun sagte er: Jetzt will ich mir auch die Augen öfnen, und den Dämon betrachten. Nun schmierte er sich etwas über die Augen, machte einige Ceremonien, und jetzt sahe er das Gespenst auch. Das ist ein horribeler[468] Kerl! sagte er, aber ich will ihn zur Hölle jagen, der soll in Ewigkeit mit keinem Fuß wieder auf Gottes Erdboden kommen; geh zum T…[469] wo er hin gehört! Nun beschrieb er dem Kranken den Geist, und zeigte ihm den Ort, wo er stand oder gieng, so genau, daß er voller Freuden rief: seht ihrs nun daß ich Recht habe, das ist der rechte Mann, der wird mir gewiß helfen. Nun verfügte sich *Dippel* wieder nach Hause, und maskirte seinen Bedienten genau so, wie das Gespenst aussah. Des Abends gieng er mit dem Bedienten hin, stellte ihn zu den Füßen des Bett's hinter den Vorhang, so daß ihn der Kranke nicht sehen konnte. Nun fieng er seine Beschwörungen an, allmählig kam der Bediente längst die Wand geschlichen; der Kranke mußte die Augen öfnen, und nun sah er den Geist deutlicher als je; nun fieng *Dippel* an das Gespenste mit der Peitsche zu jagen, und es zu beschwören, bis er es endlich dahin brachte, daß es versprach, nie wieder den Kranken zu beunruhigen, und dann nahm es Abschied. Dippel brauchte nun auch andere physische Mittel, und brachte den Kranken bald wieder vollkommen zu recht.

---

467 Abscheulich, entsetzlich.
468 Furchteinflößend, grauenerregend.
469 Teufel.

Sein Haß gegen den geistlichen Stand fand in Schweden volle Nahrung, hier war die Herrschsucht, die Dummheit und Unwissenheit desselben noch größer als in Teutschland, er redete und schrieb also gegen die Geistlichen, und war überall so beissend, daß er beim Kopf genommen, und auf die Insel *Bornholm* gefangen gesetzt wurde; wie lang er da war, weiß ich nicht, und eben so wenig, wie er von da weggekommen. Genug er kam wieder nach Teutschland, und nach mancherley wunderlichen Schicksalen und Verfolgungen, die er sich durch seinen stolzen und kritisirenden Charakter zuzog, fand er endlich auch seinen Ruhepunkt zu *Berlenburg*. Zuweilen hielt er sich auch zu *Lasphe,* der Residenz *des Grafen von Wittgenstein-Wittgenstein* auf. In diesen und den benachbarten Gegenden fand er einen erstaunlichen Anhang, und er breitete den allerstrengsten Separatismus noch weiter aus. Seine Schriften zeigen alle den unbiegsamen, stolzen *Satyr*[470], und seine Anhänger waren durchgehends eingebildete und oft unerträgliche Leute. *Dippels* Grundsätze näherten sich auf der einen Seite dem Socinianismus[471], und zuweilen gar dem Naturalismus[472]; denn gegen das Ende schien Christus dem Dippel eine sehr gleichgültige Person zu seyn; er verband also die mystische Moral mit der Glaubenslehre unserer neusten Theologen und nebenher noch mit allerhand schwärmerischen Grillen. Das war in der That ein wunderlicher Mischmasch. Endlich starb Dippel in den vierziger Jahren zu Lasphe an einem Schlagfluß plötzlich.

470 In der griechischen Mythologie ein lüsterner Waldgeist mit menschlichem Körper, volksetymologisch mit dem Satiriker gleichgesetzt.

471 S. Anm. 12.

472 In der Frühen Neuzeit Bezeichnung für Welterklärungsmodelle aus der Natur heraus, ohne übernatürliche (religiöse) Dimensionen.

Ich kann von allen diesen Dingen mit Gewißheit reden; denn Dippel lebte in meiner Nachbarschaft, und alles, was ich bis daher erzählt habe, sind mehrentheils eigene Erfahrungen, oder doch Erzählungen sicherer Augenzeugen.

Hochmann hatte also pietistische fromme Separatisten gebildet, und *Dippel* naturalistische Spöttische; doch vertrugen sich alle recht gut zusammen, weil sie beyde in der Sittenlehre übereinkamen. Ob nun gleich die Hauptpersonen, welche ich bis daher geschildert habe, besonders Hochmann, nicht so unmittelbar auf ganz Deutschland wirkten, so geschahe es doch insgeheim, wenigstens in den beyden protestantischen Kirchen desto mehr und unbemerkter. Obrigkeiten und Gelehrte sind auf die Denkungsart des gemeinen Volks gar nicht neugierig, sie lassen solche Sachen ihre guten Wege haben, so lange ihr Intresse oder die öffentliche Ruhe nicht darunter leidet, und doch sind solche vor den Augen der Menschen geringe Dinge, gerade die Mittel, wodurch die Vorsehung die Bildung ganzer Völker leitet. *Böhms*[473], der Frau von *Guyon*[474], *Spener*s[475] und *Arnolds*[476] Schriften stimmten viele Menschen zum reinen oder auch wohl zum schwärmerischen Pietismus[477]; der berühmte hallische Theologe, *August Herrmann Franke*[478], und seine Freunde Christian Friedrich Richter[479], und *Carl Heinrich von Bogatzky*[480], erhielten ihre

473 Jacob Böhme (s. Anm. 359).

474 Jeanne Marie Guyon du Chesnoy (s. Anm. 390).

475 Philipp Jacob Spener (s. Anm. 427).

476 Gottfried Arnold (s. Anm. 370).

477 S. Anm. 73.

478 August Hermann Francke (1663–1727), evangelischer Theologe, Pädagoge; Hauptvertreter des hallischen Pietismus und Gründer der Franckeschen Stiftungen.

479 Christian Friedrich Richter (1676–1711), Mediziner, Theologe und Kirchenlieddichter, Arzt in den Franckeschen Stiftungen in Halle/Saale.

480 Carl Heinrich von Bogatzky (1690–1774), nach Jura- und Theologiestudium privater Seelsorger in Schlesien, Saalfeld und v. a. in Halle/Saale;

ganze Richtung aus dieser Quelle; und wer weiß nicht, welchen unaussprechlichen Nutzen diese Männer durch die ganze protestantische Kirche verbreitet, und wie viele rechtschaffene Lehrer sie gebildet haben? Mit ihnen fieng ein besserer Zeitpunkt der Geistlichen und der Kirchenverfassung an. Der berühmte *Graf Nicolaus Ludwig von Sinzendorf*[481] schöpfte aus eben den Brunnen, und sein außerordentlicher Wirkungskreyß wirkt heimlich und öffentlich bis in die entlegensten Winkel der Erde fort, wo er, man mag sagen was man will, ungemeinen Nutzen stiftet; in *Sinzendorfs System* liegt mehr Plan, Weisheit und Politik, als in den Symbolen beyder protestantischen Kirchen[482] zusammen, nur schade, daß seine Glaubenslehre zur sittlichen Vervollkommnung nicht die wahren biblischen Mittel anweist.

Noch einen merkwürdigen Mann muß ich bemerken, dessen Einfluß aufs Volk unaussprechlich gewesen ist, und der noch immer fortdauert, nämlich den bekannten *Johann Friedrich Rock*[483], dieser war ein gemeiner[484], ungelehrter, sonst aber guter und frommer Mann, und ein Schuhmacher seines Handwerks; er wohnte meines Wissens nicht weit von Budingen im Isenburgischen, und nährte sich, seine Frau und Kinder ordentlich. Die mystischen und pietistischen Schriften, welche nun-

---

einflussreicher pietistischer Erbauungsschriftsteller (v. a. „Güldnes Schatzkästlein der Kinder Gottes“) und Liederdichter.

481 Nicolaus Ludwig von Zinzendorf und Pottendorf (1700–1760), Jurist, theologischer Autodidakt, Gründer und erster Bischof der Herrnhuter Brüdergemeine („Brüder-Unität“), Kirchenliederdichter.

482 S. Anm. 349.

483 Johann Friedrich Rock (1678–1749), Sattler aus Württemberg; zentrale Gestalt der Inspirierten (s. Anm. 76), religiöser Migrant in der Grafschaft Isenburg-Büdingen (vgl. zum Folgenden *Johann Friedrich Rock:* Wie ihn Gott geführet und auf die Wege der Inspiration gebracht habe. Autobiographische Schriften. Hg. v. Ulf-Michael Schneider, Leipzig 1999 [Kleine Texte des Pietismus, 1]; *Ulf-Michael Schneider:* Propheten der Goethezeit. Sprache, Literatur und Wirkung der Inspirierten, Göttingen 1995 [Palaestra, 297]).

484 Gewöhnlicher, einfacher.

mehr häufig anfiengen in die Hände des gemeinen Mannes zu kommen, las Meister Rock auch sehr fleißig, und sie brachten auch in ihm den festen Entschluß zu wege, ein ganz anderer Mensch zu werden. Durch seine Übungen und eifriges Bestreben zu diesem Zweck, wurde er immer hitziger und feuriger, endlich gerieth er in einen so starken Enthusiasmus, daß er Paroxysmen[485] bekam, die sonderlich genug waren; er gerieth nämlich außer sich, dann bekam er gelinde Zuckungen, und darauf redete er mit einem solchen Fluß der Worte, und mit einer solchen Energie, daß selbst Hochmann weit hinter ihm blieb; endlich kam er wieder zu sich selbst, und dann wußte er von allem, was er geredet hatte, kein einziges Wort. Die Sache ist ganz gewiß, denn in meiner Jugend predigte er durch mein ganzes Vaterland, so daß ich das, was ich sage, zuverläßig versichern kann. Rocks Reden waren ziemlich zusammenhängend, und ganz im Ton der biblischen Propheten. Z.B. wenn die Zuckungen vorbey waren, so wurde sein Gesicht sehr ernsthaft, er reckte die rechte Hand aus, und fieng gewöhnlich mit den Worten an: *So spricht der Herr!* – oder auch: *So spricht der Herr durch seinen Knecht Rock u.s.w.* alle seine Reden zielten auf Buße und Bekehrung, nach den Grundsätzen der Mystiker, zugleich strafte und bedrohte er die verfallene Geistlichkeit, verkündigte auch wohl nahe Strafgerichte u[nd] s[o] f[ort]. Das gemeine Volk, ja auch ein großer Theil aufgeklärter Menschen, erstaunte über diesen neuen wunderbaren Lehrer; denn da es wenige gab, die so viel Licht in der Seelenlehre hatten, daß sie die Sache physisch erklären konnten, so wurde er häufig für einen wahren Gesandten Gottes gehalten, besonders da er ein unsträflicher from-

485 Krampfartige Anfälle.

mer Mann war, und seine Reden nichts enthielten, das der Bibellehre zuwider lief.

Erst machte Rock nur in seiner Nachbarschaft Aufsehen, bald aber bekam er einen Trieb, andre Länder zu durchziehen und zu predigen, denn er hielt sich selbst für einen von Gott gesandten Lehrer: ein benachbarter Edelmann nahm seine Frau und Kinder in Versorgung, und Meister Rock zog fort und predigte. Der Zulauf des Volks war erstaunlich; etliche Männer hielten sich zu ihm, und schrieben seine Reden aus seinem Munde auf; diese begleiteten ihn allenthalben, und dienten ihm. Eine Menge dieser Reden wurde gedruckt, und noch mehrere liegen noch hin und wieder in Handschriften, ich hab ihrer ganze Lasten beisammen gesehen. Seine Schriften zeigen ihren Verfasser auf dem Titelblatt mit dem Buchstaben F. R. an. Überall wo er durchreiste, bekam er viele Anhänger, die noch unter dem Namen der *Inspirirten* bekannt sind; sie sind auch strenge Separatisten, halten auf die äußeren Kirchenceremonien, Taufe und Abendmahl nichts, in ihren Versammlungen singen, beten und lesen sie, und erwarten, so wie die englischen Quacker[486], göttliche Begeisterung zum reden; sonst sind sie stille, untadelhafte, fromme und rechtschaffene Leute.

Endlich kam auch Rock mit seinem Gefolge ins Fürstenthum *Nassau=Siegen*. Weil dies Land sehr bevölkert ist, und auch die Fabriken und Handlung[487], gute Schulen, Wohlstand und einen gewissen Grad der Aufklärung bekommen hat, so findet hier jeder gute und böse Schwärmer bald Beyfall. *Hochmann*[488] und *Dippel*[489] hatten hier schon vorgearbeitet, und die mysti-

486 Quäker (s. Anm. 405).
487 S. Anm. 176.
488 Ernst Christoph Hochmann von Hochenau (s. Anm. 431).
489 Johann Conrad Dippel (s. Anm. 432).

schen Schriften wurden häufig gelesen; zudem war der allgemeine Widerwille gegen die Geistlichkeit und Kirchenverfassung aufs höchste gestiegen, so daß man *Rock* als einen Engel vom Himmel, oder als einen großen Apostel aufnahm; er hielt sich auch lange in dasigen Gegenden auf, und war willens auch nach Berlenburg und *Schwarzenau* zu gehen, um dortige Freunde zu besuchen.

Nun wohnte ein gewisser französischer Flüchtling, Namens von *Marsay*[490], im Siegenschen auf einem einsamen adelichen Gut zum *Hainchen* genannt[491]; er hatte sich dasselbe gekauft, reiste zuweilen nach *Berlenburg,* und dann kehrte er wieder in seine Einsamkeit zurück. Dieser Marsay war ein Schüler der Frau von *Guyon*[492], er hatte sie selber noch gekannt, und war viel mit ihr umgegangen; er war ein ganz vortreflicher Mann von Geist und Herzen, so daß ihn jedermann liebte und ehrte; mit dem feyerlichen Ernst des Pietisten[493] verband er eine ungemeine Leutseligkeit, Menschenliebe, und Duldung, die sonst bey solchen Leuten sehr selten ist. Er hat ein Werk geschrieben, welches den Titel führt: *Zeugniß eines Kindes von der Richtig-*

---

490 Charles Hector de Saint George Marquis de Marsay (1688–1753), aus einer Hugenottenfamilie stammender Offizier, einflussreicher Verfasser mystischer Erbauungsschriften; als Anhänger der Lehren und Multiplikator der Schriften Madame Guyons unstetes Leben, Aufenthalte in Berleburg; neben seinem geistlichen Schüler Johann Friedrich von Fleischbein zeitweilig führende Gestalt der „Gesellschaft der Kindheit Jesu-Genossen“ auf Schloss Hayn im Siegerland (s. folgende Anm.) als Zentrum quietistischer Religiosität in Deutschland (vgl. Die Gesellschaft der Kindheit Jesu-Genossen auf Schloß Hayn. Aus dem Nachlass des von Fleischbein und Korrespondenzen von de Marsay, Prueschenk von Lindenhofen und Tersteegen 1734–1742. Ein Beitrag zur Geschichte des Radikalpietismus im Sieger- und Wittgensteiner Land. Hg. v. Michael Knieriem und Johannes Burkardt, Siegen 2002 [Siegener Beiträge, 7]).

491 Burg Hainchen, heute zum Stadtteil Hainchen von Netphen im Siegerland gehörig.

492 Jeanne Marie Guyon du Chesnoy (s. Anm. 390).

493 S. Anm. 73.

keit der Wege des Geistes, in drey Bänden,[494] in welchem er behauptet, daß die Fixsterne die vielen Wohnungen in des Vaters Hause sind;[495] und daß jeder Stern, oder auch mehrere zusammen, mit ihren Einwohnern Königreiche seyn, die den frommen Christen nach ihrem Tode zur Beherrschung übergeben würden; wenn nun *Marsay* bey dieser Lehre keine göttliche Eingebung vorgäbe, so wäre sie immer eine schöne Hypothese, die wenigstens des Nachdenkens werth ist. Übrigens war er in seinen Lehrsätzen ein vollkommener Mystiker.

Zu diesem berühmten Mann reiste nun auch Rock mit seinem Gefolge. Viele Menschen folgten ihm nach, und viele versammleten sich auch noch aus der umliegenden Gegend vor dem Hause des Herrn von *Marsay.* Dieser kannte aber die Beschaffenheit der Sache besser, er sagte dem versammleten Volk: Rocks Reden seyen freylich gut und erbaulich, dennoch aber nicht göttlichen Ursprungs, und es sey nicht recht, daß die Leute so geäft[496] würden, denn es sey ein falscher Geist der aus dem Rock redete, und das wollte er beweisen; jeder war aufmerksam auf diese Sache geworden, und verlangte auf den Ausgang. Bald merkte man die Annäherung des Paroxismus[497]; das Volk wurde in einen großen Saal zusammen berufen, wo *Friedrich Rock* und seine Schrei-

---

494 Fast alle Publikationen Marsays erschienen anonym und trugen in den von Johann Friedrich von Fleischbein aus dem Französischen übersetzten deutschen Ausgaben den Obertitel „Zeugniß eines Kindes von der Richtigkeit der Wege des Geistes"; auch sein Frühwerk enthält diesen Titelbestandteil (Freymüthige und Christl. Discurse Betreffend verschiedne Materien des innern Lebens wie auch der christlichen Religion; Oder: Zeugniß eines Kindes von der Richtigkeit der Wege des Geistes […]. 2 Bde., Berleburg 1735) (vgl. hierzu *Schrader,* Literaturproduktion [s. Anm. 48], S. 199 f., 214, 216–218; Die Gesellschaft der Kindheit Jesu-Genossen [s. Anm. 490], S. 151, 184–186, 206, 231–232, 254).

495 Vgl. Joh 14,2.

496 Irregeführt, getäuscht.

497 S. Anm. 485.

ber schon saßen, und *Marsay* stellte sich auch ein. Als nun *Rock* recht im Reden begriffen war, kam *Marsay* mit einem Eimer voll kalten Wassers, und stürzte es auf einmal über den Redner her; dieser erschrack, kam zu sich selbst, und von der Zeit an kam der Paroxismus nicht wieder, und Rock hielt auch keine Reden mehr.[498] Nun stellte *Marsay* sowol den Rock als den Zuhörern sehr bündig vor, daß sich der Geist Gottes durch einen Eimer voll Wasser nicht hemmen ließe, sie sollten suchen durch ordentliche und vernünftige Mittel auf den rechten Weg zu kommen, und nach den Regeln der Bibel sowol lehren als leben. Rock selber ließ sich weisen, er gieng wieder nach Hause, doch setzte er noch seine Ermahnungen, die er aber nun sich selbst bewußt hielte, fort, und besuchte auch noch zuweilen seine Anhänger, die theils obigen Vorgang leugnen, theils auch es dem Marsay sehr übel nehmen daß er auf solche Weise mit dem Rock umgegangen ist.

Durch alle diese Personen wurde unter dem gemeinen Volk eine allgemeine Gährung zuwege gebracht, die durch ganz Teutschland wirkte; überall gabs Leute, die einsahen, daß die gewöhnliche Art zu leben, nicht zur höchsten Glückseligkeit führte, sondern daß eine gänzliche Herzens= und Sinnesänderung nothwendig sey; jeder schlug den Weg dazu ein, der ihm durch den Mann, den [!] er den meisten Beyfall gönnte, vorgezeichnet wurde; diese Nachfolger waren nun jeder an seinem Orte, und in seinem Theil wiederum Vorgänger; und obgleich immer noch die wenigsten den Weg der Bekehrung und Sinnesänderung einschlugen, so wars doch nicht anders möglich, es mußte überall Licht, Wärme und Enthusiasmus für die Religion verbreitet werden.

498 Jung-Stilling greift hier wie auch an anderen Stellen offensichtlich auf Legendenbildungen zurück, die sich quellenmäßig nicht belegen lassen.

Diese allgemeine Bewegung in Teutschland wurde von den Gelehrten und großen Köpfen nicht einmal bemerkt, wenigstens nicht so viel geachtet, als sie es in Ansehung der Geschichte der Menschheit verdiente; aber die lichtvollesten Köpfe unter den Pietisten[499] selber ahneten große Veränderungen. Die Offenbarung *Johannes* wurde stärker gelesen als je, man glaubte die glücklichen tausend Jahre seyen[500] vor der Thür, mit einem Wort, man gieng hin und wieder so weit, daß theils lächerliche, theils traurige Ausschweifungen begangen wurden, wie man in diesem Werk finden wird: man kann nirgend besser diesen Enthusiasmus kennen lernen, als in den Liedern dieser Zeit: da sieht und hört man nichts anders als *philadelphische Gemeinde*[501], *sieben Leuchter*[502] und dergleichen Anspielungen auf die heiligen Hieroglyphen[503].

So wie also der eine Theil der teutschen Nation von diesem Geist belebt wurde, so war der andere theils Buchstaben= und strenger Kirchenchrist, oder praktischer Gottesleugner ohne Grundsätze. Von Freygeistern und Zweiflern wußte man noch wenig, denn die engländische deistische Schriften waren in Teutschland noch wenig bekannt. Indessen waren doch die zween große Apostel des Unglaubens schon heimlich am Wirken: in *Teutschland* lebte *Edelmann*[504], welcher anfänglich ein strenger mystischer Christ war, mit seinem großen hellen Kopf forschte er aber weiter. *Dippels*[505] System leuchtete ihm ein, er fand allmählig die Erlösungslehre Christi lächerlich, las darauf die Schriften

499 S. Anm. 73.
500 Vgl. Apk 20.
501 Vgl. Apk 3,7–13.
502 Vgl. Apk 1,20.
503 Zeichen. Gemeint ist hier die rätselhafte Apk.
504 Johann Christian Edelmann (s. Anm. 17).
505 Johann Conrad Dippel (s. Anm. 432).

Benedikts Spinosa[506], *Balthasar Beckers*[507], und nun auch der engländischen Deisten[508], wurde also von einem Extrem aufs andere geworfen, und aus dem enthusiastischen Mystiker, ein Spötter und Verläugner der Religion. Seine Schriften erschienen nun auch im Druck, und diese machten eben so große Bewegungen, als die mystischen Menschen, denen die Moral und Lehre *Jesu Christi* zu sauer und zu geringschätzig vorkam, fanden Vernunft und Weisheit in *Edelmanns* Lehre, und finden sie noch. Er reiste nach Berlin; dort fand er großen Beyfall, und meines Wissens ist er auch dort gestorben.

Der andre Lehrer des Unglaubens ist der bekannte von *Voltaire*[509]. Von diesem Mann hab ich weiter nichts zu sagen, als daß sein Wirkungskreis ganz *Europa* in Taumel gesetzt, und dem größten Theil der Vornehmen, Gelehrten und Ungelehrten den Kopf verdreht habe.

Jetzt kann ich nun den Standpunkt genau auszeichnen, in welchem man stehen muß, wenn man mein folgendes Gemälde in seinem wahren Licht betrachten, und zugleich auf die Zukunft schließen will: Zwo sehr widerwärtige Kräfte wirken also jetzt in Teutschland, und bringen eben die heftige Gährung hervor, oder haben sie hervorgebracht, auf der einen Seite, Drang und Eifer für die Religion, und auf der andern Drang und Eifer wider dieselbe. Beyden Kräften bahnte die *Leibnitzische=Wolfische* Philosophie[510] den Weg, der höchst gefährliche und höchst nützliche Grundsatz: daß man nichts glauben muß, als was Erfahrung und Vernunft

506 Baruch de Spinoza (s. Anm. 16).
507 Balthasar Bekker (1634–1698), niederländischer reformierter Theologe, Philosoph und frühaufklärerischer Publizist.
508 S. Anm. 13.
509 Voltaire (s. Anm. 7). Hier wörtliche Übersetzung von „de Voltaire“.
510 S. Anm. 193.

untrüglich beweisen, giebt dem Religionszweifler einen festen und sichern Tritt auf dem Wege zur Verwirrung und zur äußersten Ungewisheit, und dem gutartigen Christen in seiner Bibel und Religionsforschung das herrlichste Mittel an die Hand, das lautere, reine, einfältige Licht der Wahrheit[511] von allem schwärmerischen Glast[512] und Irrlichtern zu reinigen. Hier gilt mein Motto:

Mittelmaaß
Die beste Straß.[513]

Auf solche Weise ist also unser Jahrhundert freylich um vieles aufgeklärter, als das funfzehnte; allein, dem allen ungeachtet gerad so geschickt zu den Wirkungen eines zweyten *Luthers*[514], und gewiß ein solcher Mann wird auch zu seiner Zeit auftreten, denn die Religion Jesu Christi hat warlich wiederum eine Fackel vom Himmel[515] nöthig, denn die große Welt findet sie lächerlich, und hält sie schon so gut als zu Grunde gerichtet.

511 „Licht der Wahrheit“: zentraler Begriff aus der Freimaurerei (Lichtsuche = Erkenntnissuche), der von Jung-Stilling häufig verwendet wird.

512 Glanz, Schimmer.

513 Untertitel des Romans „Theobald oder die Schwärmer“ (s. Anm. 346). Auf antike Wendungen bei Horaz und Ovid zurückgehende Redensart.

514 „Geschickt“ im Sinne von „disponiert“. Zur Rezeption Martin Luthers (1483–1546) im späten 18. Jahrhundert vgl. *Albrecht Beutel:* Martin Luther im Urteil der deutschen Aufklärung. Beobachtungen zu einem epochalen Paradigmenwechsel. In: Zeitschrift für Theologie und Kirche 112 (2015), S. 164–191; *Norbert Mecklenburg:* Der Prophet der Deutschen. Martin Luther im Spiegel der Literatur, Stuttgart 2016, S. 65–103.

515 Vgl. Apk 8,10.

3.2 Brief an Karl Friedrich Adolf Steinkopf[516], Marburg, 16.10.1796

UB Basel, Archiv ChristG, D V 16, 138; Schwinge Briefe, S. 187–189

Marburg den 16ten 8br. 1796.

Herzlich geehrter und geliebter Bruder in unserm Herrn!

Das schreckliche Kriegstheater in unserer Nähe und zwischen uns und Ihnen[517], hat bis dahin die Beantwortung Ihres lieben Briefs[518] aufgehalten, jezt aber zögere ich nicht länger, mich nach so langer Zeit einmal wieder mit Ihnen zu unterhalten.

Ich verspreche Ihnen nochmals feyerlich, das Wort *Pietist*[519] nie wieder im übelen Sinn zu gebrauchen, sondern wenn ich Mängel anzeigen muß, solches in Liebe, und unter dem wahren ächten Namen zu thun. Bey dieser Gelegenheit muß ich aber doch bemercken, daß durchgehends, die wahren Pietisten, die keinesweges Heuchler, sondern wahre Erweckten sind, und die ich ganz gewiß für wahre Kinder Gottes, und für das Salz der Erden[520] halte, erstaunliche und höchst bedauernswürdige Feler an sich haben, wodurch sie der guten Sache unseres Herrn oft weit mehr schaden, als sie sonst durch ihr Beyspiel nützen, ja wodurch sie die Sache des Herrn und unserer theueren Religion stinckend ma-

516 Karl Friedrich Adolf Steinkopf (1773–1859), württembergischer evangelischer Theologe, Sekretär der Christentumsgesellschaft in Basel, später im Dienst der 1804 gegründeten British and Foreign Bible Society in London.
517 Kriegshandlungen in Süddeutschland im Zuge der französischen Invasion.
518 Nicht ermittelt.
519 S. Anm. 73.
520 Vgl. Mt 5,13.

chen und gutwillige Seelen ehender abschrecken, als anlocken. Dieses wars eben was ich überall in meinen Schriften rügen wollte; eben weil diese Feler an den Kindern Gottes weit mehr schaden, als die Sünden der Weltmenschen. Niemand hat wohl mehr Gelegenheit gehabt, diese Feler mit allen ihren schrecklichen Folgen zu beobachten als ich, wie ich im *Theobald*[521] zum Theil gezeigt habe, denn alle einzelnen Theile desselben sind wahre Facta, derohalben hielte ichs auch für Pflicht dagegen zu zeugen, dies soll auch hinführo geschehen so lang ich lebe, aber da ich aus Ihrem Briefe überzeugt worden bin, daß es, wenns in oeffentlichem Druck geschieht, mehr schadet als nüzt, so will ich nun schriftlich und mündlich die Brüder warnen und im Druck oeffentlicher Schriften wenigstens dieser Sache so gedenken daß niemand dadurch geärgert werden kann, und auch dieses nur da, wo es die Noth erfordert.

Um mich aber deutlich über diese Sache zu erklären, und zu zeigen, welche Feler eigentlich den mehresten wahren Erweckten zur Last fallen, so will ich bestimmter einige derselben entwickeln.

Die ältesten und besten Mysticker der Catholischen Kirche brachten den ganzen Prozeß der Heiligung des armen Sünders, von der Erweckung an bis zur Versiegelung[522], gleichsam in ein System, welches sie *in den Clöstern* lehrten, und da auch vornämlich ausübten; | Das Heimweh[523] enthält das reine System der Heiligung unter allegorischen Bildern, wie der nunmehr hier herausgekommene Schlüßel zum Heimweh[524] zeigt. | daher wurden auch gewiße Ideen damit verbunden, die

521 *Heinrich Stilling,* Theobald oder die Schwärmer (s. Anm. 346). Siehe Text 3.1.

522 Vgl. 2Kor 1,22; Eph 1,13 und 4,30.

523 *Heinrich Stilling,* Das Heimweh (s. Anm. 87).

524 *Heinrich Stilling,* Der Schlüssel zum Heimweh (s. Anm. 237).

eben nicht schadeten, aber doch auch keinesweges zur Heiligung gehörten. Z.B. Vermeidung *alle*s sinnlichen Genußes, Verläugnung solcher Dinge, die nicht verläugnet zu werden brauchen, Vorzug des unehelichen Lebens, des beschaulichen im äußeren unthätigen Lebens u. d. g. Daß in dieser Mystick das wahre evangelische Christenthum verborgen lag, und daß diese Mysticker mit allem ihrem Fackirismus[525] dennoch die Auserwählten des Herrn, und das Salz der Erden[526] waren, das ist außer allem Zweifel.

Nach der Reformation fanden sich nun auch Männer Gottes die den Mystizismus reformirten, hieher gehören vorzüglich Arnd[527], Spener[528], Francke[529], und mit gutem Bedacht zähle ich auch Gottfried Arnold[530] dazu; diese Männer sonderten nun das Clösterliche, wenigstens das Gröbste vom Heiligungs Prozeß ab, und behielten den Kern bey, nemlich ein Christosophisches[531] System des seeligmachenden Glaubens.

Von diesen Zeiten an, gab es nun immer grösere und kleinere von Gott gesandte fromme Männer, die diesen Weg des Christosophischen Systems selbst giengen, und durch ihr Licht eine Reisegesellschaft um sich her sam-

525 Fakire: In der damaligen Vorstellung Anhänger einer indischen Religionspraxis, bei der man sich bewusst körperliche Leiden zufügt.

526 Vgl. Mt 5,13.

527 Johann Arndt (1555–1621), lutherischer Pfarrer und Generalsuperintendent, v. a. in kirchenkritischen Kreisen äußerst einflussreicher, kontrovers beurteilter Erbauungsschriftsteller (v. a. „Vier Bücher von wahrem Christentum“) auf der Basis einer mystisch-naturphilosophischen Theologie (vgl. *Hans Schneider:* Der fremde Arndt. Studien zu Leben, Werk und Wirkung Johann Arndts [1555–1621], Göttingen 2006 [Arbeiten zur Geschichte des Pietismus, 48]).

528 Philipp Jacob Spener (s. Anm. 427).

529 August Hermann Francke (s. Anm. 478).

530 Gottfried Arnold (s. Anm. 370).

531 Terminologische Anspielung auf Jacob Böhmes „Christosophia oder Weg zu Christo“ aus dem Jahr 1621, die seit dem frühen 18. Jahrhundert in Deutschland in verschiedenen Auflagen erschienen war.

melten, die den nämlichen Weg mit ihnen wandelten; daher entstanden nun viele Partheyen der Erweckten und der Pietisten, oder besser *Christosophen.*

Der erste Feler, *dieser guten Menschen* bestehet nun gewöhnlich darinn, daß sie sich unvermerckt zu sehr nach ihrem Vorgänger bilden zu Paulisch, Kephisch und Appollisch werden;[532] denn diese Vorgänger haben ja auch ihre individuellen Caractere, die ja auch eine individuelle Führung erfordern, wie kann dieses nun allgemein werden? – doch wird es gefordert, und wer diese sehr gleichgültigen Signa caracteristica[533] nicht hat, *den hält man nicht für einen ächten Christen, für nicht erweckt.* Welch ein erschreckliches Urtheil! – das dem, der es fällt, schwer auf den Kopf zurück fallen wird; indeßen sie richten bona fide[534] und aus Unverstand.

Zweytens: ohne gerade eines Vorgängers zu bedürfen, lesen andere Bücher, die den wahren Heiligungsweg enthalten, der Geist weht aus dem Buchstaben zum Herzen herüber, der Leser wird gründlich erweckt, aber nun ist das Buch, oder sein Verfaßer, abermal ein gebrechlicher Mensch, sein Vorgänger nach dem er sich modelt[535], und wenn das geringste an diesem Modell fehlt, der ist kein Christ! – schrecklich! schrecklich!

Drittens: eine Menge guter Seelen – Gott lob! es giebt ihrer viele, hören und sehen in ihrem Leben wenig oder nichts von Pietisten und Christosophen, sie werden aber fein erzogen, sie werden von Jugend auf zum Lesen der Heil[igen] Schrift und zum Gebät angehalten, aber auch angewöhnt mit dem allem nicht zu pralen, sondern ihren Glauben blos durch Wercke zu zeigen und nur dann Christum zu bekennen, wenns die Noth

---

532 Vgl. 1Kor 1,12.
533 Individuellen Eigentümlichkeiten (der Lehrer).
534 In gutem Glauben.
535 Gestaltet.

erfordert. Diese Seelen gehen nun allmälig den ganzen Weg der Heiligung, genau nach dem Sinn des Evangeliums durch, ohne daß sie Rechenschaft davon geben können, weil sie die Christosophische=Kunst=Terminologie, oder die sogenannte Sprache Canaans[536] nicht gelernt haben und da sie von keinem andern Vorgänger außer Christo und seinen Aposteln, wißen, so haben sie auch keine äußere Mystische Form und Zuschnitt irgend eines frommen Mannes angenommen; viele Handlungen und sinnliche Genüße sind ihnen entweder gar nicht Sünde oder sie geniesen sie vor der Hand[537] in Unschuld, bis sie die Gnade genauer macht; kommen nun solche Seelen in die Gesellschaft erweckter frommer Pietisten, so halten diese jene für blos gute Weltmenschen, aber keinesweges für Kinder Gottes, gerade als wenn der keine Vernunft haben könnte, der die Logik nicht studirt hat.

Sehen Sie, Freund! ich halte die wahren Pietisten für die Auserwählten Gottes, die aber gar oft und sehr leicht durch ihr liebloses Urtheil über eben so gute Christen, ihr Erbtheil der Heiligen im Licht wieder verschertzen, und dies thut mir weh, für jenem gräulichen Feler zu warnen, war der Zweck alles deßen was ich je gegen die Pietisten geschrieben habe; der Herr wird mirs bey der grosen Abrechnung,[538] um seiner blutigen Versöhnung willen, zu gut halten. Ich bin vor dem Herrn Ihr treuer Bruder

Jung.

536 Bezeichnung für fromme Binnensprachen (vgl. *Hans-Jürgen Schrader:* Die Sprache Canaan. Pietistische Sonderterminologie und Spezialsemantik als Auftrag der Forschung. In: Geschichte des Pietismus. Bd. 4: Glaubenswelt und Lebenswelten. Hg. v. Hartmut Lehmann, Göttingen 2004, S. 404–427).

537 Zunächst, vorläufig.

538 Im Jüngsten Gericht.

Geben Sie mir doch ihre Addresse bey wem Sie wohnen.

| Hier bey Kriegern[539] ist ein vortrefliches Werckchen herausgekommen, es heist: *über Bibellehre und Christenthum für gebildete Layen.* 8°. 8 Bogen.[540] Die christliche Gesellschaft[541] muß es suchen in jedermanns Hände zu bringen, es ist warlich vortreflich. |

3.3 Berichtigung der gewöhnlichen Begriffe von der Mystik (1799)[542]

Vorrede. Berichtigung der gewöhnlichen Begriffe von der Mystik.

Die merkwürdige und lehrreiche Lebensgeschichte, welche in folgenden Blättern enthalten ist, ist eine getreue Erzählung der Schicksale und des Läuterungs= Prüfungs= und Heiligungsweges eines noch lebenden

539 Johann Christian Konrad Krieger (s. Anm. 263).

540 *[Anonym:]* Über Bibellehre und Christenthum. Für gebildete Layen. Leipzig 1796. Ein Exemplar der in Marburg erschienenen Ausgabe lässt sich nicht nachweisen. Es wird angenommen, dass die Schrift von dem Weimarer Geheimen Rat, vormaligen Mitglied des Illuminatenordens und Publizisten Ernst Anton August von Göchhausen (1740–1824) verfasst und durch Jung-Stilling selbst zum Druck befördert worden ist (vgl. www.jung-stilling-forschung.de/index.php/orte/273, abgerufen am 8.5.2016). – „8°" steht für das Buchformat „oktav" und bezieht sich auf die 8 Blätter (16 Seiten), die sich durch eine dreimalige Faltung des Druckbogens ergeben.

541 Die Basler Christentumsgesellschaft.

542 *Dr. Johann Heinrich Jung:* Vorrede. Berichtigung der gewöhnlichen Begriffe von der Mystik. In: *Johann Christian Stahlschmidt:* Die Pilgerreise zu Wasser und zu Lande oder Denkwürdigkeiten der göttlichen Gnadenführung und Fürsehung in dem Leben eines Christen [...], Nürnberg 1799, S. III–XXXVI.

Mannes[543]; dessen wahre Demuth und Bescheidenheit mir verbietet, hier etwas zu seinem Lob zu sagen; welches aber auch nicht nöthig ist, da das Werck selbst seinen Meister lobt,[544] oder vielmehr *dessen* Ruhm verkündigt, der der grose Lenker der menschlichen Begebenheiten, Leiden und Freuden ist.

Überhaupt würde dies Buch gar keiner Vorrede bedürfen, wenn der Verfasser nicht in einer Denkungsart geschrieben hätte, die nicht blos vom herrschenden Geschmack der heutigen Lesewelt – auf deren Beyfall aber hier auch gar nicht gerechnet wird – himmelweit verschieden ist, sondern die auch selbst unter denen die sich freymüthig zu *Christo* bekennen, ja so gar unter seinen wahren Verehrern noch vielen Widerspruch findet; mit einem Wort: Da er ein wahrer – nicht falscher – sondern redlicher, von Herzen demüthiger *Mystiker* ist, diese Classe Menschen und Christen aber, von der Welt für Erzschwärmer[545], von der einen Parthey der Glaubigen [!] für Werckheilige[546], von der andern für Pharisäer und Heuchler, und von der dritten für Verläugner, oder – gelinder – für Miskenner des Verdienstes Jesu gehalten wird, welches alles aber grundfalsch, und eine aus Unkunde und Misverstand entstandene sehr nachtheilige Beurtheilung der wahren Mystick ist, so habe ichs für nothwendig gehalten, dem *Gott und Christum* liebenden Leser die Vorurtheile aus dem Wege zu räumen, die er allenfalls gegen die wahre Mys-

543 Johann Christian Stahlschmidt (1740–1826), Kaufmann aus Freudenberg bei Siegen, Anhänger der Lehren Jacob Böhmes (s. Anm. 359) und Gerhard Tersteegens (s. Anm. 75), Weltreisender, zeitweilig Pfarrer in Pennsylvania, Mitbegründer der Elberfelder Missionsgesellschaft; v. a. durch seine autobiographische „Pilgerreise zu Wasser und zu Lande“ (s. vorherige Anm.) bekannt gewordener mystischer Erbauungsschriftsteller.

544 Vgl. Sir 9,24.

545 S. Anm. 362.

546 Christen, die sich hinsichtlich der Erlangung göttlicher Gnade auf ihre eigenen Taten verlassen.

tick haben möchte, und die ihn hindern würden, den Werth dieser Geschichte richtig zu beurtheilen, und noch vielmehr, den höchst möglichen und höchst wichtigen, nicht zu verkennenden Nutzen daraus zu ziehen, der bey unpartheyischer Vorurtheilsfreyer und ernstlich seiner Seelen Heil suchender Gemüthsstimmung, unstreitig daraus gezogen werden kann. Es wird also hier auf zwey Hauptstücke ankommen, nämlich daß ich

1) zeige, woher es komme, daß die wahre Mystick so verschrien und so verdächtig geworden ist? und

2) dann den wahrhaften und richtigen Begriff derselben völlig entwickelt, deutlich, ausführlich, und vollständig darstelle.

Die erste Hauptursache des Verdachts gegen die wahre Mystick liegt unstreitig in der Dunkelheit und Unbestimmtheit des Styls und der Kunstwörter, deren sich die mystischen Schriftsteller von jeher bedient haben: Die Ausdrücke *Durchbruch, Vernichtigung*[547], *nackter Glaube, dunkler Glaube,*[548] *mystischer Tod, Einkehr in den Seelengrund u. d. g.* sind von der Art, daß man sich leicht Dinge dabey denken kann, die ganz verschieden von denen sind, die sich der Mysticker dabey denkt, und die man sich dabey vorstellen muß, wenn man ihn richtig verstehen will. Dies alles rührt aber daher, weil die Mysticker von jeher zur catholischen Kirche gehörten, folglich die Kirchenväter fleisiger lasen als die Bibel, sich daher auch mehr an ihre Kunstwörter gewöhnten, und sich ihre platonisch=gnostische[549] Ideen, in so fern sie zum Weg der Heiligung paßten, geläufig machten.

547 Mystisches Ideal der Selbstaufgabe der Seele im Zuge ihrer Vereinigung mit Gott.

548 S. Anm. 317.

549 Gnosis: Auf das 2. Jahrhundert zurückgehende dualistische Erlösungslehre, die auf (Selbst-) Erkenntnis zielte und sich teils mit christlichen Lehren vermischte.

An diese knüpfte sich noch eine andere Ursache: die scholastische[550] Philosophie war nicht von der Art, daß sie deutliche Begriffe über die Natur, Kräfte und Würkungen der menschlichen Seele, in den Köpfen der Studierenden entwickeln konnte; daher kam es dann, daß auch gelehrte Männer, Empfindungen und Vorstellungen, die öfters durch ihre Einbildungskraft entstunden, als Würkungen des heiligen Geistes ansahen, und sich dadurch selbst, und durch ihre mündliche und schriftliche Vorträge auch andere täuschten.

Was aber vorzüglich die Mystick in einen übeln Ruf brachte, das war ihre Empfehlung des *ehelosen Lebens,* der *Einsamkeit* und der *Armuth;* – drey Stücke, für welchen der blos sinnliche Mensch zurückschaudert, und alle Gründe hervorsucht, um zu beweisen, daß sie nicht zum wahren Christenthum erforderlich sind; es ist schlechterdings nöthig, daß ich hier streng prüfe, was Wahrheit ist? – denn es giebt noch immer sehr fromme und redlich denkende Christen, die jene drey Stücke, wenigstens als Hülfsmittel zur Heiligung ansehen. *Christus* und seine Apostel haben im neuen Testament hin und wieder das ehelose Leben allerdings dem Ehestand vorgezogen, dagegen aber auch eben so gewiß diesen leztern Stand gebilligt, geheiligt, und als eine unzweifelbare göttliche Anstalt und Ordnung empfolen.

Die gesunde Vernunft lehrt ebenfalls, daß das sittliche Verderben, die sogenannte Erbsünde nicht *im Daseyn* des Fortpflanzungstriebes, sondern nur im überwiegenden Hang zu dessen *Misbrauch* liege, welcher aber durch das ehelose Leben mehr gefördert als gehindert wird; und über das alles ist ja die Vermehrung und Fortpflanzung des Menschengeschlechts ein göttliches, der ganzen Natur, und besonders auch den Menschen

550 S. Anm. 407.

gegebenes und anerschaffenes Gesetz, 1 Mos. 1, V. 28. welchem jeder gehorchen muß, der nicht durch Umstände, die ihn den Ehestand zum Unglück machen würden, daran gehindert wird.[551]

Wie läßt sich aber nun jeder Vorzug, den *Christus* und seine Apostel dem ehelosen Leben einräumen, mit diesem göttlichen Gesetz vereinigen? – Sehr leicht! – wie sich nun zeigen wird: Daß sich der Geist Gottes in seinem Wort nicht widersprechen könne, bedarf keines Beweises; so bald also ein solcher Widerspruch bemerkt wird, so ist er blos scheinbar, und die Pflicht des Auslegers geht dann dahin, beyde Sätze nach den übrigen Aussprüchen der heil[igen] Schrift zu prüfen, so wird sich allemal der wahre Sinn leicht ausfindig machen lassen: so erklärt sich *Christus* durch die Worte: – *Wehe den Schwangern und Säugenden zu der Zeit*[552] – warum Er das ehelose Leben für zuträglicher halte: denn Er sahe den erschrecklichen Jammer, der in kurzem über *Jerusalem* und das jüdische Land kommen sollte, mit Gewisheit voraus; es war daher zu seiner Zeit weit rathsamer nicht zu heurathen, um keine Familie in die Welt zu setzen, die bald unverschuldeter Weise die grösten aller irrdischen Leiden würde zu erdulten haben, und was können solche arme unschuldige Kinder für die Sünden ihrer Eltern? – In eben dem Sinn spricht auch der Heiland von den Menschen vor der Sündfluth: Sie hätten gefreyt und sich freyen lassen, bis das schröckliche Gericht eingebrochen sey.[553] – Was kann das anders bedeuten, als, sie liesen sich durch den *Noah* nicht warnen, sie glaubten gar nicht, daß ein allgemeines Weltgericht so nahe sey, sonst hätten sie gewis nicht geheura-

551 Vgl. *Martin Luther:* Vom ehelichen Leben, Wittenberg (und zahlreiche andere Erscheinungsorte) 1522.
552 Vgl. Lk 21,23.
553 Vgl. Mt 24,38.

thet, um nicht zu verursachen, daß so viele unschuldige Kinder in der Sündfluth ertränkt würden. Eben so verhält sichs nun auch mit allen Stellen in den Schriften und Briefen der Apostel: entweder beziehen sie sich auf die Männer, die sich der Ausbreitung der christlichen Religion widmeten, die also, weil sie immer weit und breit umher reisen musten, und vielen Leiden und Beschwerlichkeiten ausgesetzt waren, nicht wohl eine Familie versorgen konnten; oder sie hatten auch wohl die damalige Zeiten überhaupt im Auge, wo die christlichen Eheleute nie für den Verlust ihrer Güter, ihres Vaterlands, und so gar ihres Lebens sicher waren, und es daher immer besser war, lieber keine Kinder zu zeugen, als sie in eine so gefahrvolle Welt zu setzen.

So müßen alle solche Stellen erklärt werden, die Bezug auf das ehelose Leben haben, wenn nicht das göttliche Gesetz des heiligen Ehestands dadurch herabgewürdigt werden soll. Auch wir leben jezt in einer Zeit, wo mancher diese Ausnahme von der Regel auch auf sich anwenden kann und darf: denn es hat das Ansehen, als ob unsre Kinder auch schwere Kämpfe durchzukämpfen haben würden; doch in diesem Fall muß sich jeder genau im Licht der Wahrheit[554] prüfen, damit sich keine Eigenheit, die sich manchmal in den Glanz der Heiligkeit versteckt, unvermerkt in die Bestimmungsgründe des Willens mit einmische.

Die päbstliche Hierarchie wuste sich des Irrthums in Ansehung des ehelosen Lebens zu ihren herrschsüchtigen politischen Absichten sehr gut zu bedienen, woher es dann kam, daß es auch die neuern Mysticker in der römischen Kirche so hoch anpriesen, und es als den Weg zu gröserer Vollkommenheit empfalen, ob sie gleich selbst die Schlange nicht ahneten, die unter dem Man-

554 S. Anm. 511.

tel der Heiligkeit verstekt lag – nur schade, daß auch nun die protestantischen Mysticker diesen Irrthum in ihr System mit aufnahmen.

Mit diesem Misbegriff vom ehelosen Leben, ist der andere, der die *Einsamkeit* betrift, sehr nahe verwandt; dieser hat einen zwiefachen Ursprung: erstlich entstand er zur Zeit der ersten Christen, unter den schweren Verfolgungen wo sich viele in die Wüsteneyen begaben, um da ungehindert Gott und *Christo* nach ihrer Überzeugung dienen zu können; die Freyheit in welcher solche Seelen lebten, machte zu der Zeit das einsame Leben wünschenswerth, und wer dem Herrn von ganzem Herzen anhieng, der wanderte in abgelegene Örter, um dort seine Neigung zu befriedigen; und zweytens: da man nun durchgehends an solchen Einsiedlern einen höhern Grad der Heiligkeit, der Verläugnung alles Irdischen, und der Liebe Gottes bemerkte, so wurde die Idee bald herrschend, daß das einsame Leben ein kürzerer Weg zu dem höchsten Grad der Gott= und Christus=Ähnlichkeit sey, als das Wohnen in der bürgerlichen Gesellschaft, und der Umgang mit der grosen Welt. Auch diese Meynung wurde von der herrschsüchtigen Kirche vortreflich zu ihren Zwecken benuzt; man stiftete nun Klöster, bannete durch schwere Gelübde ehelose Leute dahin, und bildete so einsame Gesellschaften, die in der Welt an nichts angeknüpft waren, als an ihre Kirche, und ihr zu ihren Zwecken trefliche Dienste leisteten, und so kam dann auch dieser Begriff als ein wesentliches Stück mit in die Mystick.

Indessen liegt denn doch etwas Wahres in dieser Sache: – denn es ist ausgemacht, daß ein Mensch, der sich von weltlichen Geschäften entfernt hält, und beständig in der Gegenwart Gottes, in himmlischen Betrachtungen lebt, weit eher und in höherm Grad, himmlisch gesinnt werden müße, als einer der mit mancherley Amts= und Berufssorgen dieses irrdischen Lebens belastet ist; allein es kommt hier eben alles darauf an, wer im Grund Gott am angenehmsten ist – wenn lezterer nämlich beydes, so viel er kann, miteinander verbindet? – ein sehr passendes Gleichnis wird die Sache ins helleste Licht setzen: Laßt uns zween junge Männer annehmen, die beyde mit Lust zur Gelehrsamkeit und zu den Wissenschaften angefüllt sind, beyde studieren also mit größtem Fleiß, und werden frühzeitig sehr gelehrte und geschickte Männer; aber nun schlagen beyde sehr verschiedene Wege ein, der Eine wählt ein einsames Leben, um beständig zu studieren und im Reich der Wahrheiten fortzuforschen, ohne andern etwas aus dem Schatz seiner Kenntnisse mitzutheilen. Der Andre aber nimmt ein öffentliches Amt an, würkt mit seinem herrlichen Talent zum Besten vieler Tausenden, und versäumt dann doch in müsigen Stunden das weitere Forschen nicht; dieser verbindet nun mit dem blosen Wissen auch practische Erfahrungen, und wird in jedem Betracht ein weit edlerer Mann, als jener eigenliebige speculative Kopf, der sein Pfund vergräbt.[555] Gerade so verhält sichs auch mit dem *blos Einsamen,* der in göttlicher Beschaulichkeit lebt; und mit jenem, der dieses thut und jenes nicht läst.

Einer der reinsten und vortreflichsten Mysticker, die je gelebt haben, der seelige *Gerhard Ter Steegen*[556], kann uns hier zu einem vorzüglichen Beyspiel dienen: er lebte auch ehelos und eingezogen; auch er lebte beständig in der Gegenwart Gottes, und übte die reine und wahre Mystick im strengsten Sinn aus, aber wie mannigfaltig nüzlich und thatenvoll war auch zugleich sein bürgerliches Leben? – er war besonders von der Vorsehung dazu ausgerüstet, um am grosen Weltabend

555 Vgl. Mt 25,14–30; Lk 19,12–27.
556 Gerhard Tersteegen (s. Anm. 75).

noch viele tausend Seelen zu klugen Jungfrauen[557] zu bilden, und er hat sein Tagewerk redlich vollendet; um das nun besser zu können, mußte er den schweren mystischen Sterbens= und Verläugnungsweg wandeln; wäre er verheurathet gewesen, so hätte er sich nicht so ganz diesem Beruf widmen können, und darum muste er sich – nach dem Beyspiel unsers Erlösers – erst lang in der Einsamkeit üben, erst selber etwas lernen, ehe er andere lehren konnte.

Daß aber nun diejenigen sehr irren, die ehlos, einsam und zurückgezogen – *darum* – leben wollen, weil es Tersteegen that, das liegt am Tage; die geistlichen Übungen sind blos Mittel zum Zweck, um dem Reiche Gottes hienieden desto nützlicher zu werden, keinesweges aber der Zweck selbst.

Endlich kommt nun noch die selbstgewählte Armuth der *Mysticker* hinzu, auch diese Meynung hat verschiedene Quellen: Die erste ist, daß man glaubt dadurch Christo ähnlicher zu werden, weil er im eigentlichsten Sinn ganz und gar nichts von irrdischen Gütern besaß; die zweyte gründet sich besonders auf den Ausspruch *Christi* gegen den reichen Jüngling, daß er alles verkaufen, den Armen geben, und Ihm dann nachfolgen möchte, und überhaupt, daß sich *Christus* erklärt hat, die Reichen könnten schwerlich seelig werden.[558] Die dritte enthält die richtige Vorstellung, daß ein Geist, den die Erwerbung und Verwaltung irrdischer Güter erfüllt, nicht wohl zugleich mit allen seinen Kräften nach dem Reich Gottes trachten[559] könne. Die vierte erregt die Besorgnis, daß der Reichthum leicht zur Üppigkeit und zur Bedrückung des Armen und Schwachen gemisbraucht werden könne u.s.w.

557 Vgl. Mt 25,1–13.
558 Vgl. Mt 19,16–26.
559 Vgl. Mt 6,33.

Hier geht nun wieder wie gewöhnlich die Wahrheit in der Mitte[560]: Wer den Reichthum zum Zweck seines Lebens macht, der ist ein solcher Reicher, der schwerlich oder gar nicht seelig werden kann; wer aber auch alle seine rechtmäßig erworbene Güter, ohne sie zweckmäßig zu verwenden hingiebt, blos um ihrer los zu werden, und dem Herrn besser dienen zu können, der machts wie ein Handwerksgesell, der seine Werkzeuge alle wegwirft, und sich nun vor seinen Meister hinstellt, ihm den ganzen Tag vorschwäzt, daß er ihn so herzlich lieb habe, und daß er ihn, wegen seiner großen Geschicklichkeit und Kunst nicht gnug bewundern könne. – Was meynt Ihr lieben Leser! – wird das dem Meister wohlgefallen?

Christus durchschaute jenen reichen Jüngling;[561] Er wuste daß ihm sein Reichthum zum Strick werden würde, darum sagte Er: wenn du dich retten willst, so must du dich von deinem Reichthum los machen; daß dies aber keine Generalregel seyn könne, das versteht sich von selbst. Aber das versteht sich auch von selbst, daß der Christ seine Güter schlechterdings zu keinem andern Zweck haben dürfe, als dem Reich Gottes dadurch zu nützen. Daß dies wahr sey, das kann nicht hier, sondern es muß an einem andern Ort bewiesen werden.

Da nun schon das gewöhnliche Christenthum, nach dem Begriff der Orthodoxie[562] bey den Protestantischen Kirchen, dem natürlichen Menschen[563] so eckelhaft ist, und bey dem gegenwärtig herrschenden Geist unserer Zeit ganz unerträglich wird, so läßt sich leicht erachten, was man von der Mystick denken müße; die nun gar die verhaßtesten Pflichten der Religion und des practischen Christen=Lebens im allerstrengsten Sinn

560 Vgl. Anm. 513.
561 S. Anm. 558.
562 Kirchlich-normative theologische Lehre, hier v. a. bezogen auf die Sünden- und Erlösungslehre.
563 Vgl. 1Kor 2,14.

nimmt; und doch ist es ewige Wahrheit, daß dem allen ungeachtet, der wahre Mysticker, wenn er nur die wahre reine Herzens=Demuth, die aus gründlicher Erkänntniß des eigenen Unwerths, und daß man schlechterdings Gott alles zu verdanken habe, entsteht, zu einem Hauptgegenstand der Heiligkeit macht, unter die Zahl der wahren und ächten Gottes= und Christus= Verehrer gehöre, und daher auch ein sehr schätzbares Glied am Leibe *Jesu Christi*[564] sey.

Daß er es aber in noch höherm Sinn, und ohne so viele Umwege hätte werden können, wenn er Vorurtheilsfreyer gewesen wäre, und die wahre Mystick in ihrem reinsten Zustand gekannt hätte, das ist gar keinem Zweifel unterworfen.

Dieses führt mich nun von selbst zum zweyten Theil dieser meiner Vorrede, wo ich nun auch zeigen will, wie die wahe [!] Mystick in ihrem reinsten Zustand aussieht? – Das ist: ich will nun den wahrhaften und richtigen Begrif derselben völlig entwickelt, deutlich, ausführlich, und vollständig darstellen.

Der obengedachte[565] seelige *Gerhard Ter Steegen*[566] kann als ein wahrer Reformator der Mystick angesehen werden; die Alten unterstellten zwar auch das Evangelium, und den wahren Glauben an das Erlösungswerk *Christi,* aber sie redeten zu wenig davon, sie bezogen sich gleichsam nur im Vorbeygehn darauf, und setzten das Wesen der Heiligung zu sehr in practisch=beschauliche Übungen, Tersteegen aber verbande beydes gehörig miteinander, und schrieb auch deutlicher als alle seine Vorgänger, mithin auch erbaulicher; in allen seinen Werken herrscht Einfalt und Lauterkeit[567], Bibel-

564 Vgl. 1Kor 12,12.
565 Zuvor erwähnte.
566 Gerhard Tersteegen (s. Anm. 75).
567 Reinheit, Anständigkeit.

sinn und Christus=Religion ohne Schwärmerey und Bildersprache; er bedient sich zwar auch noch gewisser mystischer Ausdrücke und Redensarten, aber doch so, daß sie leicht verstanden werden können. Möchten nur alle seine Freunde und Nachfolger, die ich so sehr verehre liebe, und hochschätze, mehr seine Lehren, als sein individuelles Leben zum Muster ihres Wandels machen! – Tersteegen war ein sehr frommer Mann, ganz ohne Tadel, allein er für seine Person war unverheurathet, und hielt sich von der äusseren Kirchen entfernt; diese beyden Stücke machte er aber nicht zu Lebensregeln für alle, sondern er ließ da jedem seine Freyheit – er für seine Person mochte Ursachen dazu haben, deswegen soll man sich aber nicht auch von der Kirche separiren, oder ehelos leben – darum weil es Tersteegen that. Dies sage ich nur um einiger seiner Verehrer willen; denn ich weis sehr viele, die verheurathet sind, und sich auch zur Kirche halten.

Eins aber muß ich noch in Ansehung des theueren apostolischen Mannes, des seel[igen] Tersteegen erinnern; es betrift eine Sache, die seinen Schriften, auch bey vielen Rechtschaffenden Schaden gethan hat, und manche gutwillige Seele vom Lesen derselben zurückschreckt; an sich ist es blos Misverstand, denn der seelige Mann hat vollkommen recht, er hat nur im Ausdruck gefehlt, und ein Wort gewählt, das nicht zu dem Begrif paßt, den er damit verbindet. Er nimmt nämlich das Wort *Vernunft* durchgehends für *sinnliche oder fleischliche Vernünfteley;* diese und keine andere meynt er, wenn er das Wort Vernunft braucht – das was Paulus 1. Cor. 2, v.14 den natürlichen Menschen nennt, der nichts vom Geiste Gottes weis, das nennt Ter Steegen – Vernunft – dadurch giebt er nun dem Lästerer, nicht ohne Grund, Ursach zu sagen: der Mann verwirft die Vernunft, er will die Leute unvernünftig machen. – Worte die ich mehrmals habe hören müßen. Andere stutzen wenn sie an eine solche Stelle in seinen Schriften kommen, und sagen: – Wie? *Christus* und seine Apostel wollen ja haben, daß unser Gottesdienst im Geist und in der Wahrheit, vernünftig seyn soll[568] – und endlich habe ich auch viele gefunden, die den seel[igen] Tersteegen und seine Schriften verehren, und würklich den Ausdruck Vernunft, im gewöhnlichen Verstand nehmen, folglich diese herrliche Gabe Gottes, die allein den Menschen von den Thieren unterscheidet, und wodurch er allein, wenn sie vom Licht Gottes erleuchtet ist, fähig wird, ein Erbe des Himmels zu werden, ganz verwerfen und verläugnen, so daß man mit vernünftigen Vorstellungen, wenn sie auch noch so gewiß und richtig sind, nichts ausrichtet, sondern immer hören muß: *Weg damit! das ist Vernunft!* – Diese guten Leute sollten doch bedencken, daß man ohne Vernunft ja nicht einmal prüfen kann, ob etwas dem Worte Gottes gemäß ist, oder nicht.

Es wäre daher sehr nöthig, daß der Sinn, den der seel[ige] Tersteegen mit dem Wort *Vernunft* verband, in einer Vorrede zu seinen Schriften deutlich entwickelt würde: denn er war selbst ein sehr vernünftiger, weißer[569], und kluger Mann, der sich warlich! weder durch Imagination[570], noch durch Empfindeley, sondern durch den Geist Gottes in seiner erleuchteten Vernunft, ganz und allein leiten lies. Nach dieser vorausgegangenen Bemerkung empfehle ich nun allen meinen Lesern die Schriften dieses Mannes; keiner dems um das Heil seiner Seelen ernstlich zu thun ist, wird sie ohne Seegen wieder aus der Hand legen, besonders wenn er dann auch seinen Blick zugleich auf unsre merkwürdige Zeit richtet, und die Pflichten damit verbindet, die uns unsre jetzigen Verhältniße auflegen.

---

568 Vgl. Röm 12,1.
569 Weiser.
570 S. Anm. 250.

Die wahre practische *Mystick* im reinsten Verstand, ist im Grund nichts anders als der einfältige lautere und evangelische Glaubens= und Heiligungs=Weg, die *Reinigung durch das Blut Christi;*[571] der Weg den auch das Mitglied der Brüdergemeine[572] wandelt, wenn es anders ein wahres Mitglied derselben ist. Die Mährische Brüderkirche[573] kennt keinen andern Weg zur Seeligkeit als diesen, nur mit dem Unterschied, daß der Mysticker seinen Blick auf den *Proces* der Reinigung und Heiligung richtet, und *diesen* beschreibt, wenn er sich erklären und von seinem Zustand Rechenschaft geben soll; der *Herrnhuter* hingegen, sieht nur immer auf die wirckenden Ursachen jenes Prozesses, und drückt sich blos durch Worte aus, die darauf Bezug haben; so bald sich aber beyde gründlich gegeneinander erklären, so findet man immer, daß sie im Grunde *einerley Weg* gehen, nur daß sie nicht *einerley Sprache* führen; der wahre Pietist[574] hingegen geht zwischen beyden in der Mitten.

Wie leicht! – o Freunde! – wie leicht, und wie nützlich wäre daher die Vereinigung, oder innere Geistesgemeinschaft und Verbrüderung zwischen allen Kindern Gottes?[575] – es käm nur darauf an, daß man einmal alle selbstsüchtige Vorurtheile ablegte, und sich dann mehr an die reine und einfache Bibelsprache gewöhnte, so würde man sich bald verstehen, und zur innigen Verbrüderung, die zu unsern Zeiten so sehr nöthig ist, übergehen können. Von einer äussern oder politischen Kirchenvereinigung rede ich hier gar nicht, die kann

571 Vgl. 1Joh 1,7.

572 S. Anm. 72.

573 Hier ebenfalls Bezeichnung für die Herrnhuter Brüdergemeine, die sich auf die im 15. Jahrhundert entstandene Mährische Brüderunität (Hussiten) zurückführte und nach dieser bezeichnete.

574 S. Anm. 73.

575 Jung-Stilling beschreibt hier nach Apk 3,7–13 ein philadelphisches Kirchenideal der Einigkeit, unabhängig von konfessionellen Trennungen (vgl. auch Anm. 404).

bey gegenwärtigen verworrenen Umständen nicht statt finden, sie ist aber auch nicht nöthig: denn sie wird sich von selbst machen, wenns einmal Zeit ist.

Indessen ist es doch auch nicht weniger richtig, daß es Menschen giebt, deren Caracter entweder so beschaffen ist, oder deren Bestimmung zu besondern Werckzeugen im Reiche Gottes es erfordert, daß der Geist Gottes, und seine Vorsehung, einen tiefern, schärfern und genauern Glaubens= und Heiligungs=Weg mit ihnen einschlagen müßen, wie mit andern, die in Ansehung ihrer sittlichen Natur, und Bestimmung, leichter zu ziehen und auszubilden sind. Jene die also einen schwereren Weg geführt werden, und zu dieser Classe gehört auch eben der theuere und werthe Verfasser der folgenden Lebensgeschichte,[576] sind eigentliche wahre Mysticker, deren ich auch gnug in der Brüdergemeine weiß, ob sie gleich eine andere Sprache führen, und nicht so *heißen*; aber das ist auch eine ausgemachte Sache, daß es einem solchen ernsten Kämpfer in dieser Gemeine leichter gemacht wird, als einem, der von aussen keine Leitung und Unterstützung hat: denn die genaue Seelenführung und Disziplin, die immerwährende Beschäftigung der Sinnen mit anmuthigen und lieblichen Gottesdienstlichen Gebräuchen und Handlungen, und der tiefe Eindruck, der dadurch im Blick auf die Versöhnung mit Gott durch das Leiden und Sterben *Christi*, immer rege und würcksam erhalten wird, nährt und stärckt den Geist unaufhörlich, so daß er mit weit weniger Leiden und Mühe die schweren Kämpfe der Mystischen Stände bestehen kann, als einer der diesen sauern Gang an dem Faden der Vorsehung allein gehen muß, wie auch dieses bey unserm lieben Verfasser der Fall war. Indessen bleibt

576 Johann Christian Stahlschmidt (s. Anm. 543; vgl. Anm. 542).

das ewig gewiß, was er mit Würde und Ernst irgendwo auf Apostolischen Grund gegründet sagt: An dem geistlichen Leibe *Jesu Christi* sind viele Glieder, alle sind von einander verschieden, jedes bedarf seiner eigenen Zubereitung, deswegen soll keins dem andern seinen Weg für unrichtig erklären, weil er nicht der nämliche ist, den es gegangen hat – das Ohr soll nicht zum Aug sagen, du bist kein Glied am Leib, weil du kein Ohr bist, sondern jedes soll den Stand des andern respektiren, und nur wohl acht haben, daß es selbst das ausrichtet, wozu es zum besten des Ganzen verordnet ist.[577] Ach Gott! würde doch diese ewig wahre Regel der Gottes= und Menschenliebe nur immer beobachtet, wie leicht würde dann die Vereinigung aller Partheyen zum allgemeinen grosen Ziel werden!

Nachdem ich nun alle diese Bemerkungen vorausgeschickt habe, so kann ich nun auch zeigen was denn die Mystick eigentlich sey? – und worinn sie bestehe? – das ist: ich kann nun ihren reinen und wahren Begrif entwickeln.

Wenn der Mensch gründlich erkennt, daß er auf dem Wege den er bisher gewandelt hat, seine Bestimmung zur Gottähnlichkeit, durch den Glauben an den Welt=Erlöser, nicht erreichen kann, sondern sich vielmehr immer weiter davon entfernt, und dem ewigen Verderben entgegeneilt, so faßt er den festen Entschlus, ein anderer Mensch zu werden, das ist: sich zu bekehren; er wendet sich also zu Gott in Christo, und ringt ernstlich im Gebät um Gnade und Kraft zur Ausführung diese Vorsatzes; zugleich aber fängt er nun auch an, genau auf seine Gedancken, Worte, und Wercke[578] zu wachen, um sie nach dem Willen Gottes, und seinen Geboten einzurichten. So wie dies geschieht, so fängt nun

577 Vgl. 1Kor 12,12–26.
578 Formulierung aus dem kirchlichen Schuldbekenntnis.

auch alsofort die vorbereitende oder züchtigende Gnade Gottes[579] ihr Werck in seiner Seelen an; diese würckt folgender Gestalt: jemehr man auf sich acht giebt, je mehr man seine Einbildungskraft, und überhaupt die Geschäftigkeit der Seelen beobachtet, desto klärer bemerckt man das grundlose[580] sittliche Verderben, und man wird allmälig überzeugt, daß sich das Schlangengift der Selbstsucht in alle, auch die besten Gedanken Worte und Wercke mit einmische; so wie dieses geschieht, so empfindet man auch bey den besten und edelsten Handlungen, im Blick auf das Unreine das immer damit vereinigt ist, eine sehr ernste Rüge und Züchtigung im Gewissen, wodurch man strenge angewiesen wird, zu verläugnen das ungöttliche Wesen mit allen sündlichen Lüsten und Begierden, und eben dies ist dann jene Würckung der züchtigenden Gnade, die allemal mit einer sehr schmerzhaften Empfindung Traurigkeit und Schwermuth verpaart geht; dadurch wird nun die Seele immer mehr angefeuert, noch ernstlicher zu wachen und zu bäten,[581] und noch heldenmüthiger zu kämpfen, allein je mehr sie sich anstrengt, desto mehr Gräuel entdeckt sie, desto ohnmächtiger sinckt sie zurück, und desto strenger werden die Forderungen der züchtigenden Gnade. Das ist aber auch ganz natürlich: denn durch die beständige Einkehr in sein Innerstes, und Beobachtung dessen was da vorgeht, lernt man sich immer besser kennen, und dadurch wird man dann leider! gewahr, was man sonst nie geglaubt hätte: nämlich daß man von Grund aus unaussprechlich verdorben ist; zugleich aber fühlt man nun auch das Übergewicht der sündlichen Kräfte, und man wird bald von der Unmöglichkeit überzeugt, diese Macht der Finster-

579 Vgl. Tit 2,11–13 und Text 1.4 mit Anm. 70.
580 Abgründige, unauslotbar tiefe.
581 Vgl. Mt 26,41.

nis[582] zu überwinden, und doch soll man es – die züchtigende Gnade überzeugt die Seele in ihrem Innersten, daß dies des Menschen unnachläßliche Pflicht sey; hier geht nun die Noth an – was soll man dann nun anfangen? – Ey! zu Christo eilen, der ja gesagt hat: *Kommt her zu mir alle, die ihr mühsälig und beladen seyd, ich will euch erquicken!*[583] *u.s.w. und wer zu mir kommt, den will ich nicht hinausstoßen.*[584] Jetzt ist nun einer solchen Seele *Jesus Christus* und seine Erlösung willkommen; jetzt erkennt sie, daß man in keinem andern Namen in der ganzen Schöpfung Heil und Rettung finden könne, als im Namen *Jesu,*[585] jetzt schickt sich das Glauben von selbst: denn die vom göttlichen Licht durchstralte Vernunft begreift nun unwiedersprechlich, daß die ganze Versöhnungs= und Erlösungslehre höchst vernünftig und göttlich ist; folglich nimmt sie nun mit ihrem ganzen Wesen ihre einzige Zuflucht zum gecreuzigten Erlöser, und übergiebt sich ohne Vorbehalt ganz und ewig an die Leitung und Führung seines heiligenden Geistes, und nun findet sie Ruhe, sie ist der Vergebung ihrer Sünden versichert, und all ihr Streben geht jetzt dahin, der züchtigenden Gnade, die nunmehr auch die Heiligung übernimmt, unbedingten Gehorsam zu leisten.

Diese erste Periode des christlichen Lebens, nennen die Apostel *Sinnesänderung*; und die *neue Geburt, Wiedergeburt* folgt unmittelbar darauf; die christlichen orthodoxen[586] Theologen geben ihr den Namen *Buße, Bekehrung* und *Wiedergeburt*, die Pietisten nennen sie die Erweckung, und der Mysticker den Zug des Vaters[587] zum Sohn; im Grund aber ist das alles Eins.

582 Vgl. Kol 1,13.
583 Vgl. Mt 11,28.
584 Vgl. Joh 6,37.
585 Vgl. Phil 2,9–11.
586 S. Anm. 562.
587 Vgl. Joh 6,44.

So wahr es ist, daß ein jeder wahrer Christ diesen Weg gehen, und sich durch diese enge Pforte auf den schmalen Weg durchzwängen muß,[588] so gewiß ist es auch, daß es fast eben so viele Verschiedenheiten in der Führung auf demselben giebt, als menschliche Caractere gefunden werden, wozu dann noch Lage, Umstände, Zwecke u.d.g. das Ihrige mit beytragen: Diejenigen, die bis an ihre Erweckung froh gewesen sind, und in groben Sünden und Lastern gelebt haben, werden gewöhnlich mächtig erschüttert; denn wenn ihnen ein Licht über ihren Zustand aufgeht, und sie nun alle die Gräuel auf einmal sehen, die in ihrer Seelen herrschend sind, so empfinden sie tiefen Jammer, und sie weinen und flehen aus der Tiefe ihres Kummers so lang zu Gott empor, bis sie Vergebung der Sünden im Erlöser gefunden haben; solchen groben Sündern ist aber auch eine solche kräftige Rührung nöthig, wenn ihre Sinnesänderung bleibende Frucht bringen soll. Hingegen Andere, die entweder von Jugend auf in religiösen und frommen Gesinnungen erzogen worden, aber sonst ehrbar und tugendhaft gelebt haben, früher oder später aber finden, daß diese oberflächliche Tugend zur Ererbung des Reichs Gottes[589] nicht hinreichend sey, wenden sich auch ernstlich zu Gott in Christo; auch ihnen wird, bey anhaltendem Wachen und Beten,[590] ihr inneres Verderben – aber nach und nach – aufgedeckt; auch sie empfinden oft schmerzhaft ihre Sünden, aber nicht so auf einmal wie jene, mit einem Wort: bey ihnen geht alles langsamer, und sie rücken, wenn sie anders treu sind, allmälig und unvermerkt aus einem Zustand in den andern; der Weg selbst ist aber immer der nämliche.

588 Vgl. Mt 7,14.
589 Vgl. 1Kor 6,9.
590 Vgl. Mt 26,41.

Hier muß ich eine höchst wichtige, wahre, aber auch zugleich sehr traurige Bemerkung machen: Viele gehen diese erste Erweckungs= Buße= und Bekehrungs=Periode durch, und wenn sie dann die Versicherung der Vergebung ihrer Sünden empfunden haben, so freuen sie sich in diesem *Johannes*=Licht[591], und bleiben nun da stehen; – sie glauben, sie seyen nun begnadigte und wiedergebohrne Christen, und da sie einen Widerwillen gegen grobe Sünden empfinden, so sey der Geist *Christi* in ihnen herrschend; da sie aber nun die dem Christen ganz unentbehrliche Übung, des beständigen Wandels vor Gott,[592] mit unaufhörlichem Wachen und Beten, entweder ganz unterlassen, oder doch nur nachlässig üben, so kommen sie in dem Fortschrit der Erkänntnis ihres innern Verderbens, die doch eigentlich die Ursache des immerfortdauernden Zufluchtnehmens zur heiligenden Gnade des Geistes *Christi* ist, kaum einen Schritt weiter; daher sehen sie nur daß sie nun besser sind als tausend andere Menschen, darüber freuen sie sich; sie werden nun allmälig geistlich stolze Pharisäer und strenge Splitterrichter ihrer armen Brüder, ihre Balken aber bleiben in ihren Augen sitzen.[593]

Diese fürchterliche Klippe zu vermeiden, sezt nun der wahre Christ seinen Stab weiter: denn so wahr es ist, daß die heiligende Gnade alles in uns würken und ausrichten muß, so wahr ist es auch, daß dies *Würken* und *Ausrichten* nur dann statt finden kann, wann sich die Seele ohne Vorbehalt, und ganz an diese Gnade übergiebt, vor ihr bleibt, und sich von ihr bewürken läst. – Wenn ein Gefangener in einem unterirrdischen Kerker kränkelt und schmachtet, und der Arzt ver-

---

591 Bezogen auf Johannes den Täufer als Vorläufergestalt Christi, vgl. Joh 5,35. Hier: Stehenbleiben bei der Bekehrung anstatt zur Heiligung vorzudringen.

592 Vgl. Gen 17,1; Ps 116,9 u. ö.

593 Vgl. Mt 7,3–5.

spricht ihm Gesundheit, wenn er sich beständig in freyer Luft und Sonne aufhält, so ist es ja ewig wahr, daß Luft und Sonne ganz allein die Genesung bewürken, aber das ist doch unmöglich, wenn sich der Kranke nicht aus seinem Kerker macht, und sich beständig ihren Würkungen aussetzt; also, der Mensch muß beständig sich in der Gegenwart Gottes, und im Andenken an Ihn erhalten; er muß unaufhörlich alle innere Würksamkeit der Seelen beobachten, so wie man seine Reden beobachtet, wenn man in der Gegenwart eines grosen Herrn ist, damit auch kein Gedanke entstehe, der nicht Gott geziemend ist; dies Wachen mit unaufhörlichem betendem Sehnen,[594] um Kraft zur Heiligung, ist nun die sogenannte Einkehr des Mystickers; die Übung in derselben ist im Anfang sehr schwer: denn die Imagination[595] läuft alle Augenblick mit der Aufmerksamkeit fort, aber man muß sie auch jeden Augenblick wieder einholen und streng im Zaum halten, doch darf das nicht mit ängstlichem Treiben, sondern es muß immer durch eine sanfte und ruhige Rückkehr in die Gegenwart des Herrn geschehen, nach und nach wird endlich diese Übung leichter, und mit der Zeit so natürlich, daß man ausser dieser Seelenstellung keine Ruhe mehr findet.

Die Würkungen dieses Wandels vor Gott,[596] und des immerwährenden innern Gebets[597] sind nun folgende:

1) Die Vorstellungen der Sinnlichkeit in der Imagination, diese Quellen aller sündlichen Lüsten und Begierden, werden allmälig schwächer, und verlieren sich endlich ganz, wenigstens können sie ihre Herrschaft über den Willen nicht mehr ausüben; dies nennen dann die

594 Vgl. Mt 26,41.
595 S. Anm. 250.
596 Vgl. Gen 17,1; Ps 116,9 u. ö.
597 Vgl. Mt 26,41 und Anm. 382.

christlichen Lehrer die *Selbstverläugnung*, und *das Absterben des alten Menschen.*

2) Dadurch wird nun die Vernunft mit dem Verstand immer reiner und ungetrübter; das Licht der göttlichen Wahrheit fängt an sie zu erleuchten, und von nun an kann man mit Paulo sagen: Daß sich des Herrn Klarheit mit aufgedecktem Angesicht im Gemüth zu spiegeln anfange;[598] diesen Zustand nennen die wahren Gottesgelehrten die *Erleuchtung*; man erlangt dadurch keine neue Offenbarung, sondern die im Worte Gottes enthaltene tiefere Geheimnisse werden einem immer klärer, und die Wahrheiten von der Erlösung durch *Christum* immer gewisser.

3) Eben diese ruhige Aufmerksamkeit auf die innere Geschäftigkeit der Seelen im erleuchteten Gemüth, macht nun auch, daß man in der Erkenntnis seines unergründlichen sittlichen Verderbens immer weiter kommt; man merkt nun, daß keine einzige, auch die beste Handlung, von selbstsüchtiger Absicht frey ist; alles, alles, auch das Heiligste ist um und um mit Sünden befleckt; dies bewürkt dann die eigentliche wahre Demuth, und die *Vernichtigung* seiner selbst,[599] man wird immer mehr und mehr überzeugt, daß man selbst nichts, und Gott Alles sey, und man findet, daß auch unsre besten Handlungen nur dann nüzlich werden, wenn die Vorsehung das Ihrige dabey thut, und daß man also ja nicht würken müße, bis sie eine Thür dazu öfnet und dahin winkt. Mit dieser immer tieferen Erkenntnis des eigenen Verderbens, geht aber die immer wachsende Zuflucht zum Leiden und Sterben *Christi* verpaart; man wird dadurch zwar immer gebeugter, nachgiebiger gegen alle Menschen, sanftmüthiger, zum

598 Vgl. 2Kor 3,18.
599 S. Anm. 547.

herzlichen Verzeihen geneigter und demüthiger, allein man wird deswegen nicht schwermüthig, und verzagt nicht mehr; es müste denn seyn, daß man sich gröblich vergangen hätte, und die Busübung wiederholen müste.

4) Da der Mensch in diesem Zustand die Sinnlichkeit und die Imagination schlechterdings nicht herrschen läst, sondern immerfort verläugnet, und durch die erleuchtete Vernunft beherrscht, folglich ganz und gar nichts denkt, redet und thut, als was von dieser erst geprüft, und dem Willen Gottes gemäß gefunden worden, so ist er durchaus für aller Schwärmerey sicher, und alle die den wahren Christen und Mystiker dieser Abirrung beschuldigen, urtheilen gerade wie der Blindgebohrne von der Farbe,[600] sie sollten billig da schweigen, wo sie nicht einmal stammeln, geschweige lehren können. Die beständige Einkehr und der Wandel in der Gegenwart Gottes[601] mit unaufhörlichem Wachen und Beten,[602] hat also auch den grosen – unbeschreiblich wichtigen – Nutzen, daß man für Schwärmerey und Verführung jedes Irrgeistes sicher ist.

5) Wenn man lange und immer treu in der Übung der Einkehr, oder des Wandels in der Gegenwart Gottes, mit Wachen und Beten beharrt hat, so fängt man an im Innersten des Gemüths (die Mysticker sagen, im *Seelengrunde*) ein schlechterdings unbeschreibliches Etwas zu empfinden, ein Etwas das mit den Sinnen und der Einbildungskraft ganz und gar nichts zu thun hat, – denn es ist durchaus keine Vorstellung von irgend einer Sache, sondern ein ganz geistiges, tief beruhigendes Gefühl, aber auch nicht allein *Gefühl,* sondern *Gewisheit des Daseyns* eines unaussprechlichen einfachen

600 Sprichwort. Hier vielleicht auch Anspielung auf den Titel einer Erzählung von Voltaire (s. Anm. 7).
601 Vgl. Gen 17,1; Ps 116,9 u. ö.
602 Vgl. Mt 26,41.

Wesens, wovon man aber auch weiter nichts als eben dieses Daseyn erkennt, dessen Würkung auf die Seele ist durchdringend und mächtig; sie wird dadurch tief gerührt, gebeugt, sie möchte sich für Gott ganz aufopfern; der Geist wird sanft, gehorsam bis zum Tode, voller Liebe gegen Gott und alle Menschen, man möchte ein Fluch und Fegopfer[603] werden, sich unter das kleinste Kind beugen, und man fühlt innig, tief und unwiderruflich, daß der Wille ganz und ewig dem Willen Gottes aufgeopfert ist; die Empfindung der Nähe dieser schlechterdings unverkennbaren Majestät, deren Gröse mit nichts verglichen werden kann, zieht dann die Seele mächtig empor, und erleichtert den Fortschritt auf dem Weg der Heiligung ungemein; alle Mysticker beschreiben dies Gefühl ohne gleichen, aber alle stammeln auch nur: denn es ist durchaus unbeschreiblich. Dies ist das, was die Apostel den Geist Gottes in uns nennen, der unserm Geist Zeugnis giebt, daß wir Gottes Kinder sind; der in uns Abba lieber Vater ruft,[604] und uns mit unaussprechlichem Seufzen vertritt;[605] dies ist der Tröster, den uns der Herr versprochen hat, der bey uns bleiben, und uns in alle Wahrheit leiten soll.[606] Dieser Geist stimmt nun alle unsere Leidenschaften um; er erweckt unaussprechliche Liebe zu Christo, und macht uns fühlbar, daß sein Erlösungswerk der einzige Grund unserer Seeligkeit ist; forthin hält man sich ganz und allein an dieses verborgene, ewig bey uns bleibende, unaussprechlich majestätische, und innig nahe *Etwas,* welches ganz conform mit der erleuchteten Vernunft und dem Worte Gottes, den Willen sanft dahinneigt, wo gewürkt und gehandelt werden soll. – Wohl! ewig wohl

603 Sühnopfer; vgl. 1Kor 4,13.
604 Vgl. Gal 4,6.
605 Vgl. Röm 8,26.
606 Vgl. Joh 16,13.

dem! der da nur ernstlich folgt! Ich warne aber treulich jeden Erweckten, so sehr ich nur warnen kann, *ja nicht zu bald irgend eine geheime wohlthätige Empfindung für eine Würkung des Daseyns dieses erhabenen Wesens anzusehen,* damit er nicht schrecklich betrogen und misleitet werde: – denn so lang noch irgend eine sinnliche Lust *herrschend* über den Willen ist – ich sage mit Bedacht und Nachdruck *herrschend,* so lang ist an die Anwesenheit dieser hohen Empfindung gar nicht zu denken; so lange man, im Collisions=Fall, das allererlaubteste und erhabenste sinnliche Vergnügen, für die geringste Linderung der Noth, oder nothwendige Befriedigung irgend eines geringen Bedürfnisses des Nebenmenschen[607], auch des bösen und feindseeligen nicht aufopfern kann, so lang ist jedes, auch das erhabenste Gefühl keine Würkung der Gegenwart des Heiligen Geistes. Dazu gehört dann auch besonders eine lange Übung im Wachen und Beten,[608] und im Wandel vor Gott,[609] und eine gänzliche Verläugnung alles eigenen Wollens und Würkens, so lang da noch irgend eine – auch die feinste sinnliche Lust ein stärkerer Bestimmungsgrund, als irgend eine edle Handlung ist, so lang wäre es Täuschung irgend eine Empfindung für jene seelige Nähe des Herrn zu halten. Das innere Leben des Geistes in dieser Nähe ist das beschauliche Leben der Mysticker,[610] und jenes erhabene Etwas nennen sie *Christum* in uns – es ist aber nur der durch Leiden und Sterben vollkommen gemachte *Geist Christi,* der sich auf eine unbegreifliche Weise, der menschlichen Seele, die ihm den Eingang zu ihr geöfnet hat, mittheilt, und sie erleuchtet, gerecht spricht, heiligt, und von der

607 Mitmenschen.
608 Vgl. Mt 26,41.
609 Vgl. Gen 17,1; Ps 116,9 u. ö.
610 Vgl. Anm. 382.

Herrschaft der Sünden erlöst.[611] Der seelige Tersteegen hat diesen Zustand sehr schön besungen in dem Lied: Ach Gott, man kennet dich nicht recht! – es steht in seinem geistlichen Blumengärtlein S. 379. der neunten Auflage.[612]

6) Seelen, deren Caractere entweder wegen allzugroser Reizbarkeit zum Genuß des Vergnügens, oder deren Bestimmungen zu höheren Zwecken, eine so tiefe und gründliche Cur erfordern, werden nun auch eben durch jenen Geist Christi in den so genannten mystischen Tod geführt; dieser ist aber nichts anders als eine gänzliche Beraubung aller – auch der reinsten, geistigsten und sittlichsten Vergnügen; – ein Zustand der über alle Beschreibung schwer und leidensvoll ist; man muß oft viele Jahre in demselben einsam und mühselig fortpilgern, und wird nur selten und sparsam getröstet und erquickt; an sinnlichen Vergnügen hat man ganz und gar keine Freude mehr, und der Genuß, den edle Handlungen der Wohlthätigkeit, oder der Hinblick auf jenes ewige und seelige Leben gewähren, fehlt auch gänzlich. – O es ist eine ausserordentlich peinliche[613] Lage! – Zwar dauert die Empfindung jener erhabenen, verborgenen und unaussprechlichen Majestät fort, aber mit ihrem tiefen, ruhigen, und unendlich friedensvollen Gefühl, ist die Gemeinschaft der Leiden *Jesu Christi*[614] verbunden; mit einem Wort: dieser schmerzvolle, aber äusserst nüzliche Zustand, läst sich seiner eigentlichen Beschaffenheit nach mit keiner Feder beschreiben; er hat den Zweck, alles Eigennützige, alles Dienen um Belohnung, auch um

---

611 Vgl. Röm 6,7 und 18.

612 *Gerhard Tersteegen:* Geistliches Blumengärtlein inniger Seelen; oder kurtze Schlußreimen, Betrachtungen und Lieder über allerhand Wahrheiten des inwendigen Christenthums; zur Erweckung, Stärkung und Erquickung in dem verborgenen Leben mit CHristo in GOTT […], Frankfurt a. M. und Leipzig [9]1786. Das 46-strophige Lied steht auf S. 379–387.

613 Schmerz-, qualvoll.

614 Vgl. Phil 3,10.

der ewigen Seeligkeit willen, in den Tod *Christi* hinzuopfern, und blos darum alle seine Kräfte im Dienst der Gottes und Menschenliebe zu verzehren, weil es unbedingte Pflicht, und uns Gott dafür nichts schuldig ist. Dies nennen die Mysticker uninteressirte oder uneigennützige Liebe. Hieher gehören die biblischen Sprüche: *Wenn mich der Herr auch töden wollte, so will ich doch auf Ihn hoffen*[615] – *wenn ihr alles gethan habt, was ihr zu thun schuldig seyd, so seyd ihr doch unnütze Knechte*,[616] und *Christus* am Creutz: *Mein Gott! mein Gott! warum hast du mich verlassen?*[617] *u. a. m.* Endlich

7) ist dann noch mit diesem langwierigen mystischen Tod auch eine gänzliche Entblösung von aller Glaubensgewisheit verpaart; und eben dieser *nakte* oder *dunkle Glaube*[618] verursacht beynah das gröste Leiden – man muß über das alles noch immer die Forderung – Ach! – die strenge Forderung im Gemüth empfinden: Siehe! das alles bist du auch dann noch schuldig zu thun, wenn es auch keinen Erlöser giebt, und wenn es auch mit der ganzen christlichen Religion und allen ihren Gütern und Verheisungen nichts wäre, und doch treibt die züchtigende Gnade[619] unerbittlich zur reinsten und freymüthigsten Bekenntnis *Christi* und seiner Lehre; man fühlt sich ganz bestimmt, für Ihn zu sterben, und das auch ganz ohne Belohnung in jenem Leben, und überhaupt, so wund einem auch die Füße auf diesem rauhen Verläugnungs= und Heiligungspfade werden, so ist doch an kein Stillestehen, vielweniger Zurückgehen zu denken, sondern man wird unaufhaltbar durch dieses Thal der Schatten des Todes[620] fortgetrie-

615 Vgl. Hi 13,15.
616 Vgl. Lk 17,10.
617 Mt 27,46.
618 S. Anm. 317.
619 Vgl. Tit 2,11–13 und Text 1.4 mit Anm. 70.
620 Vgl. Mt 4,16 und Lk 1,79.

ben, bis dieser Zustand zu seinem Ziel gelangt ist; dieses Ziel ist aber dann auch herrlich: denn nun ist man zu allem geschickt, wozu einen die Vorsehung nur immer brauchen will; man hat gar keinen eignen Willen mehr, sondern man ist vollkommen gelassen und übergeben in den Willen Gottes; man nimmt Freuden und Leiden, Genuß und Entbehrung, gleichmüthig und mit Gott ergebener Seele von der Hand Gottes an, und geniest dabey den innern Frieden, der über alle Vernunft geht,[621] und dies ist dann endlich der *Stand der wahren Gelassenheit der Mysticker.*

Man muß aber ja nicht glauben, daß ein Mensch der bis dahin gekommen ist, von aussen so ganz bewundernswürdig engelrein sey. – Ach nein! er trägt immer noch den sündlichen und sinnlichen Cörper mit sich herum, zwar ist – und muß er von groben Vergehungen frey seyn, aber allerhand kleine Übereilungen und Schwächen kommen denn doch noch öfters vor, und diese sinds denn auch eben, die ihn beständig in der Demuth halten, und dem Stolz keinen Raum lassen; aber wer auch – wenn er bis dahin gelangt ist, noch stolz seyn könnte, der müste ja auf einmal zum Satan werden, und das scheint mir beynahe unmöglich: – denn wie ist da Stolz möglich, wo man auch nicht das allergeringste *eigene* Gute in seinem ganzen Wesen entdeckt, sondern wo alles bloses Gnadengeschenk der ewigen Liebe ist? – Wie kann ein Verbrecher, der vielmahl den Tod verdient hat, stolz auf die Gnade seyn, die ihm wiederfährt, wenn ihm das Leben geschenkt wird? –

Seht, meine lieben Leser! dies ist die richtige Entwicklung der Begriffe von der wahren Mystick; die Sache ist so klar, der menschlichen und göttlichen Natur, und der ganzen christlichen Heilslehre so angemessen, daß weder der gründliche unpartheyische Philosoph,

621 Vgl. Phil 4,7.

noch der wahre Christ, mit Grund etwas dagegen einwenden kann; jezt leset nun in dieser Rücksicht folgende Lebensgeschichte mit ruhigem, Gottergebenem, und liebevollem Herzen, so wird sie euch nüzlich und gesegnet seyn, und ihr werdet in den wunderbaren Schicksalen des werthen christlichen Verfassers, mit tiefer Rührung und Beugung den hohen Grad der mütterlichen Vorsehung zum Heil der Menschen erkennen.

Aber nun muß ich auch in Ansehung meiner selbst noch etwas hinzufügen, und ich bitte so sehr ich bitten kann, diese meine Erklärung nicht etwa für *Bescheidenheit,* oder gar für *Demuth* sondern *für reine Wahrheit* zu halten; das was ich in dieser Vorrede vom erhabenen Heiligungsweg des Christen gesagt habe, ist nicht alles eigene Erfahrung, sondern zum Theil auch Erkänntnis im Licht der Wahrheit,[622] von dem grosen Stück jenes Weges, das ich noch durchzukämpfen habe. Zwar würde ich auch der erbarmenden Gnade Gottes in *Jesu Christo* zu nahe treten, und die Selbstverläugnung in Ungerechtigkeit verwandeln, wenn ich euch bereden wollte, ich hätte von dem allem noch nichts erfahren – Nein! Gottlob! – ich bin schon sehr lange auf diesem Wege nach Hauß;[623] wenn ich euch aber gestehen sollte, wie klein der zurükgelegte Theil des Weges gegen diese lange Zeit ist, so müste ich mit dem seeligen Tersteegen[624] sagen: *ich darf dir nicht entdecken, wie schlecht es mit mir aussieht, damit du mich nicht für stolz hältst.*[625]

Marburg den 26. Jun[i] 1799.

Dr. Johann Heinrich Jung.

---

622 S. Anm. 511.
623 Zu diesem Motiv vgl. *Heinrich Stilling,* Das Heimweh (s. Anm. 87).
624 Gerhard Tersteegen (s. Anm. 75).
625 Als wörtliches Zitat Tersteegens nicht nachweisbar.

3.4 Brief an Johannes Ball,[626] Marburg, 1.3.1800

StArch Siegen, Sammlung 342 (Autographen Jung-Stillings), Nr. 22; Panthel Briefe, S. 74f.

Marburg, d[en] 1. III. 1800.

Theuerster von ganzem Herzen geliebter Bruder!

Sie laßen in Zukunft alle Titel weg; die gehören nicht in das Reich in dem wir Bürger sind;[627] und dann müßen Sie sich von einer Schüchternheit nicht besiegen laßen, die ebenfalls keinen andern Grund als die Außenseite haben kann, die mit dem Reiche Gottes inwendig in uns[628] *abermals nichts* zu schaffen hat.

Für Ihre Wünsche, in Bezug auf die blind gewesene Frau[629] dancke ich brüderlich, aber an meiner Seite geschah nur was ich schuldig war, und wer nichts mehr thut der ist ein unnützer Knecht.[630] Ihm dem *Lichtgeber*[631] *allein* die Ehre.

Es freut mich herzlich, daß Sie mit meinen Erläuterungen der Mystick[632] zufrieden sind. Die Empfindung der Gegenwart des Herrn, ist ein gewisses Kennzeichen, daß der Heilige Geist Sitz und Stimme in unsrem Hertzen eingenommen hat; das ist nun zwar gut, aber noch lange nicht gnug.

---

626 Johannes Ball (1764–1848), Lederhändler in Elberfeld, in dessen Haus 1799 die Elberfelder Missionsgesellschaft gegründet wurde.

627 Das Reich Gottes.

628 Vgl. Lk 17,21.

629 Nicht ermittelt. Offenbar eine durch Staroperation wieder sehfähig gewordene Patientin.

630 Vgl. Lk 17,10.

631 Hier vermutlich im doppelten Sinn: Gott als Augenlicht- und Wahrheitgeber. Vgl. Anm. 511.

632 Wohl *Johann Heinrich Jung,* Vorrede. Berichtigung der gewöhnlichen Begriffe von der Mystik (s. Anm. 542; s. Text 3.3).

a) Es ist leicht möglich daß man in geistlichen Luxus geräth, wenn man beständig den unaussprechlichen Genuß der Nähe des Herrn haben will; da er doch nur dazu dienen soll, uns zu immer gröseren Läuterungen und Prüfungen zu stärcken.

b) Dann geräth man auch so leicht in eine falsche Ruhe und Sicherheit, indem man meynt, man seye nun am Ziel, man habe nun den gefunden den unsre Seele liebt,[633] da Er doch blos bey uns eingekehrt ist, um uns zu heiligen, und zu reinigen, welches noch manchen sauren Schritt und Angstschweis kostet.

c) Der Hauptfeler aber der auf diesem Mystischen Wege, – leyder! so häufig begangen wird, ist: daß man nun sein Auge auf das Heiligungs Werck in uns richtet, und dadurch allmälig in einen geistlichen Stolz geräth; man freut sich seines Fortgangs im Guten, und merckt nicht, daß dadurch der Heil[ige] Geist endlich ganz gedämpft, und entfernt wird.

Darum haben hier die Herrnhuter[634] würcklich das wahre Ziel getroffen. Sie richten immer, wenn sie sich – wie sie sich ausdrücken – in der seel[igen] Nähe des Herrn befinden, und das ist bey ihnen sehr gewöhnlich, ihren Blick auf ihre Sündhaftigkeit, und dann auf den Creuztod Christi, dadurch wächst ihre Demuth, und ihr Blick auf ihr Leyden Jesu läst keinen Gedancken von Stolz in ihnen aufkommen.

Unsre Hauptübung muß beständig darinnen bestehen, daß wir uns immer der Gegenwart des Herrn bewust, jeden Gedancken, jedes Wort, und jede Handlung prüfen, ob sie diese heilige Gegenwart ertragen, und wir daher immer jeden aufkeimenden bösen Keim ausrotten können, ehe er einwurzelt, mit diesem *Wachen* muß

---

633 Vgl. Hhld 1,7 und 3,1–4.
634 S. Anm. 72.

dann auch das innere immerwährende *Gebät*,[635] eine beständige Sehnsucht nach immerwachsender Vereinigung *mit Gott* verbunden werden.

Schreiben Sie mir, so oft es Ihnen Ihr Herz sagt. Grüßen Sie von mir alle Lieben! Die Gnade des Herrn sey mit Ihnen, und Ihrem Bruder[636]

Jung.

3.5 Der Graue Mann (1811)[637]

Sämmtliche Schriften, Bd. 8, S. 290–324, hier: S. 290–299; Sämmtliche Werke, Bd. 8, S. 363–406, hier: S. 363–374; Edition Mertens/Völkel, Bd. 4, S. 1419–1473, hier: S. 1420–1433

Ernst Uriel von Ostenheim[638] an alle Erweckten der ganzen Christenheit, im grosen Namen dessen der da war, der da ist, und der da kommt.[639]

Höret mich alle die Ihr erweckt seyd, und den grosen Namen dessen der für Euch gestorben ist, als den einzigen Grund Euerer Seligkeit betrachtet, und angenommen habt; hört mich! Ach daß meine Stimme wie ein lebendiges Wort Gottes, Marck und Bein durchdringen;[640] wie eine Feuerflamme[641] Leib, Seel und Geist durchglüen, und die tiefeingewurzelte Unart ausbrennen möge, die der so äusserst wichtige Gegenstand meines gegenwärtigen Sendschreibens an Euch ist.

---

635 Vgl. Mt 26,41 und Anm. 382.
636 Jung-Stilling meint hier sich selbst als Unterschreibenden.
637 *Dr. Johann Heinrich Jung genannt Stilling:* Der Graue Mann. Eine Volksschrift, Heft 24, Nürnberg 1811, S. 125–139.
638 S. Anm. 84.
639 Vgl. Apk 1,4; Apk 1,8; Apk 4,8.
640 Vgl. Hebr 4,12.
641 Vgl. 2Thess 1,8; Apk 1,14 u. ö.

Bey jeder Erweckung einer Seele, liegt irgend eine Veranlassung zum Grund: die Erziehung war entweder christlich und würksam auf die Seele eines Kindes; oder das Lesen irgend eines erbaulichen Buchs; oder einer Stelle in demselben; oder das Zureden eines wahren Christen, gaben dem Herzen eine kräftige Anregung, von nun an sich zu bekehren, und hinführo dem Evangelio *Jesu Christi* würdig zu wandeln, auch hat man wohl Beyspiele, daß Menschen durch äussere merkwürdige Vorfälle gründlich bekehrt worden sind.

Wenn die Erweckung gründlich, ernstlich, und beharrlich ist, so fängt nun der heilige Geist sein Gnadenwerk in der Seele an: Er führt sie, aber ohne Zwang ihres freyen Willens, durch viele Leiden, Verläugnungen, und Abtödung aller fleischlichen Lüste, ihrem ewigen Ursprung immer näher; sie wird dann immer willenloser, immer gelaßener in den göttlichen Willen, bis sie endlich ihre Kleider hell gemacht hat im Blut des Lamms,[642] und durch die heiligende Gnade eine neue Creatur geworden ist.[643]

Auf diesem Heiligungswege bedient sich der heilige Geist auch mancherley äusserer Mittel, die aber gar oft schrecklich gemisbraucht werden, und die erweckten Seelen wieder dem ernsten göttlichen Gericht überliefern; und dies ist der wichtige Gegenstand, meines gegenwärtigen Schreibens an Euch.

Ein solches Mittel sind die gewöhnlichen *Erbauungsstunden:* wenn nämlich verschiedene erweckte Seelen zu gewissen Zeiten zusammen kommen, um sich untereinander durch singen, bethen, lesen, und Unterredung zu erbauen. Viele gute Seelen hängen mit ausserordentlicher Begierde an diesem Mittel, und sehen es als

642 Vgl. Apk 7,14.
643 Vgl. 2Kor 5,17.

eine fast unentbehrliche Sache an, allein es sind so grose Gefahren damit verknüpft daß der Nutze dieser gesellschaftlichen Verbindung oft zweifelhaft wird: denn erstlich entsteht unter ihren Gliedern eine *ausschliesende Bruderliebe;* wer an dem nämlichen Ort, oder in der Nähe wohnt, und nicht an der Erbauungsstunde theil nimmt, der wird von vielen nicht für voll angesehen, man hält ihn noch nicht für recht aufrichtig in seinem Christenthum. Wenn aber einer schon der Gesellschaft beygewohnt hat, und sie hernach verläst, den sieht man eben so an, als wenn er die Hand an den Pflug gelegt habe, und wieder zurück sähe;[644] Creatur geworden ist. und doch ist der, der die Erbauungsstunde verläst, oft redlicher und richtiger in seinem Christenthum als die ganze Gesellschaft, denn es giebt solche Gesellschaften, in denen man über andere wahre und rechtschaffene Christen liebloß urtheilt, weil sie in dieser oder jener Nebensache nicht übereinstimmend denken; da dieses nun eine nie gnug erkannte schwere Sünde ist, so zieht sich der wahre Christ zurück, so bald seine liebevolle Erinnerungen nicht angenommen, oder gar übel genommen werden. Nun erlöscht die Liebe zu ihm, und man sagt oder denkt, er sey wieder zur Welt zurück gekehrt. Lieben Brüder und Schwestern! jezt erinnert euch nur der Worte unsers Herrn: *richtet nicht, denn so wie ihr andre richtet, so werdet ihr auch gerichtet werden, mit dem Maaß womit ihr andere meßet, wird man euch auch messen.*[645] *Denkt an das Splitter=Ausziehen nicht, bis ihr eueres Balken loß seyd.*[646] So bald ihr nur in Gedanken, mit Beystimmen oder Überzeugung, Fehler an euerm Bruder, oder an irgend einem Menschen entdekt, so wendet alsofort euern

644 Vgl. Lk 9,62.
645 Vgl. Mt 7,1 f.
646 Vgl. Mt 7,3–5.

Blick auf euch selbst, und prüft euch genau, ob ihr nicht den nämlichen, oder noch grösere Fehler an Euch habt, und dies wird gewiß der Fall seyn, wenn ihr anders vom heiligen Geist erleuchtete Augen[647] empfangen habt; dann schlagt an euere Brust, und ruft aus der Tiefe hinauf: Herr sey mir Sünder gnädig![648] Fühlt ihr aber Freude in euch, daß ihr den Fehler nicht habt und also glaubt besser zu seyn, so habt ihr die Blindheit der Pharisäer,[649] und fallt dem Gericht anheim, wo ihr genau dem Urtheil gemäß gerichtet werdet, das ihr über euern Bruder gefällt habt;[650] das ist: ihr werdet keinen Theil an der Versöhnung durch *Christum* mit Gott haben, sondern die Strafe leiden müßen, welche jene Sünde verdient, die ihr an euerm Bruder gefunden habt, wenn ihr nicht schleunig Buße thut, und dem Beyspiel jenes Zöllners folgt. Ach denkt ernstlich dieser gewissen und ewigen Wahrheit nach; es ist schreklich, daß fast alle, auch viele der besten Christen, von diesem Übel nicht frey sind.

Eine andere traurige Folge der Erbauungsstunden ist die, daß sich jedes Mitglied gern als ein weitgeförderter Christ, und seine Känntnisse und Erfahrungen zeigen will: nun weiß man aber sehr wohl, daß man sich geradezu nicht selber loben darf, sondern daß man den für den besten Christen hält, der den höchsten Grad der Demuth zeigt; man erklärt sich also selbst und öffentlich für den grösten Sünder, ungeachtet man dies im Innern weder fühlt noch glaubt; würde das ein Anderer sagen, so würde sich der bittre Quell bald zeigen. Wird über Erfahrungen, und Bibelkänntnisse gesprochen, so

647 Vgl. Eph 1,18.
648 Vgl. Lk 18,13 (Gebet des Zöllners).
649 Negative Kontrastfigur zum Zöllner im Gleichnis vom richtigen Beten (Lk 18,9–14).
650 Vgl. Mt 7,1.

will jeder doch gerne zeigen, daß er auch etwas weiß, und wer nun würklich buchstäbliche Känntnisse und Beredsamkeit hat, der glänzt in solchen Versammlungen; ob er aber auch vor Gott und seinen Engeln glänze, das ist eine ganz andere Frage. Lieben Brüder und Schwestern! denkt nicht daß ich gegen die Erbauungsstunden eingenommen bin; o ich erkenne ihren Nutzen sehr wohl, aber eben deswegen warne ich für den Misbräuchen und Fallstricken die da Satan am feinsten und listigsten anlegt.

Wenn eine solche Erbauungsstunde rechter Art, und nüzlich seyn soll, so muß ein Mann an der Spitze stehen, der nicht allein ein wahrer Christ ist, sondern er muß auch die reine buchstäbliche Erkänntnis des Worts Gottes haben; er muß die Bibel nach ihrer Grundsprache kennen, ohne deswegen durchaus Griechisch und Hebräisch verstehen zu müßen, damit er keinen falschen und schwärmerischen Sinn hineinlege, der dann bey der ganzen Gesellschaft Eingang findet, und sie zur Sekte bildet, die dann alle andere Gesellschaften, und einzelne Christen, die nicht in allen Nebensachen mit ihr gleichförmig denken, nicht für rechtgläubig hält. Ich bitte Euch, einmal darüber nachzudenken, – wie wenn der Herr plözlich erschiene, und seine Engel die Musterung vornähmen, wie würde es dann solchen unbefugten Splitterrichtern[651] gehen? Wie oft hab ich erfahren, daß in solchen Gemeinden, wo würklich fromme und erleuchtete Prediger stehen, sich dennoch Gesellschaften bilden, die Erbauungsstunden halten, welches ich auch keineswegs misbilligen will, aber das ist dann abscheulich, wenn der Wortführer in einer solchen Erbauungsstunde, den Prediger und seine Predigten critisirt, und so die Gemüther gegen ihren rechtmäsigen Lehrer ein-

651 Vgl. Mt 7,3–5.

nimmt! Dagegen ist es sehr gut, wenn da die Predigten wiederholt, und nüzlich angewendet werden. Ist der Prediger ein Neologe[652] nach der Mode, so enthält man sich alles Urtheils über ihn, dies überläst man dem Herrn; dann lieset man eine Predigt von einem erbaulichen Schriftsteller, oder sonst etwas aus einem erbaulichen, rein evangelischen Buch; man singt einige Verse, bethet, und geht dann gerechtfertigt nach Haus. Je weniger die Mitglieder der Gesellschaft sprechen, sondern vielmehr die Anwendung des Vorgetragenen in der Stille auf sich selbst machen, desto größer ist der Segen von dieser Anstalt.[653]

Ein anderes sehr würksames Mittel, dessen sich der heilige Geist zur Erweckung, Bekehrung und Führung bedient, sind vorzüglich erleuchtete Seelen, die der Herr mit grosen Talenten zu reden, und zu schreiben begnadigt, und sie auch zu Werkzeugen in seinem Dienst geheiligt hat. Durch diese werden viele Seelen erweckt, und zur wahrene Buß und Bekehrung geleitet; allein hier entsteht alsofort der traurige Fehler, daß sich solche anfangende Seelen im Werkzeug verbilden, der Mann oder die Frau, durch deren Dienst sie erweckt worden, wird ihnen nun Urbild und Muster der Heiligkeit, anstatt daß es *Jesus Christus allein* seyn sollte. Freylich gesteht man sich dies selbst nicht, aber wenn man den Grund des Herzens unpartheyisch prüft,[654] so wird man bald finden, daß man das Werkzeug inniger und mehr liebt, als den Meister. Es ist so gar häufig der Fall, daß man seine äussere Minen und Gebräuche nachahmt: der grose reformirte Theologe *Friedrich Adolph Lampe*,[655] war Professor in *Bremen* und in *Ut-*

652 S. Anm. 71.
653 Einrichtung.
654 Vgl. Jer 17,10 u. ö.
655 Friedrich Adolf Lampe (1683–1729), reformierter Theologe und Dichter, Schüler Theodor Undereycks (1635–1693).

recht, dieser hinkte ein wenig und fast alle Theologen die er bildete, hinkten; *dies ist Thatsache.* Der seelige, ich möchte sagen, heilige *Gerhard Ter Steegen,*[656] war ein kränklicher Mann; die Ärzte hatten ihm angerathen zur Stärkung seines Magens *Pontack*[657] zu trinken, aber nun trunken auch seine Freunde *Pontack.* Seine Art zu lächeln, Freunde zu bewillkommen, die Hand zu drücken, wurde von seinen Verehrern angenommen; ihm war das Alles anständig und natürlich, aber bey allen Andern zurückstoßende Affectation[658]. Der Graf von *Zinzendorf*[659] war ein sehr frommer, edler Mann, ein groses Werkzeug in der Hand des Herrn: seine freundliche Mine, seine Art sich auszudrücken, war natürlich, und stunde ihm wohl an; aber wir wissen auch alle, wie sehr die Nachahmung seines Äusseren, der lieben Brüdergemeine[660] geschadet hat. An und für sich selbst liegt nichts Sündliches in der Sache, aber die Welt spottet darüber, und das wahre innere Christenthum wird dadurch verlästert, und bey andern frommen Seelen entsteht ein Eckel, der der Bruderliebe[661] schadet. Der Hauptfehler aber, den ich hier im Auge habe, ist der schreckliche und höchst gefährliche Sektengeist, der sich bey solchen Anhängern irgend eines vorzüglichen Werkzeugs des Herrn, einschleicht: immer halten die Anhänger des Einen, die Anhänger des Andern, nicht für recht ächte Christen; sie richten und tadeln einander, und fallen dadurch in das furchtbare Gericht des Herrn. Er sagt: *an ihren Früchten sollt ihr sie erkennen!*[662] – Ich bitte Euch um Gottes Barmherzigkeit wil-

656 Gerhard Tersteegen (s. Anm. 75).
657 Französische Weinsorte.
658 Affektiertheit, Unnatürlichkeit.
659 Nicolaus Ludwig Graf von Zinzendorf (s. Anm. 481).
660 S. Anm. 72.
661 Philadelphisches Kirchenideal (vgl. Anm. 575).
662 Mt 7,16.

len, last Euch doch den Namen Tersteegianer, oder Herrnhuter, oder *Mysticker* nicht trennen! – die Frage ist nur: glaubst du an den Herrn *Jesum Christum*? und ist dein Glaube fruchtbar in guten Werken? findest du das, lieber Bruder! und liebe Schwester! so laß den fatalen Sekten=Namen die Bruderliebe nicht hindern. Die Ausdrücke, *Christus für uns, und, Christus in uns*, lasset doch nicht mehr das *Schiboleth*[663] und Trennungszeichen zwischen Sekte und Sekte seyn; bedenkt nur daß *Christus* in uns, ohne *Christum* für uns, nicht gedacht werden kann, und daß *Christus* für uns ohne *Christum* in uns, wieder eine blose Täuschung ist. Sagt mir doch, meine Lieben! worüber wird nun gestritten? warlich! um einen blosen Schatten: *Christus* für uns, muß doch, warlich! vorangehen – ohne wahren Glauben an *Jesum Christum* als den eingebohrnen Sohn Gottes, und Welterlöser, durch dessen blutiges Verdienst wir allein selig werden, läst sich doch wahrhaftig kein *Christus* in uns, das ist: keine Verwandlung des eigenen Verdorbenen Characters, in den Character *Christi* denken. Der Unterschied besteht also blos darinnen: die ächt evangelisch=protestantische Christen und die Brüdergemeine predigen das Wort vom Creuz, nach dem Beyspiel der Apostel, und ersten Christen; die Mysticker unterstellen das Alles und sagen ja und Amen dazu, sie sagen, *das versteht sich von selbst;* dann aber lehren sie, wie nun auch Christus in uns würksam werden, und wie wir durch den Glauben an *Jesum Christum* die Heiligung erlangen müßen. Jezt sage mir nun einer, giebt es hier einen Grund sich zu trennen, und kalt gegen einander zu seyn? – Wenn ein Herr zween Diener hat, deren der Eine die abgewichenen Knechte und Mägde, die gegen ihren Herrn eingenommen sind, wieder zur

663 Erkennungszeichen, Merkmal. Vgl. Ri 12,5 f.

Liebe, zum Glauben, und Vertrauen, zu bringen sucht, der Andere aber, diese wieder zu ihrem Herrn Zurückkehrende unterrichtet, was sie zu thun haben, um dem Herrn auch ernstlich und treu zu dienen und Ihm recht wohlgefällig zu werden; haben nun beyde Ursach kalt gegen einander zu seyn, und sich unter einander zu tadeln? Und eben so verhalten sich die *Evangelische Versöhnungs=Lehre, und die wahre reine Mystick* gegen einander. Beyde sind in dieser Vorbereitungszeit zum Reiche Gottes, unentbehrlich, und arbeiten einander in die Hände, welches aber durch den unseeligen Sektengeist gänzlich gehindert wird.

Das dritte Mittel dessen sich der heilige Geist zur Förderung im Christenthum bedient, sind *die Bücher oder Schriften* mehr oder weniger erleuchteter Seelen. Hier verhält es sich nun eben so wie mit den Werkzeugen in die man sich so leicht verbildet[664], wie ich so eben gesagt habe. Man findet ein Buch, der Inhalt fällt auf, er legitimirt sich an den mehr oder weniger reinen Überzeugungen des Verstands, jezt wird dies Buch der Seelen Leitstern. Anstatt nach dem Wort Gottes zu prüfen, accomodirt[665] man die Bibel nach einem solchen Buch, und nun sucht man alle Bücher die mit jenem übereinstimmen, auf, liest sie, und bekommt nun eine einseitige Überzeugung von vielen Dingen, die entweder ganz falsch, oder doch bloße Nebensache sind. Sind nun solche Bücher blos practisch, so daß sie sich blos auf das Eine das Noth ist[666] beziehen, so macht das Lesen derselben keine Störung, und kein Sektengeist findet statt; aber wenn sie grose theosophische[667] Geheim-

664 Sich umbildet, verwandelt; deren Muster man imitiert.
665 Gleicht an, macht passend.
666 Vgl. Lk 10,42.
667 Theosophie: „Göttliche Weisheit“; naturphilosophisch-mystische Denkweisen, die auf Erkenntnis durch unmittelbare Gotteserfahrungen setzen.

nisse entdecken, oder Weissagungen enthalten, wie z. B. *Jakob Böhm*[668], die *Jeanne Leade*[669], *Antoinette Bourignon*[670], *Bromley*[671], *Portage*[672] u.d.gl. so werden erweckte Seelen gar oft lüstern darnach, sie vertiefen sich in solche Sachen, und versäumen wieder das Eine nothwendige[673], den Fortgang in der Heiligung durch den Geist *Jesu Christi,* zu gleich schleicht der Sektengeist wieder ein, und wer nicht mit ihnen in solchen Dingen übereinstimmt, den hält man nicht für einen ächten Christen. Die Schriften oben benannter heiliger Seelen, haben ihren grosen Nutzen, und innern Werth, aber man muß ihren Inhalt nie zur Hauptsache machen, diese ist und bleibt immer das wahre praktische Christenthum, und jene Schriften dienen dann neben her zur Vermehrung der Erkenntnis; sie sind äussere Erleuchtungsmittel, deren sich der heilige Geist bey solchen Seelen bedient, die sie brauchen können, für Andere sind sie nicht. Wer den wahren Geist der Prüfung nicht hat, die immer nach dem klaren Sinn der heiligen Schrift geschehen muß, der thut wohl, wenn er sie gar nicht lieset.

Aber nun – wer Ohren hat zu hören der höre![674] – ich habe die vornehmsten Quellen der traurigen, und höchst unseligen Trennung, und Zersplitterung, der Gemeine des Herrn, des geistlichen Leibes *Christi*,[675] die durchgehends allenthalben herrscht, gezeigt. O es ist schrecklich! – wo man hinkommt, da findet man Erweckte, aber immer eine Gesellschaft gegen die Andere, und eine Seele gegen die Andere, eingenommen. Die Liebe, dies

668 Jacob Böhme (s. Anm. 359).
669 Jane Leade (s. Anm. 404).
670 Antoinette Bourignon (s. Anm. 413).
671 Thomas Bromley (1629–1691), englischer Theologe, Mystiker und Mitbegründer der Londoner philadelphischen Sozietät (vgl. Anm. 404).
672 John Pordage (s. Anm. 403).
673 Vgl. Lk 10,42.
674 Mk 4,9; Mt 11,15 u. ö. Vgl. Apk 2,11.
675 Vgl. 1Kor 12,12–30.

Band der Vollkommenheit, hat überall Brüche. Wo man mit erweckten Seelen in ein Gespräch kommt, da hört man lieblose Urtheile über Andere, und diese gar oft von den frömmsten, und am weitesten geförderten Seelen; es fällt ihnen nicht ein, was *Christus* Matth. 7. v. 1–5. vom *Richten, Messen* und *Splitterausziehen,* sagt. Wenn du über jemand ein nachtheiliges Urtheil fällest, auch dann wenn es wahr ist, ohne daß dich eine Pflicht dazu auffordert, die Wahrheit zu sagen, aber auch dann darfst du nicht mehr sagen, als die Pflicht erfordert; so wirst du in dem Augenblick verantwortlich für alle deine Sünden: denn wie viel hat dir der Herr verziehen, als du Vergebung deiner Sünden erhieltest und du wagest es deinen Mitknecht zu richten, und über ihn zu urtheilen? Denke doch an den Knecht, dem der Herr seine ganze Schuld geschenkt hatte, und der seinen Mitknecht hernach um einer Kleinigkeit willen schlug![676]

Ihr dürft nie von jemand etwas sagen, das ihr ihm nicht selbst ins Gesicht zu sagen wagen möchtet; sogar darf man einem Bruder oder Schwester unter vier Augen weit mehr sagen, als in seiner Abwesenheit unter mehreren Freunden. Alle Fehler des Nächsten muß man mit dem Mantel der Liebe zudecken, wenn man am grosen Gerichtstage nicht alle seine Fehler aufgedeckt haben will. Wer von Herzen an *Christum* glaubt, der kommt nicht ins Gericht, sobald er aber lieblos über seinen Nächsten urtheilt, so fällt er wieder unter das Gericht, und wird jener Gnade verlustig. Dies alles ist ewige unwandelbare Wahrheit. Wer sich also dieser bösen Gewohnheit bewust ist, der eile und thue Buße, er ruhe nicht bis er auch darüber Vergebung der Sünden erhalten hat, und dann sündige er hinfort nicht mehr.[677]

676 Vgl. Mt 18,21–35.
677 Vgl. Joh 8,11.

Jeder, der Übels von seinem Nächsten redet, ist ein Splitterrichter[678]; jeder Splitterrichter hat einen Balken in seinem Auge, sonst Splitterrichtete er nicht, und wer einen Balken, ein Klotz, in seinen Augen hat, wie kann der richtig, so gar Splittern, in seines Nächsten Auge sehen? – und wenn man ihm auch der grose Augenarzt[679] den Balken aus seinen Augen gezogen hat, so erzeugen sich doch immer wieder so viele Splittern, daß er gnug damit zu thun hat, unter Wachen und Bethen[680], seine eigene Augen rein zu halten, geschweige daß er sich an seines Nächsten Augen wagen sollte; und wenn er sich wagt, so geschieht es mit so vieler Liebe und Demuth, daß der Nächste nicht dadurch beleidigt werden kann.

Eine andere Art des Splitterrichtens besteht darinnen, wenn einer in den Briefen oder Schriften des Andern etwas findet, das mit seinen Überzeugungen nicht übereinstimmt, und er dann anstatt sanft, liebevoll, mit Demuth und Bescheidenheit seine Meinung zu äussern diktatorisch entscheidend das Urtheil spricht, und seines Bruders Überzeugung für falsch erklärt. Dies ist allemal ein Beweiß, daß er einen Balken in seinen Augen hat: denn der wahrhaft erleuchtete Christ weiß, daß er ausser der evangelischen Glaubenslehre, in Nebensachen, leicht irren kann und daß er nicht denken muß, alle seine Einfälle, die so oft aus der eigenen Quelle seiner abgezogenen Begriffe entstehen, seyen Aufschlüsse des heiligen Geistes. Hat man den Bruder sanft und liebevoll seine Bedenklichkeiten geäussert, und man besiegt dadurch seine Überzeugung nicht, so überläst man die Sache dem Herrn, und bleibt in der Liebe, die doch nur auf dem wahren Evangelischen Glaubensgrund beruht.

678 Vgl., auch zum Folgenden, Mt 7,3–5.
679 Vgl. Anm. 631.
680 Vgl. Mt 26,41.

4. Das Geisterreich als Argument für ein frommes Leben

4.1 Scenen aus dem Geisterreiche (1795)[681]

Sämmtliche Werke, Bd. 2, S. 3–486, hier: S. 3–5 und 221–233; Sämmtliche Schriften, Bd. 2, S. 3–371, hier: S. 5f. und 170–179; Ausgewählte Werke, Bd. 2, S. 5–371, hier: S. 5f. und 170–179

[Vorrede]
Die Lehre von Belohnung und Strafe nach diesem Leben, und der Glaube an beyde, ist für die Menschen, so wie sie durchgehends sind, so wesentlich nöthig, daß ohne dieses keine bürgerliche Gesellschaft würde bestehen können. Der erhabene Begriff: blos um der Schönheit der Tugend und der Häßlichkeit des Lasters willen, tugendhaft zu seyn, ohne Belohnung und Strafe zu glauben, ist so selten zur Bestimmung des Willens stark genug, daß dieser Beweggrund zur sittlichen Vervollkommnung eben so wenig taugt, als derjenige, welcher *blos die Pflicht* dazu brauchen will, und den Glückseeligkeitstrieb ganz ausschließt. Beyde Begriffe sind freylich in sich, oder *a priori*[682] vollkommen wahr, ohne deswegen für den gewöhnlichen Menschen practisch anwendbar zu seyn. Ich glaube auch nicht, daß irgend ein Vernünftiger, der die Menschen kennt, an dem allen zweifeln wird.

Daß aber auch die Ausübung des Rechts der Vergeltung in jenem Leben vollkommen vernunftmäßig sey, das ist nicht nur leicht zu beweisen, sondern wir *müs-*

681 *[Johann Heinrich Jung-Stilling]:* Scenen aus dem Geisterreiche. In meines Vaters Haus giebts viele Wohnungen, Frankfurt a. M. 1795, S. III–VI und 260–274.

682 Grundsätzlich, von vornherein.

sen sie sogar zur Rettung der göttlichen Gerechtigkeit nothwendig glauben; als welche unmöglich leidende Tugend unbelohnt und herrschende Laster unbestraft lassen kann.

Endlich versiegelt auch das alles die göttliche Offenbarung, als die Quelle der christlichen Religion, an unzählich vielen Stellen auf das bündigste, so daß ein wahrhaft guter Mensch unmöglich mehr daran zweifeln kann.

Daß also die *Scenen,* die ich in folgenden Blättern dem Publikum vorlege, wesentliche und ewige Wahrheit zum Grunde haben; daß die darinnen vorgestellte Verhandlungen, in *sich,* vernunft= und bibelmäßig, und daß nur die Verzierungen, die Personen, oder mit Einem Worte: die gesammte äussere Einkleidung, bloße, aber doch für mich gegründete Vermuthungen sind, das alles wird auch wohl bey den unbefangenen Lesern keiner weitläuftigen Überzeugungsgründe bedürfen.

Dieses nun vorausgesetzt, glaube ich, durch die lebhafte Darstellung der Schicksale, die auf den Menschen nach seinem Tode warten, viel Gutes zu stiften, manchen in dem Lauf seiner Vervollkommnung zu stärken, und viele von der Bahn des Lasters abzuschrecken. Daß ich zu meinen Dialogen die Prosa gewählt habe, hat eine doppelte Ursache: ich kann mich ungehinderter ausdrücken und ohne Zwang meine Vorstellungen ausmalen, und der größte Theil der Leser versteht mich auch leichter. Würde auch irgend jemand gerne wissen wollen, wer ich bin, dem dient zur Antwort, daß er das so leicht nicht erfahren wird: denn ich möchte gerne gewiß seyn, ob diejenigen, welche pfeifen oder klatschen, *mich* oder *meine Arbeit* meynen.

[...]

Vierzehnte Scene. Die Pietisten.[683]

Elon. Jathir. Meraja und Gadiel.[684] (Im Schattenreich[685])

Elon. Ich bin zum ewigen Leben erwacht, mein Lauf auf Erden ist vollendet; diese stille dunkle Wüste ist der Reinigungsort, wo ich nun noch vollends von meinen Unvollkommenheiten und Unlauterkeiten gereinigt werden muß. Ungefähr so hab ich mir die Sache auch vorgestellt. O wie glücklich bin ich nun, daß ich auf Erden deinen Verläugnungsweg, o ewige Liebe! gewandelt haben [!]. Ich war eben in den Stand der gänzlichen Vernichtigung[686] übergegangen, als Du mich abriefst, und ich empfinde noch immer tief in meiner Seelen, die innige Verlassung[687] von Dir – Wer wandelt mir da entgegen?

Jathir. Willkommen, Elon! – kennst Du Deinen Bruder *Jathir* nicht mehr?

Elon. Nein! ich hätte Dich nicht gekannt, so sehr hast Du Dich verändert; bist Du denn noch hier? – Du bist ja acht Jahre vor mir gestorben.

Jathir. Ach Bruder! ich weiß nicht, was ich sagen soll; wir waren unserer Sache so gewiß; wenn wir in unsern Versammlungen beysammen saßen, und uns freuten, daß uns der Herr vor so vielen andern begnadigt, und uns seinen Willen kund gemacht hatte, so glaubten wir in Demuth, wir würden vor vielen Andern seelig wer-

683 Diese Szene wurde in späteren Auflagen in „Die christlichen Pharisäer" umbenannt. Dafür fügte Jung-Stilling eine neue Szene mit dem Titel „Die Pietisten" ein (s. Text 4.2). Zum Begriff „Pietisten" s. Anm. 73.

684 Jung-Stilling verwendet hier hebräische Personen- und Städtenamen, die im Alten Testament vorkommen (vgl. Num 13,10; Jos 21,14; Ri 12,11; 1Sam 30,27; Neh 12,12). Möglicherweise handelt es sich um symbolische Charakterisierungen konkreter verstorbener Personen und somit entsprechende Anspielungen, die das Lesepublikum als solche identifizieren sollte.

685 Unterwelt, Reich der Toten.

686 S. Anm. 547.

687 Verlassenheit; Zustand des Entferntseins von Gott.

den; aber denke nur Bruder! ich habe gesehen, daß viele von denen die wir nicht für erweckt gehalten haben, mit Triumph von den Engeln ins Reich der Seeligen hinüber geführt worden, mich aber hat bis dahin kein Engel bemerkt; eben so geht es auch unserm Bruder *Meraja* – Dort steht er einsam und trauert: denn vor kurzem nahete er sich einem der himmlischen Gesandten, allein es fuhr ein elektrischer Schlag wie ein Blitz von ihm aus, und der arme *Meraja* prellte weit weg. Du weißt, wie hoch wir den *Meraja schätzten, seine Gabe* der Beredtsamkeit und der Erkenntniß war so groß, daß wir ihm als unserm Führer folgten; sein genauer Wandel in der Gegenwart Gottes,[688] seine Abgeschiedenheit von der Welt und seine Treue, die er uns in der Bemerkung unserer Fehler bewieß, überzeugte uns alle, er würde hier ein herrliches Erbtheil empfangen:[689] allein viele sind ihm vorgezogen worden, die wir nicht für Auserwählte ansahen.

Elon. Bruder *Jathir!* Du erschreckst mich! – geschieht das am grünen Holze, was wird dann aus dem dürren werden.[690] Aber wer von unsern Bekannten ist denn dem *Meraja* vorgezogen worden?

Jathir. Sehr viele! – das aber war mir unbegreiflich, daß unser vor kurzem hier angekommener Prediger, ohne Aufenthalt, mit großer Herrlichkeit eingeholt wurde.

Elon. Wer? – unser Prediger! – Gott! wie ist das möglich! ein Mann, der seine Perrüke puderte, eine Halskrause und silberne Schnallen trug, sogar einen goldenen Ring am Finger hatte! – den sollte der arm gewordene Heyland zu Gnaden angenommen haben? – Ein Mann dems nicht drauf ankam, zuweilen dem abscheu-

688 Vgl. Gen 17,1; Ps 116,9 u. ö.
689 Biblischer Sprachgebrauch (vgl. u. a. 1Petr 1,4).
690 Vgl. Lk 23,31.

lichen Kegelspielen oder einem eiteln Tanz zuzusehen! – der die Kirchenmusik bey uns einführte,[691] der vom Wandel in der Gegenwart Gottes,[692] von der Einkehr, vom dunklen Glauben[693] und allen Zuständen einer vernichtigten Seele[694] nichts wußte, der sollte hier, ohne eine langwierige und schwere Läuterung seelig geworden seyn?

Jathir. Ja er ist seelig! und dem Ansehen nach in einem sehr hohen Grade.

Elon. So offenbart sich entweder Gott in der Seelen anders, als die Sache der Wahrheit nach ist, und das ist ja eine Gotteslästerung; oder das was Du gesehen hast, ist eine Spiegelfechterey[695] des Fürsten der Finsterniß:[696] denn was sich an unser Herz und Gewissen als Wahrheit legitimirte, das kann doch unmöglich falsch seyn.

Jathir. Du redest da harte Worte, Bruder *Elon*, aber ich kann dir doch nichts dagegen einwenden. Siehe da kommt auch *Meraja.*

Meraja. Sey mir gegrüßt, Bruder *Elon*!

Elon. Auch Dich hätte Ich nicht mehr gekannt. Brüder! ihr habt euch sehr verändert, ihr seht so arm und verhungert aus; ich höre, es geht hier ganz anders als wir es uns vorstellten.

Meraja. Von allem, was ich hier sehe, begreif ich kein Wort; wir haben uns doch mehr wie andre bestrebt, den Willen Gottes zu thun; wir haben uns verläugnet, abgetödtet, von der Welt abgeschieden gelebt, und ritterlich gegen unsre geistlichen Feinde gekämpft; und doch

---

691 Bei den hier genannten Tätigkeiten handelt es sich um sog. Mitteldinge (Adiaphora), deren Vermeidung in pietistischen Traditionen teils strikt verlangt wurde.

692 Vgl. Gen 17,1; Ps 116,9 u. ö.

693 S. Anm. 317.

694 S. Anm. 547.

695 Täuschung.

696 Der Teufel.

werden wir von den Engeln keines Anblicks gewürdigt; sogar bin ich zurück gestoßen worden als ich mich einem von ihnen nahen wollte. Denket nur einmal, die abtrünnige *Maria*, die uns immer so widersprach, gar von uns ausgieng; und sich wieder zur Welt gesellte, diese *Maria,* über die wir uns so beklagten, die wir so bedauerten, die ist alsofort, so wie sie ankam, seelig geworden.

Elon. Die *Maria*? – das kann unmöglich mit rechtem zugehen.

Meraja. Und doch ist es nicht anders.

Jathir. Ich habs auch mit Erstaunen angesehen; sie machte eine so frohe demüthige Miene, daß ich fast zweifele, ob sie nicht den richtenden Engel getäuscht habe.

Elon. Wenn hier noch Täuschung möglich ist, so ist Gottes Wort nicht Gottes Wort; nein, ich glaube vielmehr, daß die Seelen die ihr abholen sahet, an Reinigungsörter gebracht worden, oder daß es hohe Versuchungen sind, die Gott zuläßt, um uns zu prüfen; vielleicht sind es böse Geister, die sich in der Gestalt der Lichtsengel zeigen.[697]

Jathir. So kommt mir die Sache nicht vor.

Meraja. Mir auch nicht; doch es muß sich endlich aufklären.

Elon. Was sehe ich dort? – was für herrliche Gestalten fahren aus der Morgenröthe das Gebirge herab?

Meraja. Das sind die Engel, welche die Seelen richten; willst du es einmal mit ansehen?

Elon. Ja, es verlangt mich sehr, zu sehen, wie das zugeht.

(Sie schweben alle drey dem Gebirge näher)

Jathir. Siehst Du, Bruder *Elon*? den der da vor dem Engel steht? – Gott! – wie er bis zum Zwerg zusammen-

697 Vgl. 2Kor 11,14.

schrumpft! – Jetzt lodert eine Flamme aus ihm empor; siehst Du die schrecklichen Dinge in der rothen Flamme.

Elon. Herr Gott, das ist fürchterlich! – Allmächtiger Erbarmer! – er verwandelt sich in ein Ungeheuer. Sieh, wie er dorthin in die Nacht wegzischt, als wenn ihn die Flamme versengte.

Meraja. Jetzt steht ein anderer vor ihm; der fängt an zu glänzen; schau, er bekommt einen Lichtkreis um sich her, der immer heller und heller wird. Wie sanft bläulicht und weiß ist das Licht; es schimmert wie polirt Silber im Vollmond.

Jathir. Aber siehst Du auch alle die Schönheiten in dem Licht, eine lebende Sprache der Heiligkeit und Gottseligkeit.

Elon. Ja ich sehe es! – der muß ein sehr frommer Mensch gewesen seyn; nein! das ist kein Betrug des Satans, keine hohe Versuchung.

Meraja. Gott sey uns gnädig! den kenne ich! ist das nicht der Schulmeister *Elias*? –

Elon. Er war sehr krank, als ich starb; allein der kanns doch nicht seyn; denn dieser ist ja ein Heiliger; siehe er schwebt schon wie ein Seraph[698] über das Gebürge hin! der Schulmeister aber war nicht einmal erweckt.

(Gadiel naht sich ihnen)

Gadiel. Ja! eben dieser war der Schulmeister *Elias*; jetzt ist er ein Fürst im Lande der Gerechten, sein Erbtheil ist herrlich; denn sein Loos ist aufs liebliche gefallen.[699]

Elon. Verzeihe mir, Du Verklärter! wenn ich mich unterstehe Dich um etwas zu fragen.

---

698 Engel.

699 Vgl. Ps 16,6.

Gadiel. Frage, was Dir beliebt.

Elon. Wir können nicht begreiffen, wie dieser Schulmeister seelig werden kann: denn er war nicht einmal erweckt.

Gadiel. Was verstehst Du unter dem Ausdruck: *erweckt seyn*?

Elon. Wissen die Engel nicht, *was erweckt seyn ist?*

Gadiel. Ob wir es wissen oder nichtwissen, davon ist die Rede nicht, sondern davon, ob *Du* es weist.

Elon. Gott Lob! ich weiß es: denn ich bin schon über vierzig Jahre erweckt gewesen. Man wird erweckt, wenn man sein sündig Elend und seinen höchst verdorbenen Zustand einsieht, von Herzen bereut, und sich dann ernstlich zu Gott in Christo wendet.

Gadiel. Der Begrif ist ganz richtig, und das Gebot, das er enthält, erfüllen, ist dem der seelig werden will, vollkommne Pflicht. Du sagst, Du wärst schon über vierzig Jahre erweckt gewesen: Du must es also weit in der Selbsterkenntniß und in der Einsicht in Dein natürliches Verderben gebracht haben?

Elon. Darinnen kann man es nicht zu weit bringen; ich habe mich in meiner Schwachheit an die ewige Liebe übergeben, und mich von Ihr bewirken lassen.[700]

Gadiel. Sage mir, in welcher Pflicht vereinigen sich alle Pflichten des Menschen?

Elon. In der *Liebe;* Gott lieben über alles, und den Nächsten als sich selbst, das ist das Gesetz und die Propheten;[701] die Liebe ist des Gesetzes Erfüllung.[702]

Gadiel. Das ist ewige Wahrheit, und das Grundgesetz, nach welchem alle Menschen gerichtet werden. Was ist aber die Liebe und worinnen besteht sie?

700 Die Liebe bewirkte das Tun, nicht der Mensch selbst.
701 Vgl. Mt 22,37–40.
702 Vgl. Gal 5,14.

Elon. Die Liebe ist eine herzliche und innige Zuneigung der Seelen zu Gott und zu den Menschen.

Gadiel. Aber worinn äussert sich diese Zuneigung?

Elon. Sie äussert sich *gegen Gott* durch ein beständiges Anhangen an Ihm, und durch einen beständigen Wandel in seiner Gegenwart,[703] und *gegen die Menschen* darinnen, daß man sich unabläßig bestrebt, sie alle, und nach allen Kräften Ihm zuzuführen.

Gadiel. Du vergissest die Hauptsache: *Gott lieben* heist seinen Willen nach allen seinen Kräften erfüllen und *den Nächsten lieben* ist, sein Bestes so wie das eigene Beste befördern.

Elon. Das sind die Früchte, die aus jenem Baum hervorwachsen.[704]

Gadiel. Ganz recht! ein Baum der also diese Früchte nicht mitbringt, in dem wirkt auch die Liebe nicht; wer Gottes Willen nicht erfüllt, dessen Anhangen an ihm, und dessen Wandel in seiner Gegenwart ist nichts als elende Täuschung und ein Spiel der Phantasie; und wer seines Nebenmenschen[705] Bestes nicht in allen Stücken nach dem Maaßstab seines Eigenen befördert, dessen Bestreben ihn zu bekehren und seelig zu machen, ist eitel.

Elon. Das ist wahr!

Gadiel. Du wirst doch überzeugt seyn, daß seinen Nebenmenschen hassen schnurgrad dem Willen Gottes entgegen sey, und daß derjenige, der dies thut, unmöglich Gott lieben könne?

Elon. Wer seinen Nebenmenschen haßt, in dem ist kein Funke des göttlichen Lebens; wer *keine* Früchte bringt, verdient schon als ein unnützes Holz abgehauen

703 Vgl. Gen 17,1; Ps 116,9 u. ö.
704 Vgl. Mt 7,16–18.
705 Mitmenschen.

und ins Feuer geworfen zu werden;[706] wer aber sogar *arge* Früchte trägt, der verdients im höchsten Grade.

Gadiel. Du bist ein strenger und gerechter Richter; aber erkläre mir doch, worinnen sich eigentlich der Haß gegen den Nächsten offenbare?

Elon. Wenn man ihm zu schaden sucht, anstatt sein Bestes zu befördern.

Gadiel. Sehr richtig! *Liebte* der ältere Bruder des verlohrnen Sohnes diesen seinen Bruder, als er vom Felde kam, und über die Freudensbezeugungen seines Vaters zornig ward, oder *haßte* er ihn?[707]

Elon. Nein! er *liebte* ihn keinesweges, sondern er *haßte* ihn!

Gadiel. Liebtest Du den frommen Schulmeister *Elias,* als Du ihn der Seeligkeit unwerth hieltest?

(Alle drey zittern und beben für Schrecken)

Du bist vierzig Jahr erweckt, hast die ganze Zeit über dich im Anhangen an Gott, im Wandel in der Gegenwart Gottes[708] und im Bekehren deiner Brüder geübt, und noch nicht einmal die erste und unerläßlichste Pflicht des Christen: *Niemand zu hassen,* erfüllt.

Elon. Ach Herr verzeihe! –

Gadiel. Wir haben alle *nur einen* Herrn, und der ist der Erhabene, der auf dem Thron sitzt.

Elon. Ach, verzeihe mir, Du Himmlischer! – wir haben uns doch von Herzen bestrebt, dem Herrn zu gefallen, und nach unserer besten Erkenntniß zu wandeln gesucht.

Gadiel. Offenbaret euer Innerstes im himmlischen Lichte der Wahrheit![709]

(Sie werden alle drey enthüllt)

706 Vgl. Mt 7,19.
707 Vgl. Lk 15,11–32.
708 Vgl. Gen 17,1; Ps 116,9 u. ö.
709 S. Anm. 511.

Wie kannst Du sagen, ihr hättet euch von Herzen bestrebt dem Herrn zu gefallen, und nach eurer besten Erkenntniß zu wandeln gesucht? – Ihr habt einmal einen Blick in euer natürliches Verderben gethan und die Nothwendigkeit der beständigen Sinnesänderung erkannt, das heist ihr *erweckt seyn;* darauf suchtet ihr im beständigen Andenken an Gott in frommen Betrachtungen, in Übungen im Lesen, Beten und Singen und in Verbindung zu engeren Gesellschaften untereinander, die ganze Erfüllung eurer Religionspflichten; Ihr vermiedet die groben Ausbrüche der Sünden, aber die feineren viel schlimmeren Unarten, geistlichen Stolz, erheuchelte Demuth, Verachtung und Verurtheilung derer, die besser waren als ihr, die hegtet und pflegtet ihr nicht allein, sondern ihr sahet sie als Eifer um das Haus Gottes an; ihr habt euch immer bemüht das zu wissen, was man thun müsse, um Gott zu gefallen, und dieses *Wissen* setztet ihr an statt des *Thuns*. Ihr bildetet euch ein Religionssistem aus Wahrheit, Unsinn, Empfindeley und Phantasie; dieses ausbreiten, nanntet ihr dem Herrn Seelen zuführen, und darinnen suchtet ihr die Erfüllung der Liebespflichten gegen den Nächsten: wer es nun nicht annahm, den hieltet ihr des Reichs Gottes nicht würdig. Wo habt ihr den Hungrigen gespeist, den Durstigen getränkt, den Nackenden gekleidet und den Gefangenen besucht?[710] Euer Herr! Herr! sagen, euer Weissagen, euer Essen und Trinken vor dem Herrn, und lehren auf den Gassen seiner Stadt, ist alles eitel.[711] Ihr seyd nicht geschickt zum Reich Gottes.[712]

710 Vgl. Mt 25,31–46.
711 Vgl. Mt 7,21 und Pred 1,2.
712 Vgl. Lk 9,62.

Meraja. Unser Wille war doch, von Herzen Gott zu dienen; wir lasen die Schriften heiliger Seelen und folgten ihren Lehren; wir haben uns für tausend andern[713] Mühe gegeben uns selbst zu verläugnen und unser Fleisch zu kreuzigen samt den Lüsten und Begierden[714]; haben wir nun des rechten Weges verfehlt, so wird doch der Herr Gnade für[715] Recht ergehen lassen, denn Er hat ja die Sünder der Welt, und auch unsre Sünden getragen.[716]

Gadiel. Alle Abtödtungen und Kreuzigungen ohne die wahre und thätige Liebe sind ein Eckel vor Gott, denn sie nähren nur den Hochmuth. Wer geht weiter in der Abtödtung aller sinnlichen Lüste, als die *Fackirs in Indien;*[717] aber wer ist auch stolzer als sie? So lang Ihr den Quell des Hochmuths und der Verurtheilung Anderer noch nicht in euch verstopft habt, könnt ihr nicht seelig werden.

Jathir. Wir empfanden doch so tief in unserer Seelen die Gewißheit der Kindschaft Gottes, wovon uns sein Geist Zeugniß gab.

Gadiel. Diese Beruhigung fühlt jeder, der den Forderungen seines Gewissens Genüge leistet; diese Forderungen mögen nun so abgeschmackt seyn wie sie wollen. Die erste Pflicht des Christen ist, sein Gewissen *zu berichtigen,* und wie das geschieht, *ihm auch strenge zu folgen;* darauf folgt erst das wahre Zeugniß der Kindschaft, das sich in der herzlichsten Demuth äussert. Wie wohl und wie freudig wars dem Pharisäer ums Herz, als er sagen konnte: Ich danke dir Gott, daß ich nicht bin wie andere Menschen; daß ich nicht so ein Sünder bin

713 Vor (im Sinne von „mehr als").
714 Vgl. Gal 5,24.
715 Vor.
716 Vgl. Joh 1,29.
717 S. Anm. 525.

wie dieser Zöllner![718] Kann diese Freudigkeit ein Zeugniß der Kindschaft seyn? Ihr seyd nun vor dem Richterstuhl des Weltregenten offenbar worden,[719] euer Innerstes, euer ganzes Leben liegt da enthüllt und in der größten Deutlichkeit vor euren Augen, und doch strebt euer Stolz noch immer empor, und ihr macht Ansprüche auf das Reich Gottes. Hütet euch, daß ihr nicht in das Urtheil der Empörer fallet, sondern demüthiget euch jetzt noch unter die gewaltige Hand Gottes, damit er euch erhöhe zu seiner Zeit![720]

Elon. Und wenn mich der Herr ewig verdammt, so will ich Ihn doch lieben und Ihn durch meine Quaalen verherrlichen.

Meraja. Ich auch!

Jathir. Das ist auch mein fester Entschluß.

(Der Engel fängt schrecklich an zu strahlen)

Gadiel. Entfernt euch schleunig, damit euch das Zornfeuer des Erhabenen nicht in die äusserste Finsterniß[721] wegschleudere! Ihr wähnt eure Liebe sey stärker wie die Hölle und habt noch nicht angefangen zu lieben. Entfernt euch!

Die drey armen Geister fahren weit weg in eine wüste Einöde, die von einem Meteor gleich dem Vollmond erleuchtet wird; die Gegend gleicht einer wüsten Insel, die mit allerhand wilden Geistern bevölkert ist; hier sind sie nun bestimmt durch den rohen Sinn dieser Seelen geläutert und in der Demuth geübt zu werden, dagegen müßen sie diese Geister unterrichten, und ihrer ursprünglichen Bestimmung immer näher bringen.

---

718 Vgl. Lk 18,11.
719 Vgl. 2Kor 5,10.
720 Vgl. 1Petr 5,6.
721 Vgl. Mt 8,12; Mt 25,30 u. ö.

4.2 Scenen aus dem Geisterreiche (1800/1801)[722]

Sämmtliche Werke, Bd. 2, S. 3–486, hier: S. 5–8 und 410–422; Sämmtliche Schriften, Bd. 2, S. 3–371, hier: S. 7–9 und 314–323; Ausgewählte Werke, Bd. 2, S. 5–371, hier: S. 7–9 und 314–323

Vorrede zur zweiten Auflage.
Der vorzügliche Beyfall mit welchem dies Buch[723] aufgenommen worden, hat die Herren Verleger aufgemuntert eine 2te Auflage zu veranstalten. Bei dieser Gelegenheit erfordert es dann auch meine Pflicht, das Werk noch einmal durchzusehen, und zu ändern oder zu verbessern, was etwa noch geändert und gebessert werden konnte; dann hab ich auch hin und wieder erläuternde und belehrende Anmerkungen eingestreut, um dunkele[724] Ideen für weniger geübte Leser deutlicher zu machen.

Sehr viele rechtschaffene und christlich gesinnte Leser dieses Werks haben sich am Titel der vierzehnten Scene – die *Pietisten*[725] – geärgert; billig hätten sie sich nicht darüber ärgern sollen; denn sie konnten ja leicht denken, daß ich hier keine *wahre,* sondern *falsche* Pietisten im Aug hätte; indessen ist es denn doch die Pflicht des Christen nachzugeben, und den untersten Weg zu gehen;[726] ich thue das auch von Herzen gern, und habe nicht nur in meiner Zeitschrift der *graue*

722 *Heinrich Stilling:* Scenen aus dem Geisterreiche. Zweyte vermehrte u. verbesserte Ausgabe. In meines Vaters Haus giebts viele Wohnungen. Bd. 1, Frankfurt a.M. 1800, S. VII–XII; Bd. 2, Frankfurt a.M. 1801, S. 241–260.

723 *[Johann Heinrich Jung-Stilling],* Scenen aus dem Geisterreiche (s. Anm. 681).

724 Undeutliche, unklare.

725 S. Text 4.1. Zum Begriff s. Anm. 73.

726 Sich selbst zu erniedrigen, vgl. Phil 2,5–8.

Mann allen wahren Pietisten desfalls öffentliche Abbitte gethan,[727] sondern auch in dieser neuen Auflage das Wort *Pietisten* in *christliche Pharisäer* verwandelt, weil der *falsche* Pietist im eigentlichen Verstand des Worts ein *christlicher Pharisäer* ist. Ich wünschte so sehr, daß man immer die Sache bey dem rechten Namen nennte – wer die Lehre *Christi* treu befolgt, und an Ihn, als den eingebohrnen Sohn Gottes und Welt=Erlöser glaubt, der soll nicht Pietist sondern Christ heißen, und das deswegen, weil man mit dem Wort *Pietist* den Begrif eines *Frömmlers*, das ist eines Menschen verbindet, der sich äußerlich durch fromme Gebärden, Reden und Heiligenschein auszeichnet, innerlich aber ein Grab voller Moder und Verwesung ist. Da nun die große Welt überhaupt das Wort in diesem Sinn nimmt, so finde ich es äußerst unschicklich, wenn wahre Christen Pietisten heißen *wollen*, und es mir übel nehmen, daß ich aus eben dem Grunde dies Wort an den Pranger stellte.

Ich will weder *Calvinist*[728] noch *Herrnhuter*[729], noch *Pietist* heißen, das alles stinkt nach dem Sectengeist; ich bekenne mich einzig und allein zu der Lehre *Jesu* und seiner Apostel, und trage dabey zum Unterschied der verschiedenen politisch festgesezten Religions=Gesellschaften,[730] die Uniform der Evangelisch=Reformirten Kirche, weil ich doch einmal eine Uniform haben muß, bis es dann endlich zu den weißen Kleidern kommt.[731]

---

727 Vgl. *Dr. Johann Heinrich Jung, sonst auch Heinrich Stilling genannt:* Der Graue Mann. Eine Volksschrift, Heft 3, 1800 (Fortsetzung von Heft 2, 1797), S. 183f.

728 Pejorativ konnotierte Bezeichnung für Anhänger der auf den Genfer Reformator Johannes Calvin (1509–1564) zurückgehenden evangelisch-reformierten Konfession.

729 S. Anm. 72.

730 Der im Heiligen Römischen Reich Deutscher Nation rechtlich anerkannten Konfessionen (vgl. Anm. 355).

731 Vgl. Apk 6,11.

Eben die gute Aufnahme dieses Werks, die auch dadurch bewiesen wird, daß es auch schon in die holländische Sprache übersetzt worden ist,[732] fordert mich zur Fortsetzung auf; ich werde also bey Leben und Gesundheit, so bald ich nur Muße dazu finde, einen zweyten Band ausarbeiten,[733] und allen Fleiß anwenden um ihn noch nüzlicher und interessanter zu machen, als diesen Ersten.

Jezt, da es mit der gesammten Christenheit zur lezten großen Entscheidung gekommen ist,[734] und der große Hausvater die Wurfschaufel in der Hand hat,[735] jezt gilts des Kämpfens um die Krone.[736] – Ob man uns für Narren und Obscuranten[737] erklärt, oder für verrückte Schwärmer hält, das ist ganz einerley; dafür wurde unser Herr und Meister[738] selber gehalten; *laßt uns zu Ihm hinausgehen außer das Lager und seine Schmach tragen!*[739] Dafür wird einst ewige Ehre unser Lohn seyn.

Marburg den 3ten Jan[uar] 1799. *Der Verfasser.*

[...]

Die achte Szene. Die Pietisten.[740]

In der ersten Auflage des ersten Bandes der Scenen aus dem Geisterreiche, hatte die vierzehnte Scene eben die-

---

732 Diese Ausgabe ist nicht nachweisbar. Es muss sich um die erste Auflage der 1804–1806 bei Abraham Blussée (1726–1808) in Dordrecht unter dem Titel „Tooneelen uit het rijk der geesten“ erschienenen Ausgabe handeln.

733 S. Anm. 722.

734 Anspielung auf die Folgeerscheinungen der Französischen Revolution und der Koalitionskriege.

735 Vgl. Mt 3,12; Lk 3,17.

736 Vgl. Jak 1,12; Apk 2,10.

737 Finsterlinge. Zeitgenössisch übliche Bezeichnung für Gegner der Aufklärung.

738 „Herr und Meister“: im Neuen Testament mehrfach belegte Bezeichnung für Jesus.

739 Hebr 13,13.

740 S. Anm. 73.

sen Titel.[741] Damals wollte ich die falschen Scheinheiligen, welche diesen Namen brandmarken, kenntlich machen, und für ihnen und ihrer Denkart warnen; gutdenkende Seelen aber, die auch durch den Namen *Pietisten*[742] von andern unterschieden werden, bedauerten, daß ich dieser Scene diese Überschrift gegeben hätte. – Ich bedauerte es nun auch, bat deshalb im grauen Manne um Verzeihung,[743] und änderte in der zweyten Auflage den Titel – *die Pietisten* – in die Überschrift, die *christlichen Pharisäer.*

Indessen möchte ich auch gerne meinen Brüdern und Schwestern, den wahren Pietisten, Eins und Anderes ans Herz legen; und dies bewog mich, auch in diesen Band eine Scene mit dem nämlichen Titel einzurücken. Leset und beherziget sie, meine Freunde!

Die Verschiedenheit der Meynungen in Nebensachen, die man zu Hauptsachen macht, ungeachtet der wahre Glaubensgrund bey allen einerley ist, trennt noch immer die Gemüther der besten Menschen. – Ach Gott! bedenkt doch! wie kann eine Heerde zu einem Hirten, wie kann eine *philadelphische* Gemeinde[744] aus Euch werden, wenn jeder auf seiner Rechthaberey besteht, und jeder seine eigene spezielle Führung zur einzigen wahren macht? – Euer Aller Heiligung und Seeligkeit beruht einzig und allein auf der Erlösung durch Christum: das glaubt Ihr alle, habt es auch Alle erfahren; warum vereinigt Ihr Euch nun nicht in diesem Einen, das noth ist,[745] und laßt dann Jedem in allen übrigen Nebensachen seine Überzeugung? – Wenn er dann auch irren sollte, so wird ihn der Geist gewiß in alle

741 S. Text 4.1.
742 Vgl. Anm. 73.
743 S. Anm. 727.
744 Vgl. Anm. 575.
745 Vgl. Lk 10,42.

Wahrheit leiten,[746] wenn er es nur redlich meynt – und ist dies der Fall nicht, so hilft Alles nicht; wir – meine Lieben! – wir dürfen einmal nicht verurtheilen, sondern unsre Sache ist lieben. – Der Herr, der allein die Wahrheit ist, wird zur Erndtezeit seine Schnitter senden,[747] die das Jäten besser verstehn, als wir. Nun leset folgende Scene – so wie ich diese Wahrheit in Bilder eingekleidet habe.

Mein innerer Beruf drängt mich seit vielen Jahren, auf die Einigkeit des Geistes, auf *innere,* nicht *äußere* Vereinigung aller wahren christlichen Religionspartheyen zu würken, und in diesem Drang, führte *Siona*[748], in einer einsamen, stillen Stunde, diese Scene meiner Seelen vorüber:

Ich befand mich in meiner Imagination in den östlichen Gebirgen zwischen dem *Schattenreich*, und dem *Reiche des Unterrichts* oder dem *Kinderreiche.*[749] Es war mir so, als wenn ein Wanderer in der Nacht einen gefährlichen Wald durchgeirret, und nun den östlichen Rand desselben erreicht hat; starke Engelwachen sichern nun den Wanderer, und er schaut, wie an einem schönen dämmernden Frühlingsmorgen, über eine paradiesische Ebene hin, in deren Ferne er froh seine Heimath ahnet.

---

746 Vgl. Joh 16,13.

747 Vgl. Mt 13,39.

748 Weibliche Engelsgestalt, die Jung-Stilling auch an anderen Stellen als seine Begleitfigur erwähnt.

749 Das „Kinderreich" oder „Reich des Unterrichts" siedelte Jung-Stilling in seiner Geisterlehre zwischen „Schatten-" und „Lichtreich" an. Vgl. zu Jung-Stillings Geisterlehre insgesamt *Johann Heinrich Jung:* Theorie der Geister=Kunde, in einer Natur=, Vernunft= und Bibelmäsigen Beantwortung der Frage: Was von Ahnungen, Gesichten und Geistererscheinungen geglaubt und nicht geglaubt werden müße, Nürnberg 1808, sowie *Johann Heinrich Jung genannt Stilling:* Apologie der Theorie der Geisterkunde veranlaßt durch ein über dieselbe abgefaßtes Gutachten des Hochwürdigen geistlichen Ministeriums zu Basel. Als erster Nachtrag zur Theorie der Geisterkunde, Nürnberg 1809.

Mir däuchte, ich stände in der Mitte am östlichen Abhang eines Hügels; von mir hinab verflächte er sich und gienge allmählig in die Ebene über; himmlischschön war diese Gegend; der Ostwind fächelte mir Wohlgerüche zu, welche Millionen paradiesischer Pflanzen ausdufteten, und ich sahe viele abgeschiedene Seelen in stolzer Ruhe einsam umherwandeln; mehrentheils gieng jeder gleichsam in tiefen Betrachtungen, für sich allein, selten sahe ich zween und noch seltener drey zusammen gehen.

Ich nahete mich im Geiste Einem, der zunächst unten am Fuße des Hügels tiefsinnig einher gieng; zugleich bemerkte ich einen andern, der von ferne diesem entgegen kam: beide schienen sich zu kennen. Ey willkommen, *Misthoriah!*[750] kommst du nun auch aus dem Lande der Sterblichen, im Lande des Friedens an?

Misthoriah. Ja ich bin zum ewigen Leben erwacht – wie ich nun wahrnehme; aber wer bist du denn? – ich kenne dich nicht!

Der Erste. Nenne mich hier *Schabathon*[751], ich bin …

Misthor[iah]. Das ist nun der erste Genuß der Seeligkeit, dich hier anzutreffen. Ach, welch' eine Sicherheit, welch' eine Ruhe! – Gott Lob! wir sind seelig!

Schabathon. Ja seelig sind wir! – und dieser Zustand, worinnen wir uns jetzt befinden, ist schon weit mehr, als wir, unserer grundverdorbenen Natur nach, erwarten konnten. Gelobet sey der Herr in Ewigkeit! – und doch empfinde ich in meinem Innersten ein tief verborgenes Sehnen nach dem Anschauen des *Überallesgeliebten*[752]! – Ich bin schon einige Zeit hier in seeliger

750 Wohl abgeleitet von griechisch „Mistos" (Lohn, Sold, Belohnung). Zu mit der Wahl der Namen auch in diesem Text möglicherweise verbundenen Anspielungen auf konkrete Personen gilt das in Anm. 684 zu Text 4.1 Gesagte.

751 Vgl. griechisch „Sabbaton" (Sabbat, Ruhe; abgeleitet von hebräisch „Schabat").

752 Jesus Christus.

Ruhe; aber – einsam – ich wandle im Frieden – aber ich habe noch nichts, noch keine ferne Ahnung von *Jesus Christus* erfahren; auch hat sich noch keiner von den Verklärten des Himmels gezeigt; ich weiß nicht, woran es fehlt, denn daß ich *selbst* daran schuld bin, ist keinem Zweifel unterworfen.

Erleucht mich Herr mein Licht!
Ich bin mir selbst verborgen,
Und kenne mich noch nicht;
Ich merke dieses zwar,
Ich bin nicht wie ich war,
Indessen fühl ich wohl,
Ich sey nicht, wie ich soll.[753]

Misthoriah. Das ist sonderbar! – Aber ich seh' da Viele einsam wandeln; hast du dich ihnen, oder haben sie sich dir nicht genähert?

Schabath[on]. O ja! mehrmals, aber immer finden sie etwas an mir, oder ich etwas an ihnen, das keine brüderliche Vereinigung zuläßt.

Misthoriah. Ihr seyd also noch unreinen Herzens, und könnet also auch Gott nicht schauen, nicht vollkommen seelig seyn.[754]

Schabathon. Das ist allerdings richtig: aber meine Unreinigkeit kann ich nicht finden, das ist eben meine Klage.

Misthoriah. Komm, Bruder! wir wollen uns dem nahen, der da unten wandelt; sein Ansehen gefällt mir.

Sie giengen, und ich gieng mit; die drey grüßten sich brüderlich; ich erfuhr, daß der Geist, den wir besuchten, *Zedekiel*[755] hieß; nun begann folgendes Gespräch.

---

753 Erste Strophe des Liedes „Erleucht' mich, Herr, mein Licht!" von dem reformierten Theologen Ernst Wilhelm Buchfelder (1645–1711).

754 Vgl. Mt 5,8.

755 Von hebräisch „Zadkiel" bzw. „Hesediel", der Engel der Gnade und Rechtschaffenheit. In manchen rabbinischen Traditionen identifiziert als der Engel, der Abraham davon abhielt, seinen Sohn Isaak zu töten.

Misthoriah. Ich bin so eben aus dem Lande der Sterblichen in diesem Lande des Friedens angelangt; ich traf diesen meinen Herzensfreund *Schabathon* an, mit dem ich viele Jahre den Buß= und Verläugnungsweg gewandelt habe; ich fand ihn zu meiner Verwunderung ganz allein, und er klagte mir, daß er noch nicht zum Anschauen des Herrn gelangen könne; wie mir dünkt,[756] so besteht der ganze Fehler darinnen, daß alle, die hier für sich einsam wandeln, noch nicht *reines Herzens* sind: denn so bald das ist, so bald müßtet ihr Gott schauen, und vollkommen seelig seyn.[757]

Zedekiel. Du hast vollkommen recht, lieber Bruder! aber du äußerst da schon einen Gedanken, der mich von dir zurückstößt. Du sagst, du hättest mit deinem Freunde *viele Jahre* den Buß= und Verläugnungsweg gewandelt, da doch derjenige, der alsofort im tiefen Gefühl seines Sündenelendes, dem Herrn sein ganzes Herz hingiebt, und es durch seinen Geist reinigen und heiligen läßt, mit der Buße und Verläugnung fertig ist: denn der neue Mensch wird nun herrschend, und dann kostet die Verläugnung aller sinnlichen Dinge keine Mühe mehr, und die Buße hat ein= für allemal ein Ende.

Schabathon und *Misthoriah* sahen sich traurig an, und wichen schon zurück, als ein alter Patriarch herzunahte, der mir tiefe Ehrfurcht und hohe Ahnung von seiner erhabenen Würde einflößte. Ich bemerkte, daß er seine Herrligkeit verbarg; sein Name war *Phanuel.*[758] Dieser Ehrwürdige winkte den beyden Weichenden freundlich, und sprach: Lieben Brüder! warum entfernt ihr euch?

---

756 Wie ich glaube.

757 Vgl. Mt 5,8.

758 Nach 1Hen 40,9 u.ö. Engel, „(der) das Angesicht Gottes (schaut)“ (auch „Pnuel“, „Pniel“, vgl. Gen 32,31 u.ö.). Am Ende der Szene identifiziert Jung-Stilling „Phanuel“ als Gerhard Tersteegen (s. Anm. 75).

Schabathon. Dieser Bruder tadelt uns, daß wir *viele Jahre* den Buß= und Verläugnungsweg gewandelt haben, und hat uns deswegen im Verdacht, daß wir uns dem Herrn und seinem Geiste *nicht so ganz* zur Reinigung und Heiligung übergeben hätten.

Phanuel. Habt ihr das denn so ganz vollkommen und untadelhaft gethan, daß darüber gar keine Bemerkung Statt findet?

Beyde. Der Herr erbarme sich unser! hätten wir das so vollkommen gethan, wie es gethan seyn muß, so wäre freylich mancher sauere Bußkampf, und manche schwere Verläugnung erspart worden: aber du weißt, wie schwach die verdorbene menschliche Natur ist – und eben dies muß ja doch auch dieser Bruder *Zedekiel* erfahren haben, und doch war er so bald mit seiner Buße und Verläugnung fertig.

Phanuel. Aber was geht das Euch an, wenn Er früh damit fertig wurde? Wenn er euch die Wahrheit gesagt hat, so müßt ihr sie mit Dank annehmen. Seht ihr nun, woran es euch noch fehlt? – Euer Herz sagt euch, daß *Zedekiel* Recht hat, und doch entfernet ihr euch von ihm – und warum? Weil noch ein subtiler Rest von Eigenliebe in euch rückständig, der den Tadel nicht ertragen kann, und sich in den Schleyer der Wahrheit einhüllt, als sey *Zedekiels* Weg nicht ganz richtig vor dem Herrn?

Beyde. Ja, du Himmlischer! Du hast ganz Recht! – Dieser Rest der Eigenliebe leuchtet uns klar ein; aber das ist uns noch dunkel,[759] wie *Zedekiel* so bald durchkommen konnte?

Phanuel. Die Gnade des Herrn bewürkt jeden nach seinem Charakter, und muß ihn so bewürken: *Zedekiel* war rauschenden, heftigen Gemüths; was er ergriff, das

759 Unverständlich.

hielt er vest, ohne es jemals wieder zu verlassen; er war von Jugend auf wild unbändig, und eilte von einer Sünde zur andern: auf einmal wurde er in einer Predigt tief gerührt und erschüttert; in seinem Innersten eröffnete sich die Hölle mit allen ihren Qualen; er suchte Tod und Vernichtung, und fand sie nicht, endlich wandte er sich mit aller seiner Heftigkeit zum erlösenden Erbarmer, er hörte nicht auf zu ringen, zu kämpfen und auszuhalten, bis das Wort des Herrn – *dir sind deine Sünden vergeben*[760] – durch sein ganzes Wesen erscholl; nun ergriff er mit einem nie zu erschütternden Glauben die Gerechtigkeit Christi, und eilte nun von einem Grade der Gottseligkeit zum andern. Dagegen habt ihr beyde von Jugend auf sittlich gelebt, ihr habt den Buß= und Glaubensweg in unmerklichen Graden durchwandelt, und mußtet also unaufhörlich wachend, betend, büßend und verläugnend in der Gegenwart Gottes bleiben; euer Weg und *Zedekiels* Weg sind beyde der wahre, nur die Art ihn zu gehen – ist verschieden.

Zedekiel. Wie tief durchdringt mich deine Rede, himmlischer Bruder! Ich habe gröblich geirrt – ich Sünder ohne Gleichen! – *Jesus Christus* vergieb, o vergieb mir! – Auch *ich* glaubte, jeder müsse den Weg so rasch gehen, wie ich ihn gegangen habe, und bedachte nicht, daß unter allen Sündern keiner des Raschgehens so nöthig hätte wie ich. O Brüder! – kommt in meine Arme, wir sind alle Erlößte des Herrn! –

Misthoriah. Gelobt sey der Herr, der Erbarmer! Vergieb, o Bruder! mein liebloses Urtheil!

Schabathon. Vergieb auch mir, du Theurer! Wir wollen ewig vereinigt bleiben, und den, der auf dem Throne sitzt,[761] verherrlichen!

---

760 Vgl. Mt 9,2; Lk 7,48 u.ö.
761 Vgl. Apk 5,13; Apk 7,10.15.

Phanuel. Euere Wonne würde noch um vieles erhöhet worden seyn, wenn ihr euch jenseits noch durch den Geist *Jesu Christi* von dieser Eigenheit hättet reinigen lassen. Aber kommt mit mir, wir wollen weiter gehen: der Zweck meiner Sendung ist, die Erlößten des Herrn,[762] die in diesen Vorhöfen[763] einsam umherirren, zu sammeln.

Sie giengen weiter, und ich wandelte im Geiste mit. Bald entdeckten wir zween ansehnliche Männer, an denen das verborgene Licht ahnend durchschimmerte; sie sprachen ernstlich mit einander, im Augenblicke unserer Annäherung aber, trennten sie sich, und waren beide sehr traurig.

Phanuel. Bleibt, Brüder! – Ich habe Worte der Erbarmung an euch! –

Ahabdalim[764] und *Gadol*[765] näherten sich uns mit Wehmuth.

Phanuel. Was fehlt euch, ihr Lieben? warum seyd ihr so traurig?

Ahabdalim. Ich kann diesen, sonst so vortreflichen Bruder, nicht von der großen Wahrheit überzeugen, daß der Christ durchaus alles um *Christi* willen für Koth und Unflath auf der Gassen[766] achten muß. Wir kannten uns im irdischen Leben sehr gut; einer schätzte und liebte den andern; aber ich suchte beständig die Niedrigkeit, ich besuchte die Armen und Kranken, gieng schlecht gekleidet, und schränkte mich in meiner Haushaltung blos auf die Nothdurft ein. Dieser Bruder *Gadol* aber liebte den Umgang mit den Großen der Welt, er gieng sauber und nach der Mode gekleidet, trug kost-

762 Vgl. Jes 35,10; Jes 51,11.
763 Vgl. Ps 84; Ps 100 u. ö.
764 Möglicherweise auf das hebräische Wort „Ahabim" („Buhlschaften", „Bündnisse" [mit heidnischen Völkern]) zurückzuführen (vgl. Hos 8,9 u. ö.; auch als Anspielung auf den israelischen König Ahab denkbar, vgl. 1Kön 16,29–22,40).
765 Hebräisch „groß".
766 Vgl. Ez 7,19; Phil 3,8.

bare Ringe an den Fingern, alles war prächtig in seinem Hause, die Großen und Vornehmen besuchten auch ihn, und er fand sich auch zu Zeiten bei ihren Lustbarkeiten ein; dies alles ziemt doch dem Christen nicht, und doch kann ich ihn nicht davon überzeugen.

Gadol. Ich habe dir aber so oft unwidersprechlich bewiesen, daß ich eben so wie du, meine Ringe, meine Kleider, mein Hausgeräthe, kurtz allen Pracht des Erdelebens, für Koth, und des Ansehens nicht werth geachtet habe. Du müßtest doch wirklich jetzt davon deutlich überzeugt seyn, da du ja siehst und im Licht erkennest, daß ich jetzt nicht die geringste Anhänglichkeit mehr an dergleichen Sachen habe: aber daß du den Schmutz und die Unreinigkeit in deiner Haushaltung dermaßen überhand nehmen ließest, daß man ohne Grausen nicht mit dir essen konnte, das war nicht recht – der Christ darf durchaus, auch im Äußern nicht, unrein seyn.

Phanuel. Aber, lieben Brüder! wie könnt ihr über Gegenstände, die ja nun alle vergangen sind, und hier durchaus nicht mehr Statt finden, noch Worte wechseln, und das Zusammenfließen im Geist der Liebe aufhalten? Ihr habt im Erdenleben beyde reichlich gesäet, und könntet nun ohne Aufhören erndten,[767] wenn ihr euch nicht selbst aufhieltet.

Ahabdalim. Verzeihe, du Himmlischer! – Freylich finden jene Gegenstände, die uns beide trennten, nun nicht mehr Statt; aber so lang *Gadol* noch nicht erkennt, daß der Grund und die Gesinnung, aus denen diese Lebensart entstund, nicht christlich sind, so lang er noch in diesen Grundsätzen beharrt, so lang ist ja keine Vereinigung in der Liebe möglich.

Gadol. Gerade so ist auch mein Fall!

767 Vgl. Gal 6,9.

Phanuel. Sage mir, *Ahabdalim*! glaubst du denn nicht, daß der Herr auch Werkzeuge brauche, die auf die Großen der Erde, Fürsten, Regenten, Reiche und Gewaltige würken müssen, damit auch sie unterrichtet, bekehrt und errettet werden mögen?

Ahabdalim. Allerdings! – und eben in diesem Wirkungskreise hat Gadol viel gewirkt und viel ausgerichtet.

Phanuel. Gut! aber lieber Bruder! die Großen der Erde, die noch nicht bekehrt sind, werden einem Manne, der sich ihnen nicht nach ihrem Geschmacke darstellt, der nicht einen feinen gebildeten Umgang hat, der sich nicht so kleidet, wie sie es zu sehen gewohnt sind, der ihnen also auffallend und unangenehm ist, kein Gehör geben, und ihm den Zutritt zu ihnen nicht erlauben; folglich kann er auch nicht auf sie würken. Nun höre ferner: *Gadol* war von Jugend auf leichtsinnig, er achtete weder auf Putz noch auf Reinlichkeit; eben so wenig waren ihm die Stände unter den Menschen eine wichtige Sache; alles war ihm gleichgültig, nur sinnlicher Genuß, Wollust und Wissenschaften, besonders Musik und Dichtkunst, waren Gegenstände seiner Leidenschaften; nun zog ihn der Herr allmählig zu sich, und er fand ihn zum Dienste der Religion nach allen seinen Anlagen, eben darum am geschicktesten, weil Pracht, Eitelkeit und weltliche Ehre für ihn nicht gefährlich waren, und er seine Leidenschaften alle in den Kreuzestod hingeopfert hatte. Du aber hiengst von Jugend auf am Putz, am Pracht, und am Glänzen; deine Neigung gieng dahin, ein großer und reicher Mann in der Welt zu werden; als du nun bekehrt wurdest, so sahst du alle diese Greuel in ihrem stärksten Lichte ein, und um sie zu vermeiden, aus Abscheu gegen sie, wichst du ihnen so weit aus dem Wege, als du konntest, und wirktest nun im Seegen auf die Armen, Elenden und Verlassenen. – Seht ihr nun, wo es euch fehlt? – Jeder glaubt, sein Weg sey der einzige, wahre, und verurteilt nun seinen Bruder, der den nämlichen Weg auf eine andere Weise wandelt wie er. Wenn jeder an seinem Bruder nur *das Gute* aufsuchte, und das *Mangelhafte* an sich selbst, so wird die Liebe wachsen, und die Einigkeit des Geistes nach und nach hergestellt werden; und wenn einer am andern etwas sieht, das ihm nicht gefällt, so soll er ihn brüderlich erinnern, und seine Erklärung darüber in Liebe anhören, und so lange alles zum Besten deuten, als der christliche Glaubensgrund richtig ist.

Ahabdalim und *Gadol* erkannten ihren Irrthum, sie umarmten sich innig, und ihre Seelen flossen über von inniger Liebe und Dank gegen den Herrn. Beyde schlossen sich an uns an, und nun wandelten wir weiter. Bald trafen wir eine ziemlich große Gesellschaft an; alle diese Seelen standen im Kreise, und unterredeten sich ruhig mit einander; ich merkte alsofort, daß sie *Theosophen*[768] waren.

Der ehrwürdige Verborgene, der uns führte, redete sie an, und sprach: Was macht ihr hier, lieben Brüder! was hält euch auf, daß ihr noch immer in den Vorhöfen[769] bleibt?

Einer von ihnen, der der Vornehmste zu seyn schien, und *Schealthiel*[770] hieß, antwortete: Himmlischer Unbekannter! wir haben den Herrn in seinem Worte und in der Natur gesucht; wir haben unsere Grundverdorbenheit erkannt, und im großen Geheimniß der Erlösung Gnade gefunden; auf diesem Wege erlangten wir durch die erbarmende Liebe Gottes mancherley Ein-

---

768 S. Anm. 667.

769 Vgl. Ps 84; Ps 100 u. ö.

770 Hebräisch „Schealtiel" („ich habe Gott gebeten"). Im Alten Testament mehrfach belegter Nachkomme des Hauses Juda, der in der Exilszeit lebte; vgl. auch Mt 1,12 und Lk 3,27.

sichten in die Verborgenheiten der himmlischen Natur, der Prinzipien des göttlichen Wesens, in die göttliche Regierung, in die endliche Wiederherstellung aller abgefallenen Geister,[771] in das Geisterreich, und in die Zeichenkunde der erschaffenen Natur; die Kenntnisse, die wir erlangt hatten, lehrten wir mündlich und schriftlich, und glauben auch Nutzen dadurch gestiftet zu haben: allein andere Christen und erweckte Seelen tadelten uns deswegen, und glaubten, diese Grundätze seyen schädlich, nur das Eine, das Nöthigste[772] müßte gelehrt werden, weiter nichts. Jetzt sind wir nun hier; jeder der uns sieht, weicht uns aus, und auch wir finden einen Widerstand in uns, wenn wir uns ihnen nähern, und uns mit ihnen vereinigen wollen. Rathe uns, Ehrwürdiger! was wir thun sollen? Während dem, daß *Schealthiel* redete, nahten sich von allen Seiten die einsamen Wanderer, und horchten sehnend, was *Phanuel* antworten würde.

Phanuel. Lieben Brüder! euer Weg war sehr gefährlich: der Herr hat euch bewahrt, ihr seyd glücklich gerettet, aber ein subtiles Selbstgefallen in eurem Lichte, hat sich unvermerkt in eurem Wesen festgesetzt: ihr habt nicht so ganz lauter und einfältig die euch anvertrauten Geheimnisse gelehrt, es lag ein geheimer Stolz auf eure Weisheit im Seelengrunde verborgen; und solche göttliche Geheimnisse dürfen auch nicht, ohne besondere Veranlassung und Gewißheit des göttlichen Wohlgefallens, öffentlich bekannt gemacht werden. So bald ihr die Wahrheit dessen, was ich gesagt habe, erkennet, so wird auch der wiedergebohrne Wille diesen Rest der gefallenen Natur verabscheuen, und er wird im Glanz des Erlösungswerks verschwinden, wie ein Schatten in der aufgehenden Sonne.

771 Vgl. Anm. 417.
772 Vgl. Lk 10,42.

Schealthiel und seine Gesellschaft standen tief gerührt; sie erkannten ihren Fehler, und waren nun versöhnt und begnadigt. Nun redete aber auch *Phanuel* die herbeyeilenden Schaaren an, und sprach:

Kommt, ihr Erlöste des Herrn![773] und freuet euch des Guten, das er in jeder Seelen, je nach ihrem Charakter bewürkt hat! – Tadelt denn die Rose die Lilie, daß sie keine Rose ist, oder das niedrige Veilchen die Tulipane[774], daß sie nicht riecht? – Kommt, verherrlicht den Herrn in der Mannigfaltigkeit seiner Werke, und freuet euch seiner Gnade!

Während dem *Phanuel* so redete, fieng er an seine Majestät zu enthüllen; er strahlte in blendendem Lichte wie ein Engel des Herrn, und nun entdeckten alle, daß er der seelige *Gerhard Ter Steegen*[775] war. Alle jauchzten ihm entgegen, alle wurden verklärt, und nun schwungen sich alle mit ihm empor, und dem ewigen Morgen entgegen.

4.3
Scenen aus dem Geisterreiche (1806)[776]

Sämmtliche Werke, Bd. 2, S. 3–486, hier: S. 8–12; Sämmtliche Schriften, Bd. 2, S. 3–371, hier: S. 9–12; Ausgewählte Werke, Bd. 2, S. 5–371, hier: S. 9–12

Vorrede zur dritten Auflage.

Da ich theils aus dem geschwinden Absatz dieses Werks, theils auch aus meinem weitläufigen Briefwechsel bemerke, daß es Gott gefällt, diese Arbeit mit einem be-

773 Vgl. Jes 35,10; Jes 51,11.
774 Tulpen.
775 Gerhard Tersteegen (s. Anm. 75).
776 *Heinrich Stilling:* Scenen aus dem Geisterreiche. Dritte vermehrte und

sondern Segen zu begleiten, so nehme ich, auf Verlangen der Herren Verleger, diesen ersten Band abermals vor die Hand, um ihn nochmals mit reifer Überlegung, und in der Gegenwart Gottes durchzugehen, und nachzusehen, ob irgend noch das Eine und Andere zu seiner Vollkommnung beytragen kann.

Einen nicht unwichtigen Zusatz bekommt diese dritte Auflage durch die funfzehnte Scene, welche *Lavaters*[777] *Verklärung* enthält. Meine vieljährige vertraute Bekanntschaft mit dem vollendeten treuen Diener *Jesu Christi* veranlaßte mich, ihm, nach seinem Siege,[778] dies Denkmal zu stiften. Die vorzüglich gute Aufnahme dieses Gedichts[779] und die Aufforderung eines angesehenen Freundes, machten den Wunsch in mir rege, es diesem ersten Bande einzuverleiben, besonders auch darum, weil die vierte Scene des zweyten Bandes, in welcher *Maria Lavatern* den menschlichen Charakter ihres Sohns *Jesus* schildert, die Fortsetzung desselben ist; indessen durfte ich diese Einschaltung ohne Einwilligung des Verlegers dieses Gedichts, des Herrn *Johann Christian Herrmann*[780], Buchhändlers in *Frankfurt am Mayn*, nicht unternehmen; ich ersuchte ihn also um diese Gefälligkeit, und ungeachtet er noch einen beträchtlichen Vorrath an Exemplarien hat, so war er doch so freundschaftlich, mir diese Bitte zu gewähren, wofür ich Ihm hier öffentlich und herzlich danke, und sämtlichen Lesern dieses Werks zugleich bemerklich mache, daß *Lavaters Verklärung von Heinrich Stilling* noch immer einzeln bey Ihm zu haben ist.

---

verbesserte Auflage. In meines Vaters Hause sind viele Wohnungen. Bd. 1, Stuttgart 1806, S. 7–12.

777 Johann Caspar Lavater (s. Anm. 63).

778 Seinem Tod.

779 Als Separatdruck erschienen unter dem Titel: Lavaters Verklärung. Besungen von Heinrich Stilling, Frankfurt a. M. 1801.

780 Johann Christian Hermann (1751–1827), Buchhändler und Verleger in Frankfurt a. M.

Aufmerksame Leser meiner sämtlichen Schriften werden ohne Zweifel in meinen Begriffen vom Zustand der Seelen nach dem Tode eine Dunkelheit, oder gar einen scheinbaren Widerspruch bemerken; ich halte es also für meine Pflicht, hier diese Sache zu berichtigen; es verhält sich hiemit folgendergestalt:

In meiner *Siegsgeschichte*,[781] welche eine Erklärung der Apokalypse enthält, befindet sich eine Erläuterung meiner Ideen über diese dunkle Materie, und zwar vorzüglich im 20sten Kap. V. 13 bis 15. Hier behaupte ich, *daß die Seele nach dem Tode bis zur Auferstehung über ihrem Körper schwebe,* gleichsam magnetisch von ihm angezogen werde. Sollten aber die Theile des Körpers an verschiedene Örter, oder seine Asche in alle Winde zerstreut werden, so folgt die Seele dem durch keine Kraft der Natur zerstörbaren Auferstehungskeime[782], welcher sich in jedem menschlichen Körper, entweder im Gehirn, oder im Herzen, vermuthlich aber in diesem letztern befindet; bey diesem Auferstehungskeim bleibt sie, bis sie entweder zum ewigen Leben, oder zum ewigen Tod, mit dem aus jenem Keim neuauflebenden Körper wieder vereinigt wird.

Einzelne Ausnahmen von dieser Regel machen diejenigen Seelen, welche mit einer so starken Neigung zu einem Gegenstande dieses sinnlichen Lebens aus der Zeitlichkeit gehen, daß diese Neigung stärker ist, als jene, die sie von Natur zu ihrem Körper haben; diese sind dann solche, welche nach ihrem Tode wiederkommen, und ihre Wünsche zu erfüllen suchen. Daß unter tausend solcher Erscheinungen kaum eine wahr ist, das ist gewiß; daß es aber auch ganz zuverläßig wahre Er-

781 Vgl. *[Johann Heinrich Jung-Stilling]:* Die Siegsgeschichte (s. Anm. 88) und *Dr. Johann Heinrich Jung Stilling,* Erster Nachtrag zur Siegsgeschichte (s. Anm. 89).

782 Vgl. 1Kor 15,37.

scheinungen dieser Art giebt, davon bin ich so fest überzeugt, als von meinem eigenen Daseyn.

Daß sich die abgeschiedenen Seelen über ihrem Körper befinden, *davon habe ich auch hinlängliche und sinnliche Beweise.*

Dieser Satz nun scheint den klaren Aussprüchen der heiligen Schrift, und besonders auch diesen Scenen aus dem Geisterreich zu widersprechen; *Christus* sagt zu dem Schächer: *heute wirst Du mit mir im Paradies seyn*[783] – überall wird von einem gewissen Ort, *einem Himmel,* geredet, in welchen die Seelen erst nach dem Tode versetzt werden sollen, und in diesem Werke unterstelle ich drey große Reiche, in welche die frommen Seelen nach dem Tode, und zwar je nach dem Grade ihrer Heiligung gebracht werden, und eben so auch drey Höllenreiche für solche, die hier die Gnadenzeit verscherzt haben. Wie lassen sich nun alle diese Vorstellungen miteinander vereinigen?

Diese Vereinigung ist gar leicht, sobald man sich nur vom Geisterreich einen richtigen Begriff machen kann: in diesem Reich ist von *Raum, Nähe* und *Ferne* gar keine Rede. Sobald der Mensch todt ist, sobald ist auch in seiner Seele das Ahnungs=Vermögen vollkommen entwickelt; jetzt sieht, hört und empfindet die abgeschiedene Seele alle Gegenstände des Geisterreichs, zu denen *sie* Neigung hat, oder auch solche, die zu *ihr* Neigung haben, eben so als wenn sie gegenwärtig wären, ob sie gleich alle in der äußern oder Körperwelt immer den Standpunkt behalten; alle Seelen nach dem Tode leben in einem sehr lebhaften Traum, nur mit dem Unterschiede, daß dieser Traum Wahrheit ist, und daß die Geister, mit denen die Seele umgeht, sich auch dieses Umgangs wie träumend bewußt sind.

783 Lk 23,43.

Auch in diesem Sinne *ist das Reich Gottes inwendig in uns.*[784] Die Seelen leben, wirken, freuen, oder ängstigen sich in dem *Hades,*[785] oder in den drey Himmel= oder drey Höllenreichen, je nach der innern Beschaffenheit ihres Wesens und Handelns in *diesem* Leben, ohne daß sie in dieser Körperwelt ihren Ort verändern; wenn aber dereinst das Verwesliche das Unverwesliche, und das Sterbliche die Unsterblichkeit angezogen hat,[786] dann giebt es auch wieder eine neue Erde,[787] ein Paradies zum ewigen Leben; wie es dann seyn wird, das wollen wir mit Treue und Geduld erwarten.

Dieß sind meine Vorstellungen von dieser dunklen Sache, die ich aber im Augenblick verlasse, sobald man mich eines bessern überzeugt; sie gehören keinesweges zum Wesen des wahren Glaubens, aber sie schaden ihm auch nicht. Die Bibellehre von der Versöhnung bleibt dabey in ihrer vollen Kraft, und wird auf keinerley Weise verfälscht.

Marburg 1802. Der Verfasser.

---

784 Vgl. Lk 17,21.

785 Griechisch für „Totenreich"; bei Jung-Stilling die Vorstellung vom „Durchgangsstadium der abgeschiedenen Seelen" (vgl. *Schwinge* 1994, S. 99–104, Zitat S. 100).

786 Vgl. 1Kor 15,54.

787 Vgl. Jes 65,17; Apk 21,1 u. ö.

4.4 Brief an Elisabeth Rordorf[788], Baden bei Rastadt, 6.8.1805

StArch Siegen, Sammlung 342 (Autographen Jung-Stillings), Nr. 37; Panthel Briefe, S. 100–102

Baden bey Rastadt, 6. August 1805.

Liebe theuere Schwester!
Wir waren nach Augsburg verreist, und nach unserer Rückkunft musten wir alsofort nach Wilhelmsbad bey Hanau, wo der Landgraf Carl[789] war, der mich dahin beschieden hatte, ich war vier Tage dort, und täglich ein paar Stunden bey ihm, Du kannst dencken, was da Alles verhandelt wurde.[790] Wir schieden mit der Erneuerung des ewigen Bruderbundes[791] von einander. Er hält sehr viel auf Dich, er läst Dich grüßen, und glaubt gewiß, daß Du bey die Fr[au] Gr[äfin] Bernstorf[792] kommen würdest.

---

788 Elisabeth Rordorf (1770–1837), aus Zürich, langjährige Mitarbeiterin Johann Caspar Lavaters (s. Anm. 63).

789 Karl von Hessen-Kassel (1744–1836), dänischer Statthalter der Herzogtümer Schleswig und Holstein.

790 Karl von Hessen-Kassel war Freimaurer und Mitglied des Illuminatenordens sowie eine zentrale Figur in der „spezifischen geisterkundlichen Tradition" in Hessen und „Haupt eines prominenten mystischen Zirkels", deren Mitglieder in direktem Kontakt mit dem Geist des Heilands zu stehen behaupteten (vgl. *Diethard Sawicki:* Leben mit den Toten. Geisterglauben und die Entstehung des Spiritismus in Deutschland 1770–1900, Paderborn ²2016, S. 78–80 und 86, Zitate S. 86 und 78).

791 Begriff aus der Freimaurerei.

792 Augusta Louise von Bernstorff, geb. zu Stolberg-Stolberg (1753–1835), Witwe des dänischen Ministers Andreas Peter von Bernstorff (1735–1797), gehörte zum mystischen Kreis um Karl von Hessen-Kassel (s. Anm. 790), korrespondierte u. a. mit Johann Wolfgang von Goethe (s. Anm. 127) und Johann Caspar Lavater (s. Anm. 63) (vgl. *Albrecht Schöne:* Der Briefschreiber Goethe, München ²2015, S. 469–473).

Liebe Schwester! wir machen den innern Seelengrund auf dem Papier nicht klar; das prüfen und erforschen geschieht mit der Vernunft die bringt aber in übersinnlichen Dingen nicht aufs Reine, sondern die Aufschlüsse geschehen eben im inneren Seelengrund durch den heiligen Geist, deßen Licht in die Vernunft stralt; und in diesem Licht erkennt dann erst die Vernunft die Warheit. Der innere Seelengrund ist, mit einem Wort, der neue Mensch der aus Gott gebohren ist.[793]

Alles was Du mir über die Seelenwanderung[794] sagst, beweist nur, daß sie *möglich*, aber ganz und gar nicht daß sie *würcklich* ist. Ich hab wieder vieles vom Landgrafen davon gehört, aber nichts dazu gesagt; denn das Disputiren hilft zu nichts, es überzeugt nicht, die wahre Überzeugung kommt von innen heraus, aber nicht außen hinein. Ich laße gern jedem sein System, und verlange daß man mir auch das Meinige läst.

Die Hauptgründe warum ich die Seelenwanderung nicht annehmen kann sind folgende: das Wesen eines Geistes besteht in *Selbstbewustseyn*, in der Erinnerung des Vergangenen, in der Empfindung des Gegenwärtigen, und in der Ahnung des Zukünftigen, nun kann sich aber kein Mensch erinnern, daß er jemals auf der Welt gewesen ist, die Erinnerung der Vergangenheit müste also mit dem Tag aufhören, *und das ist unmöglich;* wenn der Geist bey dem neuen Erwachen, sey es in einem andern Körper, oder im ewigen Leben sich nicht erinnern kann, daß er vorher gelebt habe, so entstehen daher Widersprüche und Folgen die nicht zu berechnen sind. Der Hauptgrund liegt aber in der Bibellehre, und richtigen Begrif von der Versöhnung: wenn ich selber

793 Vgl. 1Joh 3,9 u. ö.

794 Die Auffassung, dass die Seele nach dem Tod in einem anderen Geschöpf weiterlebt.

meine Sünden tilgen und versöhnen muß, und zu dem Ende mehrmals Mensch werde, so bedarf ich keinen Erlöser. Jesus Christus hat sich durch sein Leben Leyden und Sterben zum Regenten aller Dinge hinauf geadelt. Er hat alle Gewalt im Himmel und auf Erden,[795] und regirt nun mit unendlicher Weisheit, so, daß alle Folgen aller Sünden nach und nach zum Heil und Seegen der Menschheit werden, so tilgt Er nun *alle* Sünden, auch *der gottlosesten* Verbrecher: denn sobald die Folgen der Sünde wolthätig werden, so hört ja die Sünde auf Sünde zu seyn, die Sünde selbst verdammt also niemand, sondern blos die böse Neigung des Herzens zu sündigen,[796] so bald also *diese* gehoben, und in die Neigung *Gutes zu würcken* gewandelt ist, das heist, so bald jemand widergebohren ist, so bedarf er keiner ferneren Läuterung mehr. Die Gottlosen müßen, wenn sie würden [!] aufs Neue Menschen würden ihrer Neigung gemäß immer böser werden; nur in der Ewigkeit giebts Mittel sie zu beßern. Siehe das sind meine Gründe. Der Geist unseres Herrn Jesu Christi sey dein Lehrer, Führer, Tröster, und Heiligmacher, und deines ewigen Bruders,

Jung Stilling.

795 Vgl. Mt 28,18.

5. Geschichte und Gegenwart im Horizont der Endzeit

5.1 Der Graue Mann (1806)[796]

Sämmtliche Schriften, Bd. 8, S. 78–114, hier: S. 78–83 und 89–91; Sämmtliche Werke, Bd. 8, S. 96–142, hier: S. 96–102 und 110–113; Edition Mertens/Völkel, Bd. 3, S. 1093–1153, hier: S. 1094–1102 und 1113–1117

Ich bin abermal gefragt worden, *wer der graue Mann sey?*[797] *– und aus was für einer Vollmacht er so entscheidend überall spreche?* hierauf will ich nun hier einmal für allemal antworten, und von dieser geheimnisvollen Person Rechenschaft ablegen:

Der Apostel *Paulus* schreibt an seinen frommen Schüler den Titus im 2 Cap. vom 11 bis zum 13 Vers: *Denn die seeligmachende Gnade Gottes ist allen Menschen erschienen; sie erziehet uns, damit wir die Gottlosigkeit, und die weltlichen Lüste verläugnen; vernünftig, gerecht, und religiös im gegenwärtigen Zeitlauf leben, und die glückseelige Hofnung, die Erscheinung der Herrlichkeit des großen Gottes, und unseres Heylandes Jesu Christi erwarten mögen. Diese uns erziehende, seeligmachende, oder heilbringende Gnade des Herrn,* hab ich in der Person des *grauen Mannes* schon im *Heimweh*[798] vorgestellt, und diesen Character behauptet er auch noch immer in dieser Zeitschrift, die seinen Namen führt. Wie also der in *Jesu Christo* mit den Menschen ausgesöhnte himmlische Vater, durch seinen

796 *Dr. Johann Heinrich Jung genannt Stilling:* Der Graue Mann. Eine Volksschrift, Heft 18, Nürnberg 1806, S. 327–335 und 346–350.

797 Zur literarischen Gestalt des grauen Mannes s. Anm. 70.

798 *Heinrich Stilling,* Das Heimweh (s. Anm. 87).

Geist, durch sein Wort, und durch seine alles regierende Vorsehung zum Gewissen der Menschen spricht, oder nach *meiner Überzeugung,* in den vorgetragenen Fällen sprechen würde, so lasse ich hier den grauen Mann sprechen, erklärt er sich unrichtig, so fällt die Schuld natürlicher Weise auf mich, indessen muß er denn doch einen Ton annehmen, der der Person die er vorstellt würdig ist, er muß also durchaus entscheidend sprechen.

Der Bestimmung des *grauen Mannes* zufolge, muß er also jezt in dieser Ernde= und Tennefegens=Zeit,[799] die Ährenleser commandiren; *die am Ufer des tobenden Meers Schlafenden* wecken; da wo der Zorn des Allmächtigen wie eine Feuersbrunst, weit um sich greift,[800] *Brände aus der Glut retten*, und die *Thränensäer*[801], seinem Vettern, dem großen Morgenländer *Theodor Josias von Edang*[802] (S. mein Heimweh) in die Arme liefern. Ich bin sein Knecht, ich thue was ich kann, alle Fehler sind mein, und was gut ist, das ist sein.

Lieben Freunde! was haben wir seit einem Vierteljahr erlebt? – die Zeit geht gebückt unter der Last wichtiger Vorfälle, ihr Angesicht glüht, sie schwizt Ströme Bluts, und blutige Thränen rollen ihre Wangen herab – mit wundem Fuß steigt sie mühsam einher, ihr Weg geht steil bergauf, aber droben glänzt ihr der frohe Morgen entgegen, da wird ihr einer begegnen, der ihr die Last abhebt, die Thränen troknet,[803] und die Füße verbindet. *O wären wir doch alle mit dir drobe*n!

Wir wollen uns einstweilen mit *dem grauen Mann* unterhalten, der soll uns unterrichten, und trösten, ich will selbst mit ihm reden, und euch unser Gespräch

799 Vgl. Mt 3,12; Lk 3,17.
800 Vgl. Jes 66,15 f.
801 Vgl. Ps 126,5 u. ö.
802 S. Anm. 90.
803 Vgl. Apk 21,4.

treulich mittheilen; ach wenn es doch Gott gefiel, seine Ruthe wieder beyseite zu legen, und sich über sein armes *Teutschland* zu erbarmen! – Gerne würde er es thun, er ist ja unser Vater, wenn wir nur auch gehorsame Kinder wären – *Herr erbarme dich unser!*[804]

Gestern Abend war ich unbeschreiblich schwermüthig, der gegenwärtige Krieg mit allen seinen Folgen[805] drückte mich fast zu Boden. Ob wir gleich hier in den *Kurbadenschen* Ländern, ruhig wie im Frieden leben, so müste man doch kein menschliches, geschweige christliches, Gefühl haben, wenn man nicht, bey der Vorstellung, daß jezt Millionen unserer Mitmenschen, durch die Last des Kriegs niedergebeugt, Hunger und Kälte leiden, tief und innig gerührt würde – *Seelig! – o seelig ist der, der jezt die Hungrigen speisen, die Durstigen tränken, die Nackenden kleiden, und die Frierenden erwärmen kann und will: – Er kommt bald der gesagt hat, was ihr diesen Leidenden gethan habt, das habt ihr mir gethan.*[806]

In meinem tiefen Kummer nahm ich also meine Zuflucht zum *grauen Mann*; ich schlich in der Dämmerung nach seinem geheimen Cabinet, wo er sich aufhält, wenn er von seinen Geschäften ausruht, und wurde zu ihm hinein gelassen. Vater *Ernst Uriel*![807] fieng ich an, ich bin unbeschreiblich schwermüthig, und ich komme zu dir, um Trost bey dir zu holen, denn ich weiß aus Erfahrung wie mächtig du trösten kannst.

Der Gr[aue] M[ann]. Warum bist du schwermüthig?

Ich. Fragst du so? – Ehrwürdiger Mann! die ganze abendländische Christenheit ist in den Waffen, viele

804 Vgl. Mt 20,30 f. u. ö.
805 Im Zuge der napoleonischen Kriege kam es 1806 u. a. zur Auflösung des Heiligen Römischen Reiches Deutscher Nation und zur Niederlage Preußens.
806 Vgl. Mt 25,31–46.
807 S. Anm. 78.

hunderttausend Kämpfer stehen auf den Wink bereit, Ströme Bluts zu vergießen, und ein paarmalhunderttausend haben dessen schon gnug vergossen, und nun denke dir die Millionen Hunger, Durst, und Blöße, leidender Menschen *in dieser Winterkälte*! – der Menschenfreund[808] möchte Blut weinen.

Der Gr[aue] M[ann]. Dazu hat der Menschenfreund allerdings Ursache, aber es giebt doch noch einen Grund, der noch beweinenswürdiger ist.

Ich. Den errathe ich leicht, du meynst die *erstaunliche Gefühllosigkeit*, und *Herzenshärtigkeit der Menschen*.

Der Gr[aue] M[ann]. Ja! die meyne ich: Die jezt lebende Menschheit hat *den siebenjährigen Krieg,*[809] *den schrecklichen französischen Revolutionskrieg,*[810] und *Winke gnug zu noch schrecklichern Strafgerichten* erlebt, aber ich kann am besten wissen, wie wenig das alles auf die ganze Volksmasse gewürkt hat. Indessen kann ich denn doch auch mit Freude sagen, daß die Anzahl der wahren Verehrer des Herrn, allenthalben, an einem Ort mehr, am andern weniger, ins Geheim, und unvermerkt, ansehnlich zunimmt; und was sehr merkwürdig ist, *hin und wieder kommen auch neologisch*[811] *gesinnte Prediger wieder zurecht – nicht wenige wenden der falschen Aufklärung den Rücken, und kommen wieder den anzubeten, den sie vorher der Anbetung unwerth achteten,* und so wird dann erfüllt, was der Herr dem Engel der Gemeine zu Philadelphia schreiben läßt Off. Joh. 3. v. 9. *Siehe! ich gebe dir etliche aus des Satans*

---

808 Hier vielleicht wie andernorts Selbstbezeichnung Jung-Stillings (vgl. *Schwinge* 1994, 189f.).

809 Erster europäischer Hegemonialkrieg mit globalen Auswirkungen (1756–1763).

810 Die erste Phase der von Frankreich ausgehenden, durch die Französische Revolution ausgelösten Kriege (1792– ca. 1802).

811 S. Anm. 71.

Schule, die da sagen, sie seyen Juden, und sinds doch nicht, sondern sie lügen. Siehe! ich will machen, daß sie kommen, dich fußfällig ehren, und erkennen sollen, daß ich dich geliebt habe. Was du in *der Siegsgeschichte über diese Stelle gesagt hast,*[812] wird also erfüllt.

Ich. Das ist kein Wunder, denn ich hab ja den Unterricht von dir. Wo ich dir gefolgt, und wo ich dich richtig verstanden habe, da ist mir für dem Irrthum nicht bange. Aber du sprachst vorhin von Winken zu *noch schrecklichern Strafgerichten,* welche die gegenwärtige Menschheit erlebt habe, darf ich dich wohl bitten, *Ehrwürdiger Vater!* mir zu sagen, was du darunter verstehst?

Der Gr[aue] M[ann]. Wenn du gewisse Schriften liesest, so wirst du darinnen sehr merkwürdige Ahnungen finden, die sich auf die gegenwärtige Zeit und die nächste Zukunft beziehen – Ahnungen, bey denen einem die Haut schaudern, und die Haare zu Berge stehen sollten. In der ersten Hälfte des abgewichenen achtzehnten Jahrhunderts, und schon am Ende des siebenzehnten, gab es gelehrte und fromme Männer, welche hellere Blicke, als gewöhnlich ist, in die Zukunft hatten; diese sammelten die sogenannten Weissagungen, welche seit Jahrhunderten her, hin und wieder, von einzelnen frommen Seelen aufgezeichnet worden; auch sie selbst theilten ihren Zeitgenossen ihre Aussichten mit; dazu kamen dann noch ausserordentliche Zeugen der Wahrheit[813], welche schwere göttliche Gerichte in der nahen Zukunft verkündigten, und jedermann zur ernstlichen Buße aufforderten, vorzüglich gehören hieher, *der seelige Hochmann von Hochenau,*[814] und *Friedrich Rock;*[815]

812 Vgl. *[Johann Heinrich Jung-Stilling],* Die Siegsgeschichte (s. Anm. 88), S. 116–122.
813 Vgl. Apk 11,1–14.
814 Ernst Christoph Hochmanns von Hochenau (s. Anm. 431).
815 Johann Friedrich Rock (s. Anm. 483).

beyde machten durch ihre ausserordentlich ernste Predigten, die sie, indem sie weit und breit umherzogen, in Scheunen, auf den Gassen, und in den Häusern hielten, erstaunlichen Eindruck, und sie bewürkten Erweckungen, die noch immer im Seegen dortdauern[816]. Beyde waren sehr ernste Busprediger.

Ich. Welche Schriften meinst du, in denen die sogenannten alten Prophezeyhungen gesammelt sind?

Der Gr[aue] M[ann]. Unter andern *Gottfried Arnolds Kirchen= und Ketzerhistorie,*[817] und dann *die geistliche Fama,* welche von 1730. an bis in den Anfang der 1740 ger Jahre in *Berlenburg* gedruckt wurde,[818] und 30 an allerhand wichtigen Materien reichhaltige Stücke enthält, ich wünschte daß sie wieder aufgelegt und besonders jezt gelesen würde.

Ich. Ich hab viele solcher Offenbarungen oder Weissagungen gelesen, mir dünkt aber es mische sich so viel Eigenes, oder Phantastisches mit dazu, so daß man sich gar nicht darauf verlassen kann. Lezthin schickte mir ein Freund drey besonders merkwürdige Prophezeyhungen, welche über 200 Jahr alt sind, sie sind lateinisch, und lauten im Deutschen folgender Gestalt:

1) Es wird ein großer Adler kommen, dieser wird alle überwinden, ausser einem, welcher endlich verachtet, und von seinem Volk verlassen seyn wird.

816 Setzfehler anstelle von richtig „fortdauern".

817 *Gottfried Arnold,* Unparteiische Kirchen- und Ketzerhistorie (s. Anm. 370).

818 Geistliche Fama. Mittheilend einige neuere Nachrichten von göttlichen Erweckungen, Wegen Führungen und Gerichten, [Berleburg] 1730–1744. Hauptherausgeber des Periodikums der philadelphischen Bewegung (s. Anm. 575) war Johann Samuel Carl (vgl. *Hans-Jürgen Schrader:* Zores in Zion. Zwietracht und Missgunst in Berleburgs toleranz-programmatischem Philadelphia. In: Von Wittgenstein in die Welt. Radikale Frömmigkeit und religiöse Toleranz. Hg. v. Johannes Burkardt und Bernd Hey, Bielefeld 2009 [Beiträge zur Westfälischen Kirchengeschichte, 35], S. 157–194; Bibliographie aller erschienenen Hefte in *ders.,* Literaturproduktion [s. Anm. 48], S. 209 f.).

2) Frankreich wird endlich unter dem Adler kämpfen, und

3) Das Brod (die Hostie) wird abgeschaft werden. Priester und Opfer werden aufhören. Man wird nicht ferner einen unbeseelten Körper anbeten,[819] *Die Monarchie wird H. T. F. A.*[820] *erhalten.*

Man wird mit frommen Sinn allein an Gott glauben.

Er wird nur durch einen einzigen Glauben verehrt werden.

Die abendländischen Könige werden einen ewigen glückseeligen Frieden genießen. Unter diesen Ahnungen sind einige würklich auffallend, sie scheinen vor unsern Augen erfüllt zu werden, aber die Andern haben wiederum etwas Widersinniges, das den göttlichen Weissagungen in der Bibel zu widersprechen scheint; nimmt man aber das Ganze zusammen, und zieht nur den allgemeinen Sinn, den Geist heraus, so entsteht folgende ganz schriftmäsige Weissagung:

In dem abendländischen römischen Reich wird eine Monarchie entstehen, welche die Oberhand bekommen, in welcher der Kampf zwischen Licht und Finsterniß ausgekämpft werden, und dann darauf das große und über die ganze Erde sich erstreckende Reich des Friedens[821] erfolgen soll – dies alles sagt uns auch die Bibel, nur dies kommt nun noch hinzu, daß die neue Monarchie in Frankreich *entstehen werde.*

Der Gr[aue] M[ann]. Du wirst in allen *Ahnungen* und *Prophezeyhungen*, welche von der Apostel Zeiten an bis daher,[822] für die Nachwelt aufbewahrt worden sind, im-

819 Anspielung auf die Transsubstantiationslehre der katholischen Tradition, die eine Anbetung der Hostie einschließt.
820 Möglicherweise eine auf den russischen Kaiser Alexander I. (s. Anm. 905) bezogene Abkürzung (vgl. Anm. 895).
821 Chiliastische Erwartung (vgl. Anm. 422).
822 Bis jetzt.

mer etwas *Schiefes,* Phantastisches, mit einem Wort, *Menschliches* finden; darinnen unterscheiden sie sich auf eine merkwürdige Weise von den *biblischen* Weissagungen; in diesen ist allemal Zusammenhang; durch Jahrtausende hin bezielen sie immer einen großen Gesichtspunct, sie gehen einen erhabenen Gang ohne Fehltritt, welches bey den blos *menschlichen* Ahnungen und Prophezeyhungen der Fall nicht ist; man kann sich also auch vor der Erfüllung auf das was sie Spezielles angeben, durchaus nicht verlassen, im Allgemeinen aber, wenn man sie so behandelt, wie du die von dir angeführte Prophezeyhung behandelt hast, so stimmen sie in der Hauptsache unter sich, und auch mit der Bibel überein. [...]

Der Gr[aue] M[ann]. In der ersten Hälfte des 18ten Jahrhunderts, und schon etwas früher, von *Speners*[823] Würkungskreiß an, und auch etwas später, bis an den Tod *Gerhard Ter Steegen,*[824] *wiederholte der siebende Engel seinen Stoß in die Posaune*[825] *so laut, und der Wiederhall in der ganzen Christenheit war so stark, daß alles in ein sonderbares Regen und Bewegen kam.* Man hat Ursache Gott zu danken, daß er damahls gleichsam ein Protocoll über die merkwürdigen Vorfälle in seinem Reich halten ließ, nämlich die vorhin schon erwähnte *geistliche Fama.*[826] Wer die drey ziemlich starke Octav Bände[827] aufmerksam, und mit Gottgeweihtem Herzen durchliest, und dann das, bey allen menschlichen Schriften unvermeidliche Schwache abzusondern weiß, der wird finden, *daß besonders vom Tod Ludwigs des*

823 Philipp Jacob Spener (s. Anm. 427).
824 Gerhard Tersteegen (s. Anm. 75).
825 Vgl. Apk 11,15.
826 S. Anm. 818. Jung-Stilling bezieht sich nur auf die drei von 1730 bis 1736 in Berleburg erschienenen Teile (1. und 2. Stück des 1. Bandes und 1. Stück des 2. Bandes).
827 Vgl. Anm. 539.

14ten[828] *an bis zum Regierungs=Antritt Friedrichs des Grosen Königs von Preußen,*[829] *also in den zwanziger und dreysiger Jahren, eine höchst merkwürdige Epoque gewesen ist, mit welcher ein neuer Chronus seinen Anfang genommen hat.* Eben in der nämlichen Zeit *beginnen auch die großen und weitaussehenden Anstalten zur Bekehrung der Heyden, also zur Beschleunigung der Fülle der Heyden.* Eben damals wurde der Grund *zum Fall der Römischgeistlichen Monarchie*[830] *gelegt,* und *Voltaire*[831] und *Consorten* legten ihn auch *zum lezten großen Abfall.* Von dieser Epoque an bis daher, schreiten nun diese drey große Geschäfte, *Wachsthum des Reichs Gottes, dessen Ausbreitung in alle Welttheile, und auch innere Vermehrung an wahren Verehrern Jesu Christi; dann gegenüber, der große Abfall, nebst der überhandnehmenden Sittenlosigkeit, und dem grenzenlosesten Luxus; und endlich die Schwächung der römischen Hierarchie, in beschleunigter Bewegung vorwärts.* Diese Stellung kann unmöglich lang dauern, denn die Kräfte sind sich gerade zu entgegen, stärken sich gegeneinander, und würken so lang gegeneinander, bis endlich eine Explosion entsteht, die dem Jammer ein Ende macht. *Die Offenbarung des Menschen der Sünde, und dann die Zukunft des Herrn, werden jene Explosion bewürken. Dieser Zeitpunct ist nun nicht ferne mehr, darum kann das Wachen und Beten*[832] *nicht gnug empfohlen werden.*

Ich. Das ist gewiß! aber du gedachtest vorhin eines *Chronus,* der mit den zwanziger und dreysiger Jahren

828 Ludwig XIV. von Frankreich (s. Anm. 375).

829 Friedrich II. der Große von Preußen (1712–1786), ab 1740 preußischer König.

830 Des Vatikanstaates mit dem Papst als Monarchen bzw. der römisch-katholischen Kirche insgesamt.

831 Voltaire (s. Anm. 7).

832 Vgl. Mt 26,41.

angefangen habe; Wenn ich diesen Chronus nach der *Bengelschen Zeitrechnung*[833] zu 1111 1/9 Jahren annehme, und dann den merkwürdigen Zeitpunct den du mir einmal angegeben hast, nämlich das Jahr 1725 als den eigentlichen Anfangspunct dieses *Chronus* betrachte, so endigt sich dieser im Jahr 2836 nach *Christi* Geburt, also gerade am Schluß des *tausendjährigen Reichs;*[834] ziehe ich diese tausend Jahre ab, so kommt das Jahr 1836 wiederum als das große Entscheidungs=Jahr heraus, in welchem die Zukunft *Christi* den Streit endigen, und das herrliche Reich des Friedens – nach aller Wahrscheinlichkeit – gründen wird, wie ich auch solches in meiner *Siegsgeschichte* mit mehreren Gründen auseinandergesezt habe:[835] denn da habe ich die Hypothese angenommen, *daß die lezte halbe Zeit des Weibes in der Wüsten*[836] *nämlich 111 Jahr im 1725 Jahr angefangen hätten, und sich mit 1836 endigen würden,* addirt man nun die tausend Jahre des Reichs Christi dazu, so kommt wieder das Jahr 2836 oder der Chronus heraus, werden nun die 164 Jahr hinzugezählt, in welchen der Satan wieder losgelassen werden soll, so ist die Dauer der Erde von 7000 Jahren erfüllt, und sie ist nun reif zu ihrer Verklärung.

Der Gr[aue] M[ann]. Alles schickt sich dazu an diese deine Vermuthung wahr zu machen; *indessen erfordern solche Zeit=Bestimmungen große Behutsamkeit. Der Herr wird auch den Seinigen unvermuthet kommen,* daher hat er auch veranstaltet, daß alle Zeitrechnungen von 20 bis 30 Jahre ungewiß sind, folglich kann man nie genau wissen, wo die prophetische Zeitläufe anfangen,

---

833 Johann Albrecht Bengel (s. Anm. 62) hatte den Anbruch des tausendjährigen Reiches für den 18.6.1836 vorausgesagt.
834 Vgl. Anm. 422.
835 *[Johann Heinrich Jung-Stilling]:* Die Siegsgeschichte (s. Anm. 88).
836 Vgl. Apk 12,14.

und also auch eben so wenig wo sie endigen. Wahrscheinlich ist es immer, daß im Jahr 1836 die große Sache des Reichs Gottes im Gange seyn wird, aber gewiß ist es doch nicht. *Das aber ist gewiß, daß sich seit hundert Jahren her alles dazu anschickt.* In dem vorhin gedachten Zeitraum der 20ger und 30ger Jahren des achtzehnten Jahrhunderts lebte ein gewisser Mann, Namens *Johann Christian Seitz,*[837]er war gebürtig aus Bayreuth, wo er auch wegen seiner ungewöhnlichen Meinungen zur Rechenschaft gezogen wurde; er hielt sich mehrentheils in *Amsterdam* auf, und behauptete: er sey ein ausserordentlicher Gesandter Gottes, der der Christenheit die Zukunft des Herrn, die er aufs Jahr 1736 vestsezte, ankündigen sollte. Diese Behauptung gründete er auf folgende sehr willkührliche Berechnung: *er nahm die 1260 Tage der Flucht des Weibes für so viel Jahre an,* S. Offenb. Joh. 12., v. 6. und sezte dann ihren Anfang in das Jahr 476 nach Christi Geburt, in welchem er etwas zu finden glaubte, das ihn dazu berechtigte; auf die Weise fiel also der Termin ins Jahr 1736. Der stolze und zuverläsige Ton in dem er sprach, und die Bitterkeit, mit der er auch die sanftesten Zurechtweisungen wegstieß, sind ein zuverläsiger Beweiß, daß ihn der Geist *Jesu Christi* nicht regierete, sondern daß er ein halb verrückter Schwärmer war, der sich im Eigendünkel verstiegen hatte.

837 Johann Christian Seitz, chiliastischer Wanderprediger und Publizist aus Bayreuth, 1710 aus Kulmbach-Bayreuth ausgewiesen, Korrektor in Amsterdam.

5.2 Der Graue Mann (1811)[838]

Sämmtliche Schriften, Bd. 8, S. 290–324, hier: S. 313–317; Sämmtliche Werke, Bd. 8, S. 363–406, hier: S. 392–397; Edition Mertens/Völkel, Bd. 4, S. 1419–1473, hier: S. 1452–1457

Jezt werden mich meine Leser fragen, warum ich dann die Jahre 1816, und 1836 zur Zukunft des Herrn *bestimmt hätte*? Ich antworte: aus zweyen Ursachen; 1) gaben mir die grosen Weltbegebenheiten, und der allgemein einreissende Abfall von Christo, Anlaß, zu vermuthen, daß nun das Ziel ganz nahe sey; ich gab mich daher ans Forschen, und fand *Bengels* Zeitrechnung, in welcher das Jahr 1836 zum Endpunct bestimmt wird,[839] höchst wahrscheinlich. Hernach machte ich die Entdeckung, daß im Jahr 1816 die 6000 Jahre der Weltdauer abgelaufen seyen, da nun die erleuchteten Gottesgelehrten dafür gehalten haben, daß der Kampf des Lichts mit der Finsternis, des Weibessaamens mit dem Schlangensaamen,[840] sechs tausendjährige Tage währen, und das siebende Tausend dann der grose Sabbath seyn werde, in welchem *Christus* mit seinen Heiligen von einem Ende der Erden bis zum andern regieren würde,[841] so bestärkte mich dies in meiner Vermuthung, daß wir der grosen frohen Zeit ganz nahe seyen. Die zweyte Ursache folgte natürlich aus der ersten. Ich hielte es nämlich für Pflicht, meine Aufschlüsse meinen Zeitgenossen bekannt zu machen, um den Glauben der Auserwählten des Herrn zu stärken, ihnen Muth zu

838 *Dr. Johann Heinrich Jung genannt Stilling:* Der Graue Mann. Eine Volksschrift, Heft 24, Nürnberg 1811, S. 163–170.

839 Johann Albrecht Bengel (s. Anm. 62); zu seiner Berechnung für das Jahr 1836 s. Anm. 833.

840 Vgl. Gen 3,15.

841 Vgl. Apk 20.

machen, und ans Häupter=aufrichten zu erinnern, weil nun unsre Erlösung ganz nahe ist;[842] aber auch die Sichern aufzuschrecken, weil es nun hohe Zeit ist, seine Lampen mit Öl zu versehen.[843]

Daß ich zwey bestimmte Jahre 1836, und 1816 angegeben habe, ist eine natürliche Folge des Rechnens; man kann ja mit unbestimmten Grösen nicht rechnen. Aber deswegen habe ich nie geglaubt, daß der Herr genau in einem von diesen Jahren kommen werde; ich weiß vielmehr gewiß, daß es in keinem von beyden geschieht. Er käme ja dann nicht unerwartet, wie ein Dieb in der Nacht.[844] Wir wissen nun daß die Zukunft des Herrn sehr nahe ist, aber seine Zeit und seine Stunde wissen wir noch immer nicht,[845] und wollen sie auch nicht wissen, um nur immer wachend und bethend[846] erfunden zu werden, wann Er kommt. Hätte ich vermuthen können, daß man meine Zeitbestimmung bedenklich finden würde, so hätte ich mich gleich Anfangs ausführlich erklärt; aber ich dachte, es würde tiefern und ernstern Eindruck machen, wenn ich bey der Zahlbestimmung beharrte.

Das Gleichnis von den zehn Jungfrauen Matth. 25.[847] legitimirt mich vollständig. Diese zehn Jungfrauen gehen aus dem Bräutigam entgegen; warum? – weil sie glaubten, Er sey am Kommen; aber warum glaubten sie das? – Ey! weil sie gerechnet hatten, wie hätten sie sonst seine Ankunft vermuthen können. Nun verzog aber der Bräutigam, und kam nicht auf den Zeitpunct wo sie Ihn erwarteten, sie hatten also nicht richtig gerechnet; sie wurden schläfrig und schliefen ein. Dies ist also der ein-

842 Vgl. Lk 21,28.
843 Vgl. Mt 25,1–13.
844 Vgl. 2Thess 5,2; 2Petr 3,10; Apk 16,15 u. ö.
845 Vgl. Mt 24,36 u. ö.
846 Vgl. Mt 26,41.
847 Vgl., auch zum Folgenden, Mt 25,1–13.

zige Erfolg des Verrechnens; man legt sich nieder, denn es ist spät des Abends, und man hat lang gewartet; kaum aber sind sie zur Ruhe gegangen, so erschallt ein Geschrey: *Der Bräutigam kommt, geht aus, ihm entgegen.*[848] Er kommt nun plötzlich, unerwartet, wie ein Dieb in der Nacht.[849] Hiebey muß ich aber erinnern, daß die Jungfrauen schon vor hundert Jahren den Bräutigam erwarteten: in der ganzen Kirchengeschichte ist keine Zeit, in welcher die Erwartung der Zukunft des Herrn so dringend und so allgemein war, als in der ersten Hälfte des verflossenen Jahrhunderts: Die *Gallischen* Erweckungen[850] giengen voran; die Erneuerung der Brüdergemeine[851] durch *Zinzendorf*[852] folgte auf dem Fuß; dann die Mystische Gesellschaft zu *Berlenburg*,[853] deren Frucht die Berlenburger Bibel[854] ist. Zugleich erschienen zween Herolde, *Friedrich Rock*,[855] und *Hochmann von Hochenau;*[856] hernach *Gerhard*

848 Mt 25,6.
849 S. Anm. 844.
850 Die von Frankreich ausgehende Bewegung der Inspirierten (s. Anm. 76; vgl. *Schneider,* Propheten der Goethezeit [s. Anm. 483]; *Isabel Noth:* Ekstatischer Pietismus. Die Inspirationsgemeinden und ihre Prophetin Ursula Meyer [1682–1743], Göttingen 2005 [Arbeiten zur Geschichte des Pietismus, 46]).
851 S. Anm. 72 und 573.
852 Nicolaus Ludwig Graf von Zinzendorf (s. Anm. 481).
853 Kreis religiöser Nonkonformisten am Hof Graf Casimirs zu Sayn-Wittgenstein-Berleburg (s. Anm. 451).
854 Die Heilige Schrift Altes und Neues Testaments / Nach dem Grund=Text aufs neue übersehen und übersetzet: Nebst Einiger Erklärung des buchstäblichen Sinnes / Wie auch der führnehmsten Fürbildern und Weissagungen von Christo und seinem Reich und zugleich Einigen Lehren die auf den Zustand der Kirchen in unseren letzten Zeiten gerichtet sind; Welchem allem noch untermängt Eine Erklärung die den inneren Zustand des geistlichen Lebens / oder die Wege und Wirckungen GOttes in der Seelen / zu deren Reinigung / Erleuchtung / und Vereinigung mit Ihm / zu erkennen gibt. 8 Bde., Berleburg 1726–1742. Die im Titel genannten Intentionen der unter Protektion und Mitarbeit Graf Casimirs zu Sayn-Wittgenstein-Berleburg gedruckten, mit umfangreichen Kommentaren versehenen Bibelübersetzung verweisen auf deren mystisch-spiritualistischen Traditionszusammenhang.
855 Johann Friedrich Rock (s. Anm. 483).
856 Ernst Christoph Hochmann von Hochenau (s. Anm. 431).

Ter Steegen,[857] und andere Männer mehr. Kurz, in den 20ger und 30ger Jahren des verwichenen Jahrhunderts, war die Erwartung des Reichs des Herrn auf Erden so stark und so allgemein, daß man wohl sagen kann, die Jungfrauen seyen Ihm entgegen gegangen, aber Er verzog, Er kam nicht, und nun wurden die Jungfrauen schläfrig, und schliefen ein. *Johann Christian Seiz*[858] war sogar so kühn, mit der höchsten Gewisheit zu behaupten, der Herr würde im Jahr 1736 kommen; er schalt alle als Ungläubige, die ihm das nicht auf sein Wort glauben wollten; und er war sehr unhöflich gegen *Bengel*[859], der ihn eines Bessern belehren wollte. Aber *Seiz* wurde zu Schanden. Zu *Schwarzenau* und vorzüglich zu *Ronsdorf,* wollte man sogar mit Errichtung des tausendjährigen Reichs den Anfang machen,[860] ehe der König angekommen war, aber die Folgen waren schrecklich.

Also: die Jungfrauen schliefen ein; indessen wachten Diener des Herrn um ihr Bette, damit sich ihnen kein Feind nahen, und ihre Lampen immer brennend erhalten werden möchten; es hat seitdem nie an gottseligen Männern gefehlt, die bey den Jungfrauen und ihren Lampen wachen, und auf das Geschrey merken, daß der Bräutigam kommt, um dann flugs die Jungfrauen zu wecken, und sie hinaus, dem Bräutigam entgegen zu führen. Jezt stehe ich nun da, und rufe laut: *Wacht auf*

857 Gerhard Tersteegen (s. Anm. 75).
858 Johann Christian Seitz (s. Anm. 837).
859 Johann Albrecht Bengel (s. Anm. 62).
860 Gemeint sind die Schwarzenauer Täuferbewegung um Alexander Mack (1679–1735) und die Zionsgemeinde in Ronsdorf um Elias Eller (1690–1750) (vgl. *Marcus Meier:* Die Schwarzenauer Neutäufer. Genese einer Gemeindebildung zwischen Pietismus und Täufertum, Göttingen 2008 [Arbeiten zur Geschichte des Pietismus, 53]; *Claus Bernet:* Ronsdorf. Die Gottesstadt des Propheten Elias Eller. In: *ders.,* Gebaute Apokalypse. Die Utopie des Himmlischen Jerusalems in der Frühen Neuzeit, Mainz 2007, S. 271–300).

ihr Jungfrauen! in einer Stunde kommt der Herr! Ja! sagt die Eine, vor drey Stunden hats auch so geheisen, und es wurde nichts daraus; die Andre: Schweig du nur, es taugt nichts, wenn man die Zeit bestimmen will! Eine Dritte sagt nichts, und schläft fort; die Andern aber raffen sich auf und denken: nun es schadet doch nicht, wenn man auch etwas zu früh fertig ist, und ich bin gar nicht bange, daß mir es der Herr ungnädig nehmen wird, wenn ich auch etwas zu früh geweckt habe.

Die zweyte Frage: *Ob Ärgernis, Erkaltung im Christenthum, und Verachtung der Bibel dadurch entstehe, wenn man die Zeit der Zukunft des Herrn bestimmt, und sie erfolgt dann nicht*, ist schon im Vorhergehenden beyläufig beantwortet worden, ich bemerke nur noch folgendes:

Wenn jemand im hohen Ton auftritt, entscheidend spricht, oder sich gar einer Offenbarung Gottes rühmt, dann traue man nicht; dies war der Fall bey *Johann Christian Seitz,* er forderte Glauben, denn er hielt sich für einen Gesandten Gottes an die Christenheit, und wer ihm widersprach, dem drohte er mit Fluch und Verdammnis. Ihm fehlte der Geist der Liebe; wo dieser fehlt, da fehlt auch gewis der Geist Gottes, und wo der fehlt, da fehlt auch die Wahrheit, besonders in göttlichen und übersinnlichen Dingen. Seitz stiftete viel Ärgernis, und da er den von ihm angegebenen Termin, nämlich 1736 überlebte, so schämte er sich und gieng nach *Amsterdam*, wo er, so viel ich weiß, im Anfang der 40ger Jahre gestorben ist. Der fromme *Petersen*[861] und seine Frau[862] hatten sich auch verrechnet, allein das schadete ihnen Beyden nichts, denn sie waren in der

861 Johann Wilhelm Petersen (s. Anm. 418).

862 Johanna Eleonora Petersen, geb. von und zu Merlau (1644–1724), einflussreiche theologische Schriftstellerin mit Schwerpunkt auf der Eschatologie (vgl. Anm. 419).

Demuth geblieben, und es folgete weiter nichts daraus, als daß man sagte: die frommen Leute haben in dem Stück den richtigen Blick nicht gehabt, die Weissagung unrichtig erklärt. In allen diesen Fällen fällt das Ärgernis, wenn ja eins entsteht, auf den der sich verrechnet hat. Erkaltung und Gleichgültigkeit im Christenthum kann daraus nicht folgen, denn das gründet sich nicht auf die frühere und spätere Zukunft des Herrn, sondern auf die Hofnung des ewigen Lebens, und diese wird durch keine verfehlte Zeitrechnung geschwächt. Der wahre Christ bedauert allenfalls die fehlgeschlagene Erwartung; der blose Namchrist[863] bleibt gleichgültig bey der Sache, er wird dadurch weder besser noch schlimmer, und der Unglaubige spottet und lacht; das that er aber auch vorher, und thuts über alle, auch die heiligsten Wahrheiten der Religion.

Welch eine Menge fehlgeschlagener Erklärungen der Bibel, ihrer einzelnen Aussprüche, Stellen und Weissagungen findet man in der theologischen Litteratur, von der Apostel Zeiten an bis daher[864], und doch hat die Autorität der heiligen Schrift nicht darunter gelitten, sie ist und bleibt ein Fels, den kein Sturm erschüttern kann.

Lieben Brüder und Schwestern! Ich habe nun vorzüglich seit 1792 die nahe Zukunft des Herrn ausgerufen und verkündigt; der Herr hat mehr Segen auf meine schwache Arbeit gelegt, als ich erwarten konnte. Er hat mich von der Wiege an, zu diesem seinem Dienst vor= und zubereitet. Alles ist sein Werk und seine Gnade. Alles Wahre und Gute in meinen Schriften ist von Ihm, und alles Falsche und Unnütze, wenn dergleichen in meinen Schriften vorkommt, ist von mir. Viele sind

863 Der kein wahrer Christ ist, sondern sich nur Christ nennt.
864 Bis jetzt.

durch meinen Ausruf: *Der Herr ist nahe!* erweckt worden. Dies ist kein eitler Eigenruhm, sondern Wahrheit, denn der Herr hats gethan, nicht ich. Saugt nun keine Mücken, und verschlukt keine Cameele,[865] sondern macht euch auf die Zukunft des Herrn bereit, bethet für mich, und überlaßt mich meinem *himmlischen* Führer; kommt Er einige Jahre früher oder später, so thut mir das nichts, gnug! Er kommt bald. Amen. Ja! komm Herr Jesu![866]

5.3 Brief an Johann Georg Siebel[867], Karlsruhe, 23.2.1813

StArch Siegen, Sammlung 342 (Autographen Jung-Stillings), Nr. 60; Panthel Briefe, S. 143 f.

Carlsruhe den 23sten Febr[uar] 1813.

Mein theuerster und innigst geliebter Bruder!
Es war mir sehr lieb durch dein Schreiben vom 9ten dieses[868] endlich einmal wieder etwas von Euch, und aus meinem Vaterland[869] zu erfahren. Es ist mir sehr auffallend, daß nun auch dort bloße Moral gepredigt wird. Die Herren Prediger studiren vermuthlich noch in Herborn,[870] ist denn da die neumodische Theologie auch schon eingerißen? es ist schrecklich: zu meiner Zeit war in Freudenberg Vollpracht, in Holzklau der erbärmliche

865 Vgl. Mt 23,24.
866 Apk 22,20.
867 Johann Georg Siebel (1770–1816), Schneidermeister in Freudenberg bei Siegen, führender Kopf eines mystisch-erweckten Kreises in Freudenberg; Siebel stand seit 1802 mit Jung-Stilling im Briefwechsel (vgl. *Weiß* 2011).
868 Das Schreiben J. G. Siebels vom 9.2.1813 ist nicht überliefert.
869 Dem Siegerland.
870 An der (reformierten) Hohen Schule in Herborn.

Jäger Winter. In Krombach Achenbach, in Hilgenbach Seelbach, in Netphen Goebel, in Siegen Winckel, Achenbach, und Otterbein,[871] und unter diesen Allen auch nicht Einziger erweckt, doch predigten sie alle das reine Evangelium. In Ferndorf der alte Dehnhard[872] war noch der Beste und doch ein Freund der Pietisten[873].

Ich will Dir, Mein lieber Bruder! meine gegenwärtige Ansicht der Dinge offenherzig schreiben: Noch ist das Thier aus dem Abgrund nicht aufgestiegen,[874] der Mensch der Sünde noch nicht offenbar:[875] denn so lange alle christliche Religions Partheyen gesezmäßig geduldet und geschüzt werden, so lang ist vom Antichrist noch die Rede nicht. Die gegenwärtigen göttlichen Gerichte haben den Zweck in der ganzen Christenheit zu wecken was noch geweckt werden kann, und zu retten was noch gerettet werden kann, wer aber auch jezt das Tempo versäumt, dem wirds übel gehen; wenn nun die lezte Aehre im grosen Erndtefeld aufgelesen, der lezte Brand aus dem Feuer gerettet ist,[876] dann wird sich der Mensch der Sünde zeigen, u[nd] die große Versuchungsstunde herbeyführe[n,] wodurch zum Schluß der reine Waizen von den Spreuern wird geschieden werden.[877] Wer in dieser schweren Versuchung treu bleibt, der wird Theilgenosse der ersten Auferstehung,[878] und Bürger im irrdischen Reiche des Herrn. In

---

871 Gemeint sind die Siegerländer Pfarrer Matthias Vollpracht (1713–1777) in Freudenberg, Johann Adam Winter (gest. 1774) in (Ober-) Holzklau, Johann Friedrich Achenbach (1702–1773) in Krombach, Johannes Seelbach in Hilchenbach (s. Anm. 425), Johannes Eberhard Goebel (1692–1771) in Netphen sowie Johann Ludwig Winckel (1698–1762), Johann Heinrich Achenbach (1731–1812) und Georg Gottfried Otterbein (um 1715–1761) in Siegen.

872 Johann Adam Denhardt (1680–1762), Pfarrer in Ferndorf.

873 Vgl. Anm. 73.

874 Vgl. Apk 13,1.

875 Vgl. 2Thess 2,3.

876 Vgl. Sach 3,2.

877 Vgl. Mt 3,12; Mt 13,30.

878 Vgl. Apk 20,5.

dieser Versuchung wird die Frage davon seyn, ob ma[n] ferner an Christum glauben wolle, oder nicht? im ersten Fall verliert man das Leben oder seine bürgerliche Existenz. Der Herr aber wird dann diejenigen die nicht zum Blutzeugentod versiegelt sind,[879] vorher in einen sichern Bergungs=Platz führen.[880] Die Zeit wann dies Alles geschehen wird, kann nicht fern mehr seyn. Last uns treu seyn [im Wachen] und Bäten![881]

5.4
Brief an Wilhelm Berger[882], Karlsruhe, 21.4.1814

Vömel Briefe, S. 167–171[883]; Schwinge Briefe, S. 543–546

Karlsruhe, den 21. April 1814.

Ich kann Deine gehaltreichen Briefe, mein innigstgeliebter Bruder, nicht so beantworten wie sie es verdienen; meine Korrespondenz ist sehr groß, und die Schriftstellerei drängt mich auch, weil ich denn doch die drei Zeitschriften, den grauen Mann,[884] die biblischen Erzählungen[885] und das jährliche Taschenbuch[886]

879 Vgl. Apk 7,1–8.

880 Vgl. Apk 6,9–11.

881 Vgl. Mt 26,41. In eckigen Klammern vervollständigte Wörter sind aufgrund von Papierbeschädigung am Rand nicht vollständig lesbar. Der Briefschluss ist wegen Papierausrisses nicht rekonstruierbar.

882 Johann Wilhelm Berger (s. Anm. 292).

883 Die Textwiedergabe erfolgt hier nach Vömel, da das Original des Briefes nicht auffindbar ist.

884 Die Zeitschrift „Der Graue Mann“ gab Jung-Stilling noch bis 1816 heraus (s. Anm. 338).

885 *Dr. Johann Heinrich Jung genannt Stilling:* Des Christlichen Menschenfreunds Biblische Erzählungen. 14 Hefte, Nürnberg 1808–1816 (vgl. hierzu *Schwinge* 1994, S. 219–264).

886 *Johann Heinrich Jung genannt Stilling:* Taschenbuch für Freunde des Christenthums, Nürnberg 1805–1816 (vgl. hierzu *Schwinge* 1994, S. 265–306).

notwendig fortsetzen muß, solange mir der Herr die nötigen Kräfte dazu reicht. Wir sind hier in Karlsruhe mit allen Einquartierungen verschont geblieben, obgleich 200.000 Mann durch unser Land nach Frankreich gezogen sind, auch ist dadurch nichts verteuert worden, an allem ist noch immer Überfluß. Der Herr verspart die furchtbaren Rheinländer auf noch spätere, aber schwerere Gerichte. Ich kenne kein frivoleres, gegen alle Religion leichtsinnigeres Volk als die Badenser und die Pfälzer …

Deine Ansicht der Rolle, die Bonaparte[887] auf dem großen Welttheater gespielt hat, ist ganz genau auch die meinige, nur mit dem Unterschied, daß ich dabei den Charakter des Menschen der Sünden immer im Auge behielt und sein Tun und Lassen, immer an diesem Probierstein anstrich,[888] wo ich dann manches fand, das nicht zum Tier aus dem Abgrund[889] paßte. Ich will nur einen Hauptgrund bemerken: Der Widerchrist[890] muß durchaus gegen *Christum* und gegen den Glauben an ihn wirken, er muß *Christo* die Herrschaft über die Menschheit entreißen wollen, daran aber hat Napoleon nie gedacht, er war nur insofern Widerchrist, daß sein Reich von dieser Welt sein sollte[891], um das in jener Welt bekümmerte er sich nicht. Aus Politik hat er dem Christentum mehr genützt als geschadet. Auch habe ich wohl mehrmals das Paradoxon gesagt: Bonaparte hat mehr Seelen zu Christo bekehrt, als mancher Apostel oder apostolische Mann: denn die Bekehrung, die das Gericht über ihn, in Rußland und in Preußen bewirkt

---

887 Napoleon Bonaparte (1769–1821), ab 1799 im Ergebnis der Französischen Revolution Erster Konsul der französischen Republik, 1804–1814 (1815) französischer Kaiser; führende und namengebende Gestalt der von 1792 bis 1815 dauernden Koalitionskriege in Europa.

888 Methode zur Feststellung des Reinheitsgrades von Metallen.

889 Vgl. Apk 13 u. ö.

890 Vgl. v. a. 1Joh 2,18–27.

891 Vgl. Joh 18,36.

hat,[892] ist erstaunlich und unerhört. Ich wurde am Anfang verwichenen Märzes nach Bruchsal[893] zur Tafel geladen, wo ich dabei die Gnade hatte, die liebenswürdige Kaiserin[894] und verschiedene Personen von ihrem Hof zu sprechen, dieses ist wohl der einzige Hof in der Welt, an welchem die Religion Hofton geworden ist.[895] Drei Personen waren mir besonders merkwürdig: 1. die Prinzessin *Sturza,*[896] Niece der Hospodars von der Moldau und Wallachei, Marnsi und Üpsilanti,[897] die die erste Hofdame und Liebling der Kaiserin ist, sie will aber durchaus nur Fräulein genannt werden. Diese vortreffliche Griechin ist eine im innern Leben mit Christo in Gott weit geförderte Seele, und es tut mir wohl, daß sie sich auf ewig mit mir vereinigt und verbündet hat.

Sie hat vielen Einfluß auf die Kaiserin und kann also sehr viel Gutes wirken.

2. Der Admiral *Schischkof*, jetzt Minister des Innern,[898] ein alter Mann und wahrer Christ, ist auch jetzt bei der Kaiserin, er entwirft gewöhnlich die Publikationen, die der Kaiser an seine Völker, von der Armee aus ergehen läßt, insofern sie auf Religion Bezug haben. Er ist sehr demütig und bescheiden und spricht wenig, aber desto gründlicher und bestimmter; und 3. hat die Kaiserin auch einen Hofkavalier, einen Fürsten *Galli-*

---

892 Die Niederlagen Napoleons im Russlandfeldzug (1812) und – unter maßgeblicher Beteiligung Preußens – bei Leipzig (1813).

893 Witwensitz von Amalie von Baden, der Mutter von Elisabeth Alexejewna.

894 Elisabeth Alexejewna, geb. Louise von Baden (1779–1826), als Ehefrau des russischen Kaisers Alexander I. (s. Anm. 905) seit 1793 Großfürstin und seit 1801 Kaiserin von Russland.

895 Zu Jung-Stillings eschatologisch gefärbten Hoffnungen auf den russischen Zaren Alexander I. und das christliche Russland vgl. Nachwort, 3.

896 Roxandra Sturza (1786–1844), aus Konstantinopel, Hofdame der russischen Zarin; Leserin von Jung-Stillings Publikationen, wichtige Kontaktperson Jungs-Stillings zum russischen Hof.

897 Nichte der Fürsten von Moldau und Walachei aus den griechischen Familien Marnsi und Ypsilanti.

898 Alexander Schischkow (1754–1841), russischer Admiral, Staatssekretär und Minister.

zin,[899] bei sich, der auch ein wahrer Christ ist, mit dem ich aber nicht sprechen konnte, weil ich nicht fertig[900] genug französisch rede, um einen Diskurs von der Art durchführen zu können. Die vorigen beiden und mehrere Russen sprechen gut deutsch. Diese sagten mir auch, daß der Kultusminister, Fürst Gallizin, ein rechtschaffener und gründlich erweckter Mann sei, welch ein Glück! was kann ein solcher Mann wirken. Ich habe schon seit mehreren Jahren Freunde in Rußland gehabt, mit ihnen korrespondiert und von ihnen erfahren, daß es in der griechischen Kirche[901] zu tagen beginne und sich die Erweckungen weit und breit erstrecken, aber die Gerichtsposaune[902], die im Herbst 1812 über Napoleon und sein Heer hindonnerte, wo der Engel des Herrn *auch* mehrere Hunderttausende zu Boden schlug und mit ihren Leichen den Weg von Moskau bis Wilna[903] bedeckte, hat unbeschreiblich zum Segen gewirkt: Bei allen Russen ist das nur eine Stimme: wir haben die Franzosen nicht geschlagen, das hat Jesus Christus getan.[904] Wenn man ihnen hier Frieden zu wünschte, so sagten sie: Jesus Christus gibt den Frieden. Daher hat auch Alexander[905] die silberne Medaille schlagen lassen, welche die Russen am Hals tragen, wo auf der einen Seite das Auge der Vorsehung und auf der andern die Worte stehen: „Nicht uns, nicht uns Herr, sondern deinem Namen die Ehre“.[906] Du wirst die Medaille schon

---

899 Alexander Nikolajewitsch Golizyn (1773–1844), Jugendfreund und langjähriger Berater des russischen Kaisers Alexander I. (s. Anm. 905), Oberprokuror des Heiligen Synods der Russisch-orthodoxen Kirche, später Minister für Volksaufklärung und geistliche Angelegenheiten.

900 Perfekt.

901 Orthodoxen Kirche (in Russland).

902 Vgl. Apk 8,6–11,19.

903 Wilna (Vilnius) gehörte seit 1795 zum Russischen Kaiserreich.

904 Anspielung auf Ex 21,15.

905 Alexander I. Pawlowitsch Romanow (1777–1825), seit 1801 Kaiser von Russland, ab 1815 zudem König von Polen.

906 Ps 115,1

gesehen haben; der Kaiser selbst und alle seine Großen, haben sie am Halse hängen. Aber die Veränderung des preußischen Charakters ist mir noch erstaunlicher und in meinen Augen ein Wunder Gottes. War denn nicht Berlin der Sitz des Unglaubens und der Religionsspötterei? hat sich nicht von da aus der Abfall von Christo über das ganze nördliche Deutschland verbreitet? Was war die preußische Armee im siebenjährigen Krieg[907] unter Friedrich dem II.,[908] und was ist sie jetzt unter Friedrich Wilhelm dem III.?[909] Jener hat mit allem seinem Genie und seiner Tapferkeit weiter nichts getan und ausgerichtet, als daß er seine Monarchie in dem Zustand erhielt, in dem sie vor dem Krieg war, dieser aber rettete mit seiner Landwehr seinen Staat vom Rand der gänzlichen Auflösung und richtete durch seine Rechtschaffenheit und festen Mut, ohne ein großes Genie, nur ein verständiger, sachkundiger Mann zu sein, den großen Koloß und Weltverderber[910] zugrunde: denn die Wahrheit zu sagen, muß man doch aufrichtig gestehen, daß die Preußen in allen diesen blutigen Kämpfen das meiste geleistet haben. – Du wünschest, mein teuerster Bruder! daß sich die drei verbündeten Monarchen einig bleiben möchten,[911] ich glaube es, sie sind alle frei, fromm und gutmütig und haben sich persönlich kennen gelernt, zusammen gebetet und zusammen Gott gedankt. Franz[912] hat gewiß der guten Sache persönliche Opfer gebracht. Seine Tochter hat er nicht angesehen,

907 S. Anm. 809.
908 Friedrich II. der Große von Preußen (s. Anm. 829).
909 Friedrich Wilhelm III. von Preußen (1770–1840), seit 1797 preußischer König.
910 Napoleon Bonaparte (s. Anm. 887).
911 Das Bündnis zwischen den Monarchen Preußens, Österreichs und Russlands wurde 1815 vertraglich besiegelt (sog. Heilige Allianz).
912 Franz I. von Österreich (1768–1835), 1792–1806 als Franz II. letzter Kaiser des Heiligen Römischen Reiches Deutscher Nation, seit 1804 als Franz I. Kaiser von Österreich.

sondern ihr irdisches Glück, – wenn es ein Glück war – dem allgemeinen Besten aufgeopfert.[913] Wilberforces Werk[914] habe ich auch, er ist ein herrlicher Mann, so zeigt er sich auch allenthalben, wo er wirkt und erscheint. Du gedenkst auch meiner Durchhilfe,[915] ja wahrlich, die ist merkwürdiger und sonderbarer als je in meinem Leben, an mir wird wörtlich erfüllt: ehe sie rufen will ich hören.[916] Im ersten Quartal dieses Jahres wurden die Besoldungen nicht ausbezahlt, dieses wußte ja kein Mensch außer Landes; und aus der Ferne, ohne daß ich erfahren kann, von wem, kam mehr als ich brauchte, und nun ganz unerwartet durch eine besondere Fügung das Quartal noch dazu. Halleluja!

Daß Du in Deinem Alter Dich noch mit Unterrichten quälen und durchbringen mußt, tut mir schmerzlich weh, allein wir müssen der Führung des Herrn folgen: – ich habe 50 Jahre Jugend unterrichten müssen und bin vom geringsten Dorfschulmeisterlein bis zum Professor auf einer ansehnlichen Universität hinaufgestiegen, und ich versichere Dir heilig, daß mir unter allen Geschäften in der Welt, keines verdrießlicher und meinem Charakter mehr zuwider war, als Schulunterricht, aber ich mußte gehorchen.

Dein Gedicht[917] ist voller Salbung und erbaulich schön. Wär der Hexameter[918] richtig, so ließ ich es dru-

913 Gemeint ist die 1810 aus politischen Gründen arrangierte Ehe zwischen der Tochter von Kaiser Franz I. Marie Louise von Österreich (1791–1847) und Napoleon Bonaparte.

914 *William Wilberforce:* Praktische Ansicht des herrschenden Religionssystems vorgeblicher Christen in den höheren und mittleren Ständen verglichen mit dem wahren Christenthum [...], Frankfurt a. M. 1807 (englisches Original London 1797).

915 Des ‚Hebammendienstes' bei der Wiedergeburt.

916 Vgl. Jes 65,24.

917 Nicht überliefert.

918 S. Anm. 251.

cken. Ich, meine Frau und Töchter[919] grüßen, küssen und umarmen Dich in wahrer zärtlicher Liebe. Auch Deine teure und so werte Gattin[920] desgleichen.

Ewig Dein im Herrn verbundener Bruder

Jung Stilling.

919 Elisabeth Jung, geb. Coing (s. Anm. 326); von den Töchtern lebten zu diesem Zeitpunkt wohl Caroline (s. Anm. 325), Amalie (1796–1860) und Christine (1799–1869) Jung im elterlichen Haus.

920 Nicht ermittelt.

Editorische Notiz

Die Edition bietet in fünf thematischen Rubriken vorrangig weniger bekannte Texte Jung-Stillings. Als Kriterium für die Auswahl der Texte diente das Anliegen, eine hinsichtlich Gattung, zeitlicher Zuordnung und Adressaten möglichst aussagekräftige Vielfalt zu bieten. Die detaillierte Quellenangabe, die auch berücksichtigt, welchen Autornamen Jung-Stilling jeweils verwendet (vgl. hierzu das Nachwort, 1), steht am Beginn jedes Textes in einer Fußnote. Bei Drucken wird außer der Originalquelle der Fundort in den Jung-Stilling-Werkausgaben und in neueren Editionen, bei Briefen der Abdruck ebenfalls in neueren Editionen nachgewiesen.

Die Textwiedergabe erfolgt – so weit überliefert – nach den Originalhandschriften bzw. nach den Erstausgaben der Drucke. Bei nicht überlieferten Handschriften wird die älteste Drucküberlieferung zugrunde gelegt (Texte 2.4 und 5.4). Die Texte wurden, einschließlich der Interpunktion sowie Groß- und Kleinschreibung, originalgetreu übernommen, lediglich offensichtliche Setzfehler wurden stillschweigend korrigiert. Hervorhebungen jeglicher Art im Original werden kursiviert wiedergegeben; Einfügungen am Rand sind am Anfang und am Ende mit || gekennzeichnet. Offensichtliche Verschreibungen sind mit „[!]“ markiert. Durch den Verzicht auf modernisierende Eingriffe bleibt der spezifische Schreibstil des Autors vollständig erkennbar.

Die Texte sind sparsam kommentiert, d. h., es werden Personen (mit ganz knappen Biogrammen), erwähnte Buchtitel und erklärungsbedürftige Sachverhalte sowie vom Autor selbst nicht explizit ausgewiesene Bibelstellen identifiziert, auf ausführlichere Erläuterungen wird aber verzichtet. Der Nachweis von Bibelzitaten macht aufgrund der in hohem Maße bibelnahen Sprache des Autors einen großen Anteil an den Kommentaren aus (zur Form der Nachweise vgl. Abkürzungen Theologie und Religionswissenschaft nach RGG^4, Stuttgart 2007). Mehrfachnennungen derselben Person oder Sache in dichter Folge werden nur einmal kommentiert. Auf Sekundärliteratur wird in den Anmerkungen nur in wenigen Fällen verwiesen, weitere Literaturhinweise finden sich im Nachwort. Letzteres bietet eine Einordnung der edierten Texte in Jung-Stillings Werk, speziell dessen populartheologisches Konzept und Wirkungsgeschichte.

Danken möchte ich den Studierenden meines Siegener Masterkurses vom Sommersemester 2015 für ihr Engagement bei der Ersterschließung der Texte. Ein besonderer Dank gilt Matthes Pierog für die sorgfältigen bibliographischen Recherchen und Kollationierungen. Herzlich danke ich dem EPT-Herausgeberteam, besonders Hans-Jürgen Schrader, für alle Hinweise.

Nachwort

Der als Johann Heinrich Jung-Stilling bekannte Autor wurde im Jahre 1740 im Siegerland geboren und auf den Namen Johann Henrich Jung getauft. Als Sohn eines frommen Dorfschneiders legte er einen einzigartigen Karriereweg zum Mediziner, Hochschulprofessor für Wirtschaftslehre und Hofrat zurück.[1] Goethe, den Jung-Stilling während seines Medizinstudiums in Straßburg kennenlernte, regte ihn zur Abfassung seiner Autobiographie an, überarbeitete den ersten Teil und beförderte ihn zum Druck. Dies war der Anfang einer Schriftstellerlaufbahn. Neben Lehrbüchern verfasste Jung-Stilling in großem Umfang Literatur für das Volk – Romane, Erzählungen und vor allem religiöse Schriften. In einer zunehmend religionskritischen Umwelt wollte er eine Frömmigkeit verteidigen, wie er sie aus pietistischen Traditionen kannte. Der vorliegende Band bietet Texte von Jung-Stilling, die eine Annäherung an sein Wirken und sein Selbstverständnis als religiöser Volksschriftsteller ermöglichen. Im Folgenden werden einzelne Aspekte dieses Selbstverständnisses, der damit verbundenen Wirkabsichten und der Rezeption Jung-Stillings als religiöser Schriftsteller erläutert.

---

1 Als biographische Gesamtdarstellung vgl. *Gerhard Merk:* Jung-Stilling. Ein Umriss seines Lebens, Siegen ^{3}2014.

1. „Johann Heinrich Jung" und „Heinrich Stilling"

Der vorliegenden Edition von Auszügen aus Werken und Briefen Jung-Stillings[2] liegt die These zugrunde, dass sich dessen theologisches Denken und Wirken anhand bestimmter Querschnittsthemen angemessen erfassen lässt. Zwar sind diese Themen nicht in allen Lebensabschnitten Jung-Stillings in gleicher Weise und Intensität präsent. Die hier gebotenen Texte aus einem Zeitraum von fast 40 Jahren (1775–1814) zeigen aber, dass der Autor theologisch viel stärker von Kontinuitäten als von Brüchen und einzelnen, voneinander scharf abzugrenzenden, Perioden her zu verstehen ist. In der kirchenhistorischen Forschung wurde – in Fortschreibung eigener Angaben Jung-Stillings hierzu – überwiegend das Periodenmodell vertreten.[3] Dagegen wurden v. a. im Blick auf pietistische Prägungen auch Deutungsmodelle vorgestellt, die in erster Linie Kontinuitäten betonen.[4]

2 In der vorliegenden Edition wird dieser Kunstname verwendet, weil er sich als normierte Namensform etabliert hat. Zu Jung-Stillings Werken im Überblick vgl. Jung-Stilling-Bibliographie. Bearbeitet von Klaus Pfeiffer, Siegen 1993 (Schriften der J.G. Herder-Bibliothek Siegerland e.V., 28); Jung-Stilling-Bibliographie. Erster Nachtrag zu der im Jahre 1993 erschienenen Jung-Stilling-Bibliographie. Bearbeitet von Klaus Pfeiffer, Siegen 2002, sowie www.jung-stilling-forschung.de/index.php/component/content/article/222 (abgerufen am 12.2.2017).

3 Vgl. v. a. *Geiger* 1963; *Hahn* 1988; *Otto W. Hahn:* Jung-Stillings Weg zur Erweckung. In: Jung-Stilling. Arzt – Kameralist – Schriftsteller 1990, S. 165–182; *Gustav Adolf Benrath:* Jung-Stillings Frömmigkeit. In: Blicke auf Jung-Stilling 1991, S. 95–113; *ders.:* Artikel „Jung-Stilling, Johann Heinrich". In: RGG[4] 4 (2001), Sp. 714 f. Eine Übersicht zum Forschungsstand bis in die frühen 1990er Jahre aus der Perspektive der Kirchengeschichte bietet *Schwinge* 1994, S. 23–36. Schwinge selbst schließt sich dem Periodenmodell an und thematisiert „Jung-Stillings Wandlung zum religiösen Volksschriftsteller" ab der Mitte der 1790er Jahre (S. 16).

4 Vgl. v. a. *Vinke* 1987 sowie *Hans Schneider:* Jung-Stilling aus der Sicht der Theologie. In: Jung-Stillings Welt 1992, S. 196–222. Benrath hat die Arbeiten Vinkes und Schneiders v. a. hinsichtlich der dort in Frage gestellten tatsächlichen Relevanz von Jung-Stillings Kant-Rezeption für dessen theologische Entwicklung scharf kritisiert. Vinke wirft er vor, „nach der

Um Jung-Stillings sich wandelnder Selbstverortung in den Kontexten seiner Zeit auf die Spur zu kommen, scheint es hilfreich zu sein, zunächst seine in den unterschiedlichen Selbstbezeichnungen zum Ausdruck kommende Selbstdarstellung wahrzunehmen.[5] Denn es ist evident, dass der Name „Johann Heinrich Jung-Stilling" eine nachträgliche Konstruktion aus Namensbestandteilen ist, deren sich der Autor zu Lebzeiten in unterschiedlichen Kombinationen bediente, wobei die auffälligste Variante zum Taufnamen „Johan Henrich Jung" die Selbstbezeichnung als „Stilling" ist. Bekanntlich verwendete er sie erstmals bereits 1777 – und zwar als pseudonyme Autorangabe in der Publikation seiner Autobiographie.[6] In seinem ersten Roman, *Die Geschichte des Herrn von Morgenthau*, identifizierte er sich 1779 unter Bezugnahme auf die Autobiographie als „Verfasser der Geschichte des Henrich Stillings". Unabhängig davon hatte er als „Johann Heinrich Jung" bereits in der Mitte der 1770er Jahre drei Abhandlungen vorgelegt, in denen er sich mit dem Berliner Aufklärer Christoph Friedrich Nicolai und allgemeiner mit der „Krankheit des Religionszweifels" auseinandersetzte.[7]

Diese doppelgleisige Identifikation als Autor lässt sich auch in den folgenden Jahrzehnten beobachten. Während die Romane *Die Geschichte Florentins von*

Schablone ‚einmal Pietist – immer Pietist'" vorzugehen und Jung-Stillings Entwicklung „im ganzen und einzelnen, seine Beeinflussung durch die Aufklärung und seine Äußerungen über die Rückkehr zum wahren ‚alt-evangelischen System'" nicht „ernstzunehmen" (*Benrath* 2001, S. 166 f., Anm. 32).

5 In der vorliegenden Edition ist deshalb jeweils der genaue Name angegeben, unter dem Jung-Stilling die einzelnen Werke publizierte.

6 Henrich Stillings Jugend (1777); Henrich Stillings Jünglings-Jahre (1778); Henrich Stillings Wanderschaft (1778); Henrich Stillings häusliches Leben (1789); Henrich Stillings Lehr=Jahre (1804).

7 Die Schleuder eines Hirtenknaben (1775); Die Theodicee des Hirtenknaben (1776); Die große Panacee (1776). Vgl. hierzu *Vinke* (1987).

Fahlendorn und *Leben der Theodore von der Linden* (1781–1783), *Theobald oder die Schwärmer* (1784/85), *Das Heimweh* und *Der Schlüssel zum Heinweh* (1794–1796), *Lavaters Verklärung* (1801) sowie – ab der 1800 erschienenen zweiten Auflage – die *Scenen aus dem Geisterreiche* unter „Heinrich Stilling" erschienen, publizierte Jung-Stilling nicht nur seine zahlreichen Lehrbücher, sondern auch die Abhandlung *Über den Revolutionsgeist unserer Zeit* (1793), die *Berichtigung der gewöhnlichen Begriffe von der Mystik* als Vorwort zu Johann Christian Stahlschmidts *Pilgerreise zu Wasser und zu Lande* und auch seine *Theorie der Geister=Kunde* (1808) unter „Johann Heinrich Jung" – teils mit dem Doktortitel davor. 1795 hat der Autor die beiden Varianten seiner Selbstbezeichnung erstmals zusammengeführt zu „Dr. Johann Heinrich Jung [...] sonst auch Heinrich Stilling genannt", und zwar bei der Herausgabe des ersten Heftes der Zeitschrift *Der Graue Mann.* Im 19. Jahrhundert verkürzte Jung-Stilling die Angabe zunehmend zu „[Dr.] Johann Heinrich Jung genannt Stilling". Sein *Erster Nachtrag zur Siegsgeschichte der christlichen Religion* erschien 1805 unter „Dr. Johann Heinrich Jung Stilling" – von wo aus es zu der Variante „Jung-Stilling" nicht mehr weit gewesen wäre.[8]

Nur für die ersten Publikationen kann noch davon ausgegangen werden, dass „Stilling" als Pseudonym taugte – spätestens in den 1780er Jahren muss dem Publikum klar gewesen sein, wer sich dahinter verbarg. So erklärt sich auch, dass Jung-Stilling Werke, die er tatsächlich anonym veröffentlichen wollte, ab den 1780er Jahren vollständig ohne Angaben zum Autor publi-

8 In der zweiten Ausgabe der „Siegsgeschichte der christlichen Religion" (1814) lautet die Verfasserangabe ähnlich „Dr. Johann Heinrich Jung (Stilling)".

zierte. Neben zahlreichen Zeitungsartikeln betrifft dies die selbstständigen Veröffentlichungen *Blicke in die Geheimnisse der Natur-Weisheit* (1787), die erste Ausgabe seiner *Scenen aus dem Geisterreiche* (1795) sowie seine Auslegung der Johannesoffenbarung unter dem Titel *Die Siegsgeschichte der christlichen Religion* (1799). Wie lässt sich die Tatsache, dass Jung-Stilling lange Zeit parallel unter „Johann Heinrich Jung" und unter „He[i]nrich Stilling" publizierte und die beiden Namensvarianten schließlich zusammenführte, interpretieren? Es ist vielfach darauf hingewiesen worden, dass „Stilling" wohl eine Anspielung auf „Die Stillen im Lande" (nach Ps 35,20) sein sollte – was bedeuten würde, dass Jung-Stilling in seinen Namen dauerhaft eine Verbindung zu den ‚stillen Frommen' hätte integrieren wollen. Es gibt aber keinen Beleg für eine solche Deutung durch den Autor selbst. An den Verleger seiner Lebensgeschichte George Jacob Decker schrieb er 1777: „Sie haben einen *Stilling* vor sich, trauen Sie auf sein gutes Hertz, teutschen Muth und Blut."[9] Eine fromme Deutung des Pseudonyms ist dem nicht zu entnehmen.

Weiterführend scheinen Beobachtungen zu sein, die den Inhalt der unter dem einen bzw. dem anderen Namen publizierten Veröffentlichung und somit wohl auch deren jeweilige Zielgruppe betreffen. Publikationen unter dem bürgerlichen Namen „Johann Heinrich Jung", zumal mit dem Doktortitel versehen, betreffen offensichtlich Abhandlungen, die der Autor als wissenschaftlich einordnete – also nicht nur seine wirtschaftswissenschaftlichen und medizinischen Lehrbücher, sondern auch seine Erläuterungen zum *Revolutionsgeist* (1793) und zur *Mystik* (1799) sowie seine *Theorie der Geisterkunde* (1808). Als „Heinrich Stilling" publi-

9 S. Text 2.1, S. 42.

zierte er parallel hierzu seine erzählte Autobiographie sowie vielfach ebenfalls autobiographisch gefärbte Erzählungen und Romane, die die Leser via Identifikation mit dem erzählenden Ich mit im Laufe der Jahre zunehmender Intensität dazu einluden, ihr Leben im Horizont einer ganz bestimmten religiösen Interpretation wahrzunehmen und entsprechend einzurichten.

2. Die „Stilling"-Identität

Angesichts der Tatsache, dass Jung-Stilling unter „He[i]nrich Stilling" seine Autobiographie erzählt – und zwar über alle Lebensphasen hinweg[10] – und dass er den Ausdruck „Stilling" im Laufe der Jahre zudem in seinen bürgerlichen Namen integrierte, ist evident, dass das Stilling-Ich eine Identität markiert, die mit den eigenen Wurzeln in besonderer Weise verbunden war und während der gesamten Lebenszeit des Autors präsent gewesen ist. Diese Herkunftsidentität beschreibt Jung-Stilling in *Theobald oder die Schwärmer* einerseits romanhaft und andererseits, in dem hier edierten ersten Kapitel,[11] auch in Form eines historischen Rückblicks auf Entwicklungen in der evangelischen Kirche seit der Reformation. Es handelt sich dabei um eine kirchen- und kulturgeschichtlich äußerst aufschlussreiche ‚Kirchengeschichte von unten', in der der Autor einen über die Jahrhunderte tradierten und mit immer neuen Inhalten angefütterten *„mystisch-Böhmisch[en],* und mit unter *paracelsisch[en]*" „Nationalgeist" beschreibt.[12] In dem hier auftauchenden breiten Pan-

10 Der letzte Teil „Henrich Stillings Alter" ist zwar erst postum erschienen (1817/1821), aber im Kern auch noch von Jung-Stilling selbst verfasst.
11 S. Text 3.1.
12 Text 3.1, S. 116.

orama an Namen spielen außer Jacob Böhme und Paracelsus v. a. Madame Guyon, Jane Leade und Pierre Poiret sowie für das 18. Jahrhundert Ernst Christoph Hochmann von Hochenau, Johann Friedrich Rock, Johann Conrad Dippel und Gerhard Tersteegen herausragende Rollen. Eigens thematisiert und mit dem Namen Johann Wilhelm Petersen in Zusammenhang gebracht werden die Lehre von der Allversöhnung und der Chiliasmus. In einem Atemzug werden z. B. aber auch Philipp Jacob Spener, Gottfried Arnold und Christian Hoburg sowie Nicolaus Ludwig von Zinzendorf genannt.

Das im *Theobald* vom Autor bevorzugte Etikett für die mit diesen Namen verbundenen, aus Jung-Stillings Perspektive sehr populären, Strömungen im Protestantismus ist das der Mystik. Daneben taucht als Leitbegriff, wie schon der Titel deutlich macht, der des „Schwärmers“ auf. So schreibt er unter Bezugnahme auf die eigenen Wurzeln in der Einleitung: „[…] ich bin gleichsam durch meine Erfahrungen dazu berechtigt, eine Geschichte der Schwärmer dieses Jahrhunderts zu schreiben“.[13] In der Darstellung selbst wird deutlich, dass er zwischen ‚Enthusiasten‘ und ‚Fanatikern‘ im Sinne des Unterschieds zwischen „der guten und bösen Schwärmerey“[14] differenzieren will. Jung-Stilling kämpft – ohne begriffliche Stringenz – gegen einen rein pejorativen Schwärmerbegriff. Er betont, dass es die „erstaunliche Trägheit und Schläfrigkeit der Geistlichen, ihre Unwissenheit und Ungeschicklichkeit in der Seelsorge, und bey dem allen ihre unbiegsame Herrschsucht“ gewesen sei, die „mehr Schuld an der Schwärmerey“ habe „als die Schwärmer selber“[15] – von

13 Text 3.1, S. 98.
14 Text 3.1, S. 114.
15 Text 3.1, S. 119.

Ausnahmen abgesehen. Im Blick auf sich selbst bittet er seine Zeitgenossen, doch nicht „gleich alles, was warm von der Religion und ihren Belehrern spricht, für Schwärmerey“ zu erklären.[16] An einer Stelle ist in Analogie zum doppelten Schwärmerbegriff auch davon die Rede, dass die verschiedenen Schriften „viele Menschen zum reinen oder auch wohl zum schwärmerischen Pietismus“ ‚gestimmt‘ hätten.[17] Jung-Stillings Fazit zu seiner Darstellung der nonkonformen religiösen Szene der Frühen Neuzeit ist ein positives: „Durch alle diese Personen wurde unter dem gemeinen Volk eine allgemeine Gährung zuwege gebracht, die durch ganz Teutschland wirkte […].“[18]

Die Auseinandersetzung mit den eigenen religiösen Prägungen und – im Zusammenhang mit dem Werben um Verständnis für diese – das Ringen um eine angemessene Bezeichnung derselben bilden einen roten Faden in Jung-Stillings Publikationen und Briefen auch der folgenden Jahrzehnte. Dabei ist ein insgesamt sehr zurückhaltender Umgang mit dem Begriff „Pietismus“ bzw. „Pietisten“ erkennbar. So äußerte er z. B. 1791 in einem Brief im Blick auf seine Familie: „Gott, was ist das für eine Familie! so rein, so ganz lauter und vortreflich hab ich noch keine angetroffen, alles ein Herz und eine Seele, alles fromm ohne Pietismus […].“[19] Ein sprechendes Beispiel für seine kritische Distanz zum Pietismusbegriff bildet auch die Szene „Die Pietisten“ in der ersten Ausgabe seiner *Scenen aus dem Geisterreiche.*[20] Der Leser wird hier Zeuge eines Treffens dreier

16 Text 3.1, S. 122.

17 Text 3.1, S. 134.

18 Text 3.1, S. 140.

19 Johann Heinrich Jung an Justus Christoph Kraft, Marburg, 6.4.1791, abgedruckt in: Schwinge Briefe, S. 148 f., hier S. 148. Weitere Beispiele bei *Vinke* 2001, S. 171 und 181, Anm. 22.

20 S. Text 4.1.

verstorbener „Pietisten", die zu der schmerzhaften Erkenntnis kommen, dass sie keineswegs, wie zu Lebzeiten angenommen, auf direktem Wege in die ewige Herrlichkeit gelangen, sondern statt dessen mit schweren Vorwürfen von Seiten des Zwischenreich-Personals konfrontiert werden. Die Kritik derer, die sich selbst durchaus als „Pietisten" verstanden, an dieser in die jenseitige Szenerie verlegten Pietistenkritik blieb nicht aus. Gegenüber der Basler Christentumsgesellschaft erklärte Jung-Stilling verteidigend, dass er nicht „wahre Erweckte und erleuchtete Christen" gemeint habe, sondern nur die „fromm Scheinenden", die er in Zukunft statt als „Pietist" als „christlicher Pharisäer" bezeichnen wolle.[21] Er versprach sogar „feyerlich das Wort *Pietist* nie wieder im übelen Sinn zu gebrauchen".[22] Dieses Vorhaben setzte er in der zweiten Auflage der *Scenen aus dem Geisterreiche* um, verteidigte zugleich aber auch seine erste Variante der ‚Pietistenszene'[23]. Denn man habe sich „ja leicht denken" können, dass „hier keine *wahre,* sondern *falsche* Pietisten" gemeint gewesen seien.[24] Wegen der Problematik des Begriffs „Pietist" ging sein Plädoyer auch jetzt dahin, auf diesen besser ganz zu verzichten.[25]

Die von Jung-Stilling stets bevorzugte Bezeichnung für die von ihm präferierten Frömmigkeitstraditionen

---

21 Johann Heinrich Jung an Karl Friedrich Adolf Steinkopf, Marburg, 12.6.1796, abgedruckt in: Schwinge Briefe, S. 183 f., hier 184. Zum teilweise spannungsvollen Verhältnis Jung-Stillings zur Basler Christentumsgesellschaft vgl. *Gustav Adolf Benrath:* Die Basler Christentumsgesellschaft in ihrem Gegensatz gegen Aufklärung und Neologie. In: PuN 7 (1982), S. 87–114; Gerhard Schwinge: Jung-Stilling und seine Beziehung zur Basler Christentumsgesellschaft. In: *ders.* 2014, S. 33–49.

22 S. Text 3.2, S. 144.

23 S. Text 4.2.

24 Text 4.2, S. 205.

25 Der Begriff „Pietismus" war seit seinem Aufkommen im späten 17. Jahrhundert pejorativ belastet (vgl. hierzu *Veronika Albrecht-Birkner:* „Refor-

blieb die der Mystik. In der Mystik des Mittelalters, so äußerte er 1796 gegenüber Steinkopf in Basel, habe bereits „das wahre evangelische Christenthum verborgen" gelegen.[26] Den Kerntext hierzu bildet Jung-Stillings *Berichtigung der gewöhnlichen Begriffe von der Mystik,* die er als Vorwort zu Johann Christian Stahlschmidts *Pilgerreise zu Wasser und zu Lande* veröffentlichte.[27] Hier erläuterte er: „Die wahre practische *Mystick* im reinsten Verstand, ist im Grund nichts anders als der einfältige lautere und evangelische Glaubens= und Heiligungs=Weg, die *Reinigung durch das Blut Christi* [...]."[28] Hier siedelt er auch die Frömmigkeit der Herrnhuter Brüdergemeine an – „nur mit dem Unterschied, daß der Mysticker seinen Blick auf den *Proces* der Reinigung und Heiligung richtet, und *diesen* beschreibt, wenn er sich erklären und von seinem Zustand Rechenschaft geben soll; der *Herrnhuter* hingegen, sieht nur immer auf die wirckenden Ursachen jenes Prozesses, und drückt sich blos durch Worte aus, die darauf Bezug haben [...]."[29] Die zentrale Referenzfigur bildete für Jung-Stilling Gerhard Tersteegen als „wahrer Reformator der Mystick".[30] Es verwundert nicht, dass er Tersteegen auch als einzigen wahren Christen und erfolgreichen Vermittler zwischen den um wahres Christsein konkurrierenden „Pietisten" in der entspre-

---

mation des Lebens" und „Pietismus" – ein historiografischer Problemaufriss. In: PuN 41 [2015], S. 126–153; *dies.:* „Ich verspreche Ihnen nochmals feyerlich, das Wort *Pietist* nie wieder im übelen Sinne zu gebrauchen ...". Fromme Identitätsfindung im späten 18. Jahrhundert. In: PuN 42, 2016 [2017], S. 183–202).

26 Text 3.2, S. 146.

27 Text 3.3.

28 Text 3.3, S. 162.

29 Ebd. Zu Jung-Stillings Verhältnis zur Herrnhuter Brüdergemeine vgl. *Dietrich Meyer:* Jung-Stilling und die Herrnhuter Brüdergemeine, in: Zwischen Straßburg und Petersburg 1992, S. 97–120.

30 Text 3.3, S. 159. *Vinke* 2001.

chenden Geisterreichszene von 1801 inszenierte.[31] Historischen Brückengestalten zu Tersteegen wie Johann Engelbert Evertsen[32] gegenüber sah Jung-Stilling sich im Laufe der Jahre allerdings eher in einer apologetischen Situation hinsichtlich der Frage, ob er diese Tradition nicht selbst verlassen habe.[33] Faktisch wird man Jung-Stillings Präferenzen für Tersteegen zusammen vor allem mit seinen Bezugnahmen auf Madame Guyon und die Berleburger Bibel[34] einem auch im frühneuzeitlichen Protestantismus erheblichen Laieninteresse an quietistischen Traditionen zuordnen müssen.

Ein anderer Schlüssel zum Verständnis von Jung-Stillings Theologie und Frömmigkeit liegt in der Rezeption von Jacob Böhme und Paracelsus. Dies lässt sich nicht nur seinen expliziten Bezugnahmen auf Böhme entnehmen, sondern auch impliziten, wie der Gleichsetzung von „Christosophie“ bzw. „Christosophen“ mit wahren, erweckten Christen.[35] Bezugnahmen auf theosophisch-hermetische Traditionen generell spielen bei Jung-Stilling, wie Jacques Fabry nachgewiesen hat, nicht nur in seinem unveröffentlichten Manuskript *Der theosophische Versuch, vom Wesen Gottes und vom Ursprung aller Dinge* (1776) und in den *Blicke[n] in die Geheimnisse der Naturweisheit* (1787), sondern dauerhaft eine erhebliche Rolle.[36] Damit ord-

31 Vgl. Text 4.2, S. 220.

32 Vgl. zu Evertsen *Robert Steiner:* Johann Engelbert Evertsen, der Freund von Gerhard Tersteegen. In: Monatshefte für evangelische Kirchengeschichte des Rheinlandes 29 (1980), S. 29–76.

33 S. Text 2.4. Vgl. zu den Auseinandersetzungen Jung-Stillings mit den „Tersteegenianern“ *Vinke* 2001.

34 Vgl. *Hans-Jürgen Schrader:* Madame Guyon, Pietismus und deutschsprachige Literatur. In: Jansenismus, Quietismus, Pietismus. Hg. v. Hartmut Lehmann, Göttingen 2002 (Arbeiten zur Geschichte des Pietismus, 42), S. 189–225, hier S. 217 f.

35 Vgl. Text 3.2, S. 146–148.

36 Vgl. *Fabry* 2003 und 2006.

net sich Jung-Stilling freilich in eine seit dem 18. Jahrhundert in Deutschland allgemein intensivierte Böhme-Rezeption und Konjunktur hermetischer Traditionen ein.[37]

Jung-Stillings Hauptanliegen im Blick auf die verschiedenen von ihm benannten Strömungen alternativer bzw. subkirchlicher Frömmigkeit und Religiosität besteht zum einen darin, diese aus der pejorativen Sicht herauszunehmen und im Gegenteil in den Fokus der Wahrnehmung als (einzig) wahres Christentum zu rücken. So formuliert er z. B. 1803 im *Grauen Mann* im Blick auf „Herrnhuter, Pietisten, Feine, Tersteegianer, Inspirirte[n] u.s.w.", dass *„diese Partheyen [...] unstreitig, und in iedem Betracht und Verhältnis die besten, die edelsten Menschen"* enthalten würden.[38] Das zweite Hauptanliegen betrifft das Verhältnis dieser Strömungen und Gruppierungen untereinander. Der „Hauptfehler", so bemerkt Jung-Stilling z. B. 1811, sei „der schreckliche und höchst gefährliche Sektengeist, der sich bey solchen Anhängern irgend eines vorzüglichen

37 Vgl. u. a. *Heinrich Bornkamm*: Pietistische Mittler zwischen Jakob Böhme und dem deutschen Idealismus. In: Der Pietismus in Gestalten und Wirkungen. Festschrift Martin Schmidt. Hg. v. H. Bornkamm, Bielefeld 1975 (Arbeiten zur Geschichte des Pietismus, 14), S. 139–154, zu Jung-Stilling S. 145–147; *Hans-Georg Kemper:* Hermetik – das ‚Andere' im Luthertum. Zur Diskussion um die Anfänge deutscher Naturlyrik, Frankfurt a. M. 2016 (Zeitsprünge. Forschungen zur Frühen Neuzeit, 20 [2016], Heft 1–2); *Cecilia Muratori:* The First German Philosopher. The Mysticism of Jakob Böhme as Interpreted by Hegel. Translated from Italian by Richard Dixon and Raphaëlle Burns, Dordrecht [u. a.] 2016 (International Archives of the History of Ideas, 217); *Jörg Paulus:* Der Enthusiast und sein Schatten. Literarische Schwärmer- und Philisterkritik um 1800, Berlin und New York 1998 (Quellen und Forschungen zur Literatur- und Kulturgeschichte, 13 = [247]), zu Jung-Stilling v. a. S. 45–55; *Friedemann Stengel:* Aufklärung bis zum Himmel. Emanuel Swedenborg im Kontext der Theologie und Philosophie des 18. Jahrhunderts, Tübingen 2011 (Beiträge zur Historischen Theologie, 161); *Rolf Christian Zimmermann*: Das Weltbild des jungen Goethe. 2 Bde., München 1969–1979 (^{2}2002–2009).

38 Text 1.4, S. 297.

Werkzeugs des Herrn, einschleicht: immer halten die Anhänger des Einen, die Anhänger des Andern, nicht für recht ächte Christen [...].“[39] Eindringlich fordert er seine Zeitgenossen auf: „last Euch doch den Namen *Tersteegianer*, oder *Herrnhuter*, oder *Mysticker* nicht trennen! – die Frage ist nur: glaubst du an den Herrn *Jesum Christum*? und ist dein Glaube fruchtbar in guten Werken? findest du das, lieber Bruder! und liebe Schwester! so laß den fatalen Sekten=Namen die Bruderliebe nicht hindern.“[40]

Dieses im Kern philadelphische Motiv einer „unsichtbaren, alle Konfessionsgrenzen übergreifenden Gemeinde der wahren Christen am Ende der Welt“[41] nach Apk 3,7–13, ist zweifellos eines der Hauptmotive bei Jung-Stilling. Es drückt sich u. a. in seiner dezidiert positiven Bezugnahme auf die *Geistliche Fama*[42] aus und impliziert die Auffassung, dass theologische Differenzen im Detail wie auch generell hinfällig seien. So erklärt er z. B.: Die „erste Periode des christlichen Lebens, nennen die Apostel *Sinnesänderung;* und die *neue Geburt, Wiedergeburt* folgt unmittelbar darauf; die christlichen orthodoxen Theologen geben ihr den Namen *Buße, Bekehrung* und *Wiedergeburt,* die *Pietisten* nennen sie die *Erweckung,* und der Mysticker den Zug des Vaters zum Sohn; im Grund aber ist das alles Eins.“[43] Auch die „Ausdrücke, *Christus für uns,* und, *Christus in uns*“, so fordert Jung-Stilling, sollen „nicht mehr das *Schiboleth* und Trennungszeichen zwischen Sekte und Sekte seyn“, denn es sei zu bedenken, „daß *Christus* in uns, ohne *Christum* für uns, nicht gedacht

---

39 Text 3.5, S. 186.
40 Text 3.5, S. 187.
41 *Schneider*, Jung-Stilling (s. Anm. 4), S. 200.
42 Vgl. Text 5.1, S. 262 und S. 264.
43 Text 3.3, S. 166.

werden kann, und daß *Christus* für uns ohne *Christum* in uns, wieder eine blose Täuschung" sei.[44] „Wie leicht! – o Freunde!" ruft der Autor aus, „wie leicht, und wie nützlich wäre daher die Vereinigung, oder innere Geistesgemeinschaft und Verbrüderung zwischen allen Kindern Gottes?[45] Es geht Jung-Stilling um die Negierung theologischer Komplexität, die er als Illusion inkompetenter Eliten versteht, zugunsten der Postulierung eines vermeintlich ‚einfachen' Kerns der Sache. Die, wie in der vorliegenden Edition nachgewiesen, deutlich bibelnahe Redeweise des Autors lässt in diesem Zusammenhang auf einen biblizistischen Grundzug schließen.

Den verfassten Kirchen schreibt Jung-Stilling vor diesem Hintergrund eine temporäre Notwendigkeit zu. Seine zentrale Äußerung hierzu lautet: „Ich will weder *Calvinist noch Herrnhuter,* noch Pietist heißen, das alles stinkt nach dem Sectengeist; ich bekenne mich einzig und allein zu der Lehre Jesu und seiner Apostel, und trage dabey zum Unterschied der verschiedenen politisch festgesezten Religions=Gesellschaften, die Uniform der Evangelisch=Reformirten Kirche, weil ich doch einmal eine Uniform haben muß, bis es dann endlich zu den weißen Kleidern kommt."[46] Von einer „äussern oder politischen Kirchenvereinigung" wolle er aber nicht reden, denn diese könne „bey gegenwärtigen verworrenen Umständen nicht statt finden, sie ist aber auch nicht nöthig: denn sie wird sich von selbst machen, wenns einmal Zeit ist."[47] Die Notwendigkeit eines Festhaltens an den protestantischen Bekenntnisschriften propagiert der späte Jung-Stilling lediglich als ein Fest-

44 Text 3.5, S. 187. Vgl. *Hans-Jürgen Schrader:* Vom Heiland im Herzen zum inneren Wort. ‚Poetische' Aspekte der pietistischen Christologie. In: PuN 20 (1994 [1995]), S. 55–74.

45 Text 3.3, S. 162.

46 Text 4.2, S. 206.

47 Text 3.3, S. 162 f.

halten an der diesen gemeinsamen „wesentliche[n] Lehre des Christenthums."[48]

3. Glaube – Vernunft – Erfahrung

Bei allem uneingeschränkten Lob für Gerhard Tersteegen als dem „theueren apostolischen" Mann[49] sieht Jung-Stilling bei diesem doch auch Punkte, die aus seiner Sicht einer Richtigstellung bedürfen. Hierzu gehört Tersteegens Sicht auf die Vernunft. Es sei der Eindruck entstanden, Tersteegen würde die Vernunft „ganz verwerfen und verläugnen, so daß man mit vernünftigen Vorstellungen, wenn sie auch noch so gewiß und richtig sind, nichts ausrichtet, sondern immer hören muß: *Weg damit! das ist Vernunft!*" Tersteegen, so heiße es, wolle „die Leute unvernünftig machen". Dies sei aber „blos Misverstand, denn der seelige Mann" habe „vollkommen recht", er habe „nur im Ausdruck gefehlt, und ein Wort gewählt, das nicht zu dem Begrif paßt, den er damit verbindet". Er verwende das Wort „Vernunft" nämlich „durchgehends für *sinnliche oder fleischliche Vernünfteley*" des natürlichen Menschen im Sinne von 1Kor 2,14; „diese und keine andere meynt er, wenn er das Wort Vernunft braucht [...]." Vernunft im zeitgenössischen Sinn habe Tersteegen also keineswegs verworfen.

Diese ‚Richtigstellung' Tersteegens als zentraler Orientierungsfigur in Glaubenssachen ist für Jung-Stilling keine Marginalie. Sie verweist auf die Tatsache, dass seine Strategie zur Verteidigung des (wahren) Glaubens gegen aufklärerische Angriffe – was durchgängig als

48 Text 1.5, S. 36.
49 Text 3.3, S. 160. Die folgenden Zitate S. 160 f.

sein Hauptanliegen anzunehmen ist – keineswegs ein Unterfangen jenseits des Gebrauchs der Vernunft und aus seiner Sicht wissenschaftlicher Methoden war. Das Ziel seiner *Berichtigung der gewöhnlichen Begriffe von der Mystik* z. B. war es, „daß weder der gründliche unpartheyische Philosoph, noch der wahre Christ, mit Grund etwas dagegen einwenden kann".[50] Die Zusammenführung seiner Namensbestandteile ab den 1790er Jahren[51] lässt sogar die These zu, dass Glaube und ‚Wissenschaft' für den späten Jung-Stilling in eher noch wachsendem Maße zusammengehörten. „Vernunft" war für ihn ein zentraler, keineswegs pejorativer Begriff. Der „Zweck" seines Ansatzes bestehe, so hatte er schon im *Theobald* formuliert, darin, „unser teutsches Vaterland zu belehren, *daß der Weg zum wahren zeitlichen und ewigen Glück, zwischen Unglauben und Schwärmerey*" – also gewissermaßen zwischen zu viel und zu wenig Vernunft – *„mitten durchgehe"*.[52]

Wie stark Jung-Stilling von den zeitgenössischen philosophischen Diskussionen beeindruckt war, lässt sich an seiner intensiven Auseinandersetzung mit der „Leibniz=Wolffianische[n] Lehre"[53] und dabei vor allem mit dem Determinismus ablesen. Er beschreibt anschaulich, wie sehr ihm Letzterer seit seiner Straßburger Zeit zu schaffen machte: „O wie ruhig hatte ich bis dahin gelebt! [...]; nun aber hatte sich der finstere fatale Determinismus, wie ein starker Gewapneter in

50 Text 3.3, S. 177.

51 S. unter 1.

52 Text 3.1, S. 99. Das Bild vom ‚mittleren Weg' als dem richtigen Weg stellt bei Jung-Stilling ein zentrales Motiv dar. In diesem Sinn ist auch der Ausdruck „Mittelmaß" im Titel sowie am Schluss der ersten Kapitels des „Theobald" zu verstehen (s. Text 3.1, S. 143). In seiner „Berichtigung der gewöhnlichen Begriffe von der Mystik" (1799) z. B. definiert er als „wahre[n] Pietist[en]" denjenigen, der zwischen Herrnhutern und Mystikern „in der Mitten" gehe (Text 3.3, S. 162).

53 Text 1.1, S. 13.

meine Seele gelagert, der sagte jezt zu allem, was ich bisher geglaubt hatte, nein![54]

Das Ende der Bestimmung seines Denkens durch den Determinismus markierte laut Jung-Stilling eine Art Bekehrungserlebnis: „Endlich gefiel es der Vorsehung, mich von meinem zwanzigjährigen schweren Kampf zu befreyen: ich gerieth nämlich im Sommer 1790[55] ins Studium der Kantischen Philosophie, hier fand ich den Schlüssel zum Halbgebohrnen; jezt erkannte ich im Licht der Warheit, und mit der festesten Gewisheit, die entsezlichen Fehlschlüsse welche die Vernunfte macht, so bald sie sich ins Übersinnliche wagt [...]. Bey dieser Entdeckung war ich vor Freuden wie emporgehoben, und nun meines Glaubens gewiß."

Die strukturellen Ähnlichkeiten zum Bekehrungsbericht August Hermann Franckes liegen auf der Hand[56] – im Gegensatz zu diesem ist es hier aber eben kein göttliches Eingreifen, das zur Glaubensgewissheit führt, sondern die Begegnung mit Schriften Kants, genauer vermutlich nur mit dessen *Kritik der reinen Vernunft.*[57] Die Tatsache, dass Jung-Stilling bereits im Frühjahr 1789 in einem Brief an Kant diesem selbst den Vorgang ähnlich beschrieben hatte – „fiel mir die Hülle von den Augen, mein Herz wurde erweitert, und es durchdrang mich ein Gefühl von Beruhigung, das ich nie empfunden hatte" etc.[58] –, zeigt, dass es sich bei der Schilderung der ‚Kant-Begegnung' jedenfalls nicht nur um eine pu-

54 Text 2.3, S. 76. Das folgende Zitat S. 79.

55 Jung-Stilling irrt sich hier in der Jahresangabe. Es handelte sich um das Jahr 1788.

56 Vgl. Lebensläufe August Hermann Franckes. Autobiographie und Biographie. Hg. v. Markus Matthias. 2., überarbeitete Ausgabe, Leipzig 2016 (Edition Pietismustexte, 9), v. a. S. 54 f.

57 Vgl. *Thomas Weitin:* Nachwort. In: Lesebuch Heinrich Jung-Stilling 2011, S. 146–168, hier S. 164 f. Zum Verhältnis zu Kant generell *Rainer Vinke:* Johann Heinrich Jung-Stilling und der Königsberger Philosoph Immanuel Kant. In: Zwischen Straßburg und Petersburg 1992, S. 27–39.

blikumswirksame literarische Erfindung gehandelt haben kann.

Durch die Lektüre Kants sah sich Jung-Stilling offensichtlich philosophisch legitimiert, Angriffen auf das Christentum in neuer Intensität durch ‚Beweise' göttlichen Wirkens im Bereich der – der Vernunft entzogenen – religiösen Erfahrung zu begegnen. Kant, der ihm als Gefährder der Religion bekannt war und den er noch zwei Jahre zuvor durch seinen theosophischen Entwurf *Blicke in die Geheimnisse der Natur-Weisheit* (1787) zu beeindrucken versucht hatte, erschien ihm jetzt als „ein groses, sehr groses Werckzeug in der Hand Gottes", und er prophezeite, dass Kants Philosophie „eine grösere, geseegnetere und allgemeinere Revolution bewürcken" werde „als Luthers Reformation".[59] Der vernunftgemäße Schlüssel zur Verteidigung des Christentums hieß für ihn fortan nicht mehr ‚philosophisch-metaphysische Begründung', sondern ‚Beweis aus Erfahrung'.[60] Neologen mit ihrem Bemühen um eine die aufklärerischen Anfragen aufnehmende denkerische Bewältigung des Glaubens gehörten für Jung-Stilling dagegen durchgängig zu den „Gelehrten von der falschen Aufklärungsparthei"[61], die nicht wahre, sondern nur *„ästhetische Christen"*[62] hervorbringen.

---

58 Johann Heinrich Jung an Immanuel Kant, Marburg, 1.3.1789, zusammen mit Kants Antwort [undatiert] abgedruckt. In: Lesebuch Heinrich Jung-Stilling 2011, S. 109–114, Zitat S. 110.

59 Ebd.

60 Die Kategorie der Erfahrung spielte in der von Jung-Stilling rezipierten pietistischen Tradition eine erhebliche Rolle. Vgl. zu dieser Tradition u. a. *Volker Keding:* Theologia experimentalis. Die Erfahrungstheologie beim späten Gottfried Arnold, Münster [u. a.] 2001 (Theologie, 37). Zur Rezeption von Johann Henrich Reitz' erfahrungsorientierter „Historie der Wiedergebohrnen" (1717) bei Jung-Stilling s. *Hans-Jürgen Schrader:* Literaturproduktion und Büchermarkt des radikalen Pietismus. Johann Henrich Reitz' „Historie der Wiedergebohrnen" und ihr geschichtlicher Kontext, Göttingen 1989, S. 299–305 und 507–510.

61 *[Johann Heinrich Jung-Stilling]:* Die Siegsgeschichte der christlichen Religion [...], Nürnberg 1799, S. 22.

62 Text 1.5, S. 39.

Das von Jung-Stilling literarisch am breitesten präsentierte Beweisfeld für die Wahrheit des Christentums auf der Basis von Erfahrung bilden seine autobiographischen Darstellungen wie auch Deutungen von Biographien anderer.[63] Der Schlüsselbegriff an dieser Stelle und für sein Denken überhaupt ist der der Vorsehung,[64] den er auch im Blick auf das soeben geschilderte ‚Kant-Erlebnis' verwendet.[65] Im *Schlüssel zum Heimweh* (1796) erläutert er: „Wer meine Lebensgeschichte gelesen hat, der weiß, daß ich einer von den Gegenständen bin, an welchen die göttliche Vorsehung noch immer durch Thatsache beweist, daß alle Aussprüche der Bibel, die ihre allerspezielleste Leitung, derer, die kindlich auf Sie trauen, versichern, buchstäblich wahr sind."[66] Vor seinem ‚Kant-Erlebnis' habe er auch schon „täglich neue Beweise und Erfahrungen" gehabt, „daß Gott auf eine ganz besondere und handgreifliche Weise über mich wachte, und für mich sorgte". So sehr dies seinen Glauben auch gestärkt hätte, sei aber „doch immer der innere schwere Kampf ungeendigt" gewesen, „da hieß es immer: die Erfahrung kann dich täuschen, aber was die Vernunft demonstriren kann, das täuscht nie!"[67] Im *Theobald* (1784) hatte er dies als eine grundsätzliche Ambivalenz der Rolle von Vernunft und Erfahrung für den Glauben beschrieben.[68]

---

63 Vgl. *Hirzel* 1997, 21–93; Texte Rubrik 2.
64 In den hier edierten Texten kommt er 25 Mal vor.
65 Die Vorsehung als umsorgende Instanz „zum Heil der Menschen" wird in den hier edierten Texten an zwei Stellen weiblich definiert als „mütterliche" bzw. „Mutter Vorsehung" (s. S. 76 und S. 177).
66 Text 2.3, S. 74.
67 Rext 2.3, S. 77.
68 Text 3.1, S. 142f.

Jung-Stillings Vorsehungsglaube ist nicht mit der reformierten Lehre von der Prädestination im Sinne der ewigen Vorherbestimmung zu Heil oder Unheil gleichzusetzen. Einen Hinweis darauf, aus welchen Traditionen er sich bei ihm vorrangig speiste, gibt sein vermutlich von ihm selbst als Familienwappen entworfenes Siegel. Es zeigt ein kleines, nacktes Kind unter einem Doktorhut, von dem rechts und links des Kindes Lorbeerranken herunterhängen – überstrahlt vom Auge der Vorsehung. An den Seiten stehen die Worte „EWIG“ und „IUNG“. Wenn man davon ausgeht, dass das Kind

Siegel Jung-Stillings (Abb. aus: … wenn die Seele geadelt ist. Aus dem Briefwechsel Jung Stillings. Hg. v. Hermann Müller, Gießen 1967, Bildtafel zwischen S. 16 und 17)

den wahren Glauben repräsentieren soll[69], so dass auf ‚ewigem Jungsein' die größte Verheißung liegt, und der Doktorhut mit den Lorbeerranken Vernunft bzw. Wissenschaft, lässt sich das Siegel zunächst als Verbildlichung der von Jung-Stilling angestrebten Harmonie von Vernunft und Glauben interpretieren. Dominiert ist das Siegel aber vom Auge der Vorsehung. Beachtet man, dass sich diese Darstellung stilbildend in der zweiten Hälfte des 17. Jahrhunderts als Illustration zu Ausgaben der Werke Jacob Böhmes etabliert hatte,[70] liegt es – zumal angesichts der bereits beschriebenen Einordnung Jung-Stillings in die intensivierte Böhme-Rezeption im 18. Jahrhundert – nahe, dass sich auch diese Darstellung aus der Böhme-Rezeption speiste.

Ein anderer Hinweis liegt vermutlich in Jung-Stillings nicht nur temporären Sympathien für die Freimaurer – soweit sie sich als christlich verstanden –[71], in deren Lehren das „Auge der Vorsehung" eine zentrale Rolle spielte.[72] Hier korrespondierte dies mit der Metapher des Lichts für die zu suchende Erkenntnis, zusammengeführt in der von Jung-Stilling gern genutzten Wendung „Licht der Wahrheit". Erkenntnis im „Licht der Wahrheit" und eigene Erfahrung von Vorsehung sind für ihn gleichwertig.[73] Gott ist für Jung-Stil-

69 Vgl. v. a. Mt 18,3 f.; Mt 10,15 (mit Lk 18,17) und Mt 19,14.

70 Vgl. *Christoph Geissmar:* Das Auge Gottes. Bilder zu Jakob Böhme, Wiesbaden 1993 (Wolfenbütteler Arbeiten zur Barockforschung, 23), v. a. S. 57–85.

71 Vgl. hierzu *Gerhard Schwinge:* Affinität und Aversion. Jung-Stillings Verhältnis zum Freimaurertum und Illuminatenorden. In: Auf den Spuren von Jung-Stilling 1998, S. 45–66. Jung-Stillings Roman „Das Heimweh" z. B. wurde von den Rezensenten in der Berliner Monatsschrift 1796 vollständig freimaurerisch eingeordnet.

72 Auch anderes freimaurerisches Vokabular findet sich bei Jung-Stilling, wie z. B. „Bruderbund", „Hieroglyphen" oder auch „Grade" und „Großmeister". Hier liegen freilich auch Überschneidungen mit der Rezeption hermetischer Traditionen (vgl. hierzu Anm. 37 und 95) vor.

73 Vgl. z. B. Text 3.3, S. 177.

ling der „Lichtgeber“[74] und „der grose Augenarzt“[75]; bevorzugt greift er in seinem Plädoyer für wahres Christsein auf die Rede Jesu von der Entfernung von Splitter bzw. Balken aus dem Auge[76] zurück. „Man thue doch die Augen auf und sehe!!!“[77], ruft er Aufklärern und Neologen zu. Seine langjährige Tätigkeit als Augenarzt, der dadurch bekannt wurde, dass er den Grauen Star stechen, d. h. durch einen kurzen Eingriff erblindeten Menschen wieder zu Sehvermögen verhelfen konnte, könnte für ihn vor diesem Hintergrund von mehr als nur eindimensional physiologischer Relevanz gewesen sein.

Im Ergebnis der letzten, unglücklich verlaufenen Begegnung zwischen Jung-Stilling und Johann Wolfgang von Goethe am 5. Oktober 1815 in Karlsruhe notierte Letzterer enttäuscht: „Jung ist leider in seinem Glauben an die Vorsehung zur Mumie geworden.“[78] Jungs Vorsehungsglauben stand Goethe jedoch nicht erst in der späten Zeit mit Unverständnis gegenüber. In *Dichtung und Wahrheit* schrieb er im Blick auf die 1770er Jahre: „die Art, auf einem abenteuerlichen Lebensgange alles, was uns vernünftigerweise Gutes begegnet, einer unmittelbaren göttlichen Einwirkung zuzuschreiben, schien mir doch zu anmaßlich, und die Vorstellungsart, daß alles, was aus unserm Leichtsinn und Dünkel, übereilt oder vernachlässigt, schlimme, schwer zu übertragende Folgen hat, gleichfalls für eine göttli-

74 Text 3.4, S. 178.
75 Text 3.5, S. 191.
76 Vgl. Mt 7,3–5.
77 Text 1.4, S. 29.
78 Zitiert nach *Benrath* 2001, S. 170. Zum Verhältnis zwischen Jung-Stilling und Goethe vgl. außer Benrath *Gerhard Schwinge:* Prophet und Weltkind – Jung-Stilling und Goethe. In: Jung-Stilling. Arzt – Kameralist – Schriftsteller 1990, S. 112–141 sowie *Karl Otto Conrady:* Goethe. Leben und Werk, Frankfurt a. M. 1987 (Sonderausgabe), S. 106–108; *Reidel* 1994; *Raabe* 1999.

che Pädagogik zu halten, wollte mir auch nicht in den Sinn."[79] Von Jungs autobiographischem Erzählen war er aber so begeistert, dass er ihn zur Abfassung seiner Biographie motivierte und den ersten Band selbst zum Druck beförderte – jedoch nicht ohne eigene Eingriffe. Jung-Stilling hatte in seiner Lebensgeschichte „‚die deutlichen Fustapfen der göttlichen Fürsicht'" aufzeigen und zu einem „Gottesbeweis zusammenfügen wollen", aber Goethe habe „gerade hieran gekürzt und entsprechende Beispiele und Aussagen unterdrückt".[80]

Doch unabhängig von allen auf der Hand liegenden Unterschieden zwischen Jung-Stilling und Goethe und der Tatsache, dass es nur am Beginn der 1770er Jahre während des Studiums in Straßburg, bei dem Besuch Goethes im Rahmen der sog. ‚Geniereise' 1774 in Elberfeld sowie während zweier Aufenthalte von Jung-Stilling als Star-Operateur in Frankfurt 1775 zu intensiveren Begegnungen beider kam, ist es nicht übertrieben, hier in gewisser Weise von einer Freundschaft zu sprechen. Dass die Beziehung aus der Sicht beider auch langfristig von Relevanz war, lässt sich sowohl der respektvollen Art entnehmen, in der Goethe über die frühen Begegnungen mit Jung-Stilling in *Dichtung und Wahrheit* schreibt,[81] als auch den erfolglosen Versuchen beider seit der Jahrhundertwende, noch einmal zu einer positiven Begegnung zu kommen. In seinem letzten Brief an Goethe vom Januar 1816 nannte Jung-Stilling diesen „Mein alter, edler und bewährter Freund" und wünschte gerade angesichts der ‚Vergegnung' vom Herbst 1815, „wir müßten noch einmal diesseits Herz in Herz ausleeren", denn das „Band der Vollkommen-

79 Zitiert nach: *Johann Wolfgang von Goethe:* Werke. Hamburger Ausgabe. Bd. 10: Autobiographische Schriften II, München [7]1981, S. 90.

80 *Benrath* 2001, S. 164.

81 *Johann Wolfgang von Goethe:* Aus meinem Leben. Dichtung und Wahrheit, Teil 2 (Buch 9 und 10) und Teil 3 (Buch 14), Tübingen 1812 und 1814.

heit" dürfe durch die „verschiedene[n] Wege, die wir geführt worden sind", nicht gelöst werden.[82] Goethe hat dies positiv aufgenommen und die Hoffnung geäußert, bei seiner „dießjährigen Reise mich unserer herkömmlichen Freundschaft wieder recht gründlich zu erfreuen".[83] Rüdiger Safranski hat Goethes Affinität zu Jung-Stilling damit erklärt, dass Goethe in ihm „eine aufs Gebiet der Religion versetzte geistige Erfahrung, die er das *Apercu* nennt", fand und „eine Art Genie der Religion" sah.[84] So lässt sich insgesamt vielleicht von einer Geistesverwandtschaft hinsichtlich des Bewusstseins einer besonderen eigenen Rolle und deren Begründung in außergewöhnlichen Erfahrungen im Kontext des zeitgenössischen Geniekultes sprechen.[85]

In den Bereich ‚vernünftiger Beweise' des Christentums zu dessen Verteidigung gehören auch Jung-Stillings seit den 1790er Jahren vorgelegte, verschiedenartige Publikationen zur Geisterlehre.[86] So erklärt es sich, dass er am Anfang seiner *Apologie der Theorie der Geis-*

---

82 „Jung Stilling" an Johann Wolfgang von Goethe, Karlsruhe, 7.1.1816, abgedruckt in: Schwinge Briefe, S. 580 f., hier S. 580.

83 *Johann Wolfgang von Goethe* an Sulpiz von Boisserée, 27.9.1816, zitiert nach *Sulpiz Boisserée:* Briefwechsel mit Goethe, Stuttgart 1862 (Sulpiz von Boisserée, 2), S. 138–140, Zitat 140.

84 *Rüdiger Safranski:* Goethe. Kunstwerk des Lebens. Biographie, München 2013, S. 89 f. In den Kontext dieses spezifischen Genie-Interesses Goethes gehört die ‚Genie-Reise' von 1774 gemeinsam mit J. C. Lavater und J. B. Basedow, die ihn auch zu Jung-Stilling nach Elberfeld führte (vgl. *Hans-Jürgen Schrader:* „Unleugbare Sympathien". Roentgen-Schreibtische, Magnetismus und Politik in Goethes ‚Unterhaltungen deutscher Ausgewanderten'. In: Dazwischen. Zum transitorischen Denken in Literatur- und Kulturwissenschaft. Festschrift für Johannes Anderegg. Hg. v. Andreas Härter [u. a.], Göttingen 2003, S. 41–68, v. a. S. 55–68).

85 Vgl. in diesem Zusammenhang *Hans-Georg Kemper:* „Göttergleich". Zur Genese der Genie-Religion aus pietistischem und hermetischem ‚Geist'. In: Goethe und der Pietismus. Hg. v. H.-G. Kemper und Hans Schneider, Tübingen 2001 (Hallesche Forschungen, 6), S. 171–208.

86 Eickels Verklärung (1788); Scenen aus dem Geisterreiche (1795 und zahlreiche weitere Auflagen); Lavaters Verklärung (1801); Theorie der Geister=Kunde (1808) und Apologie der Theorie der Geisterkunde (1809). Vgl. Texte Rubrik 4.

terkunde (1809) erläutert: *„Der ganze Zweck meines Lebens und meines ganzen Würkungskreises geht dahin, die wahre, reine, evangelische Christus= und Bibel= Religion, gegen die so scheinbaren Sophistereyen der neueren Aufklärungs=Philosophie zu vertheidigen, und zugleich in diesen so wichtigen und schweren Zeiten dem Wahrheit liebenden, und Wahrheit suchenden Christen, den wahren schmalen Weg, zwischen der falschen Aufklärung und der Schwärmerey durch, zum grosen und glänzenden Ziel zu zeigen.*“[87] Im Gegensatz zu Emanuel Swedenborg, dem er vorwirft, sich als Träger übernatürlicher Offenbarungen auszugeben, beansprucht Jung-Stilling, die Existenz des Geisterreichs als Zeugnis für die Wahrheit der Bibel auf der Basis empirischer Erfahrungen zu beweisen.[88] Denn mit den Geistererscheinungen verhalte es sich so: *„so bald mehrere zugleich ein Gespenst, oder doch, untrügliche Zeichen seines Daseyns gesehen haben, so hilfts nicht, wenn nur einer kommt und beweist sehr vernünftig, Geister=Erscheinungen seyen nicht möglich:* denn die welche gesehen und gehört haben, lachen oder ärgern sich darüber und sagen: Euer Vernünfteln hilft euch nicht: denn wir haben die Sache gesehen und gehört [...].“[89] Es gebe in allen Schichten kaum jemanden, der „an Geister=Erscheinungen zweifelt“. Zur Bekräftigung der „wissenschaftliche[n] Objektivität seiner Geisterkunde“ bezog sich Jung-Stilling u.a. auf Berichte aus dem *Magazin der Erfahrungsseelenkunde* von Karl Philipp Moritz.[90]

Auch wenn „das mehreste Täuschung“ sei, so sei „doch auch unläugbar, daß sich zu Zeiten Wesen aus der

87 *Johann Heinrich Jung genannt Stilling:* Apologie der Theorie der Geisterkunde [...], Nürnberg 1809, S. 3 f.

88 Vgl. hierzu *Geiger* 1963, S. 522–530.

89 Apologie der Theorie der Geisterkunde, a. a. O., S. 6. Hier auch das folgende Zitat.

90 *Shimbo* 1994, S. 109 f.

Geisterwelt in der Sinnenwelt empfinden lassen, und diese sind dann die Ursache, daß alle philosophische Räsonnements den Glauben an Gespenster nie auslöschen können, so sehr es auch die Aufklärer und Neologen wünschen."[91] So werde Jung-Stilling *„den gänzlichen Ungrund der Prämissen der falschen und schädlichen Aufklärungs=Philosophie"* zeigen und *„aus Vernunfts=Gründen" beweisen, „daß die ganze Bibellehre von Gott, von der Geisterwelt, von der Unsterblichkeit der Seelen, und von Belohnungen und Strafen nach diesem Leben, der reinen vorurtheilsfreyen Vernunft, dem gesunden Menschenverstand, und allen Erfahrungen aus der Geisterwelt vollkommen gemäß sey"*. Im Ergebnis werde das „mechanische philosophische Lehrgebäude" „total darnieder gestürzt und zertrümmert".[92] Die der Geisterlehre zugrunde liegende Lehre von der *Apokatastasis panton* erklärte Jung-Stilling „so wohl in Ansehung der Reinigung nach dem Tod, als auch der Wiederbringung aller Dinge" für vollständig legitim – und zwar vor allem deshalb, weil sie den „gegründeten Vorwurf" der Philosophen und Neologen widerlege, „unsre Religion enthalte Lehren, welche die Würde des höchsten Wesens entehrten, und Gott zu einem Tyrannen machten, der seine Freude an den Quaalen seiner Geschöpfe habe".[93]

Diethard Sawicki hat darauf hingewiesen, dass die „Heterogenität der bei Jung-Stilling gleichsam als Collage zusammengestellten Erzählungen" von Geistererscheinungen „unter wissenssoziologischem Gesichts-

91 Apologie der Theorie der Geisterkunde, a. a. O., S. 6 f. Das folgende Zitat S. 9.

92 Theorie der Geister=Kunde (1808), zitiert nach Sämmtliche Werke Bd. 6, S. 574. Hier auch das folgende Zitat.

93 Apologie der Theorie der Geisterkunde, a. a. O., S. 56. Das Konzept der Apokatastasis ist bei Jung-Stilling zusammenzudenken mit dem philadelphischen Ansatz (s. hierzu unter 2).

punkt auf eine um 1800 in Deutschland noch immer existierende Vielzahl nur lose verknüpfter geisterkundlicher Diskurse" hinweise.[94] Insbesondere gehe es bei ihm in exemplarischer Weise um Diskursüberschneidungen zwischen Mesmerismus (Magnetismus) und Somnambulismus als naturphilosophischer bzw. medizinischer Argumentation sowie einer „neuplatonisch inspirierten" Lehre von der Zweiteilung der Seele.[95] Sawicki betont, dass die „Idee eines anthropozentrischen Himmels" als „Neuen Jenseits" im Protestantismus des späten 18. Jahrhunderts gerade auch bei pietistisch beeinflussten Autoren – außer Jung-Stilling nennt er Johann Caspar Lavater und Johann Friedrich Oberlin – im Zusammenhang mit deren Swedenborg-Rezeption entstanden sei.[96] Für Jung-Stilling spielte hinsichtlich der Herausbildung seiner Geisterlehre bereits seit ihrer Begegnung 1774 in Elberfeld die Orientierung an Lavater eine maßgebliche Rolle.[97] Die herausragende Bedeutung Lavaters dokumentierte er postum nicht zufällig in Gestalt einer Darstellung von dessen „Verklärung".[98]

---

94 *Diethard Sawicki:* Leben mit den Toten. Geisterglauben und die Entstehung des Spiritismus in Deutschland 1770–1900, Paderborn ²2016, S. 58.

95 *Sawicki,* a. a. O., S. 18. Vgl. zu Jung-Stillings Magnetismusaffinität auch *Hans-Jürgen Schrader:* Vom ekstatisch-prophetischen zum magnetischen Beispielfall: Hemme Hayen. In: Medizin- und kulturgeschichtliche Konnexe des Pietismus. Heilkunst und Ethik, arkane Traditionen, Musik, Literatur und Sprache. Hg. v. Irmtraut Sahmland und H.-J. Schrader, Göttingen 2016 (Arbeiten zur Geschichte des Pietismus, 61), S. 179–210, hier S. 207 f. [Lit.]; zu den Magnetismussympathien, die parallel in Goethes wohl unter Rekurs auf die ‚Geniereise' von 1774 verfassten „Unterhaltungen deutscher Ausgewanderten" (1795) deutlich werden, s. *ders.,* Unleugbare Sympathien (s. Anm. 84), S. 45–54.

96 *Sawicki* (s. Anm. 94), S. 52 und 62. Zum Zusammenhang von Geisterglauben und hermetischer Tradition S. 71–76.

97 Vgl. hierzu *Benrath* 1975; *Shimbo* 1994; *Gerhard Schwinge:* Jung-Stillings Verhältnis zu Lavater. Ergänzungen zu Gustav Adolf Benraths Studie von 1973. In: Frömmigkeit unter den Bedingungen der Neuzeit. Festschrift für Gustav Adolf Benrath zum 70. Geburtstag. Hg. v. Reiner Braun und Wolf-Friedrich Schäufele, Darmstadt [u. a.] 2001, S. 187–195.

98 Lavaters Verklärung (1801).

Zugleich verstand er sich ab diesem Zeitpunkt „als Nachfolger Lavaters" und verfolgte mit seiner *Theorie der Geisterkunde* das Ziel, „Lavaters Geisterlehre von allem Anfechtbaren zu reinigen und zu Ende zu führen".[99]

Den dritten Bereich ‚vernünftiger Beweise' für die Wahrheit des Christentums bei Jung-Stilling stellen seine apokalyptischen Zeitanalysen und -berechnungen dar.[100] Die politische Lage, insbesondere die Französische Revolution[101] und die sich nicht nur für Jung-Stilling auf den russischen Kaiser und die „Heilige Allianz" fokussierende religiös konnotierte politische Hoffnung[102], sowie die sich um die Jahrhundertwende offenbar steigernden endzeitlichen Erwartungen[103] schienen es möglich und nötig zu machen, Johann Albrecht Bengels chiliastische Berechnungen fortzuschreiben und zu aktualisieren. Was Bengels „System das größte Gewicht und den höchsten Grad der Wahrscheinlichkeit giebt", so Jung-Stilling, sei, dass „es so ausserordentlich pünktlich eintrift, und nach *Bengels* Tod besonders in unseren Tagen dergestalt eingetroffen ist, daß gar kein Zweifel mehr über dessen Wahrheit entstehen" könne.[104] Jedoch sah Jung-Stilling bei Bengels Berechnungen auch Fehler, weshalb er sich vornahm,

99 *Vinke* 1987, S. 354; *Shimbo* 1994, S. 108.

100 V. a. Die Siegsgeschichte der christlichen Religion (s. Anm. 61) mit „Erster Nachtrag" (1805) sowie das Grundkonzept der Zeitschrift Der Graue Mann (1795–1815). Vgl. Texte Rubrik 5.

101 Vgl. Über den Revolutionsgeist (1793); *Baumann* 1990; *Schwinge* 1994, S. 133–156.

102 Vgl. *Geiger* 1963, S. 253–433; *Högy* 1984; *Erich Mertens:* Die Heilige Allianz von 1815 und Johann Heinrich Jung-Stilling. In: Auf den Spuren von Jung-Stilling 1998, S. 67–92; *ders.:* Jung-Stilling und der Kreis um Frau von Krüdener. In: Zwischen Straßburg und Petersburg 1992, S. 41–96; *Sawicki* (s. Anm. 94), S. 151 f. und 178–181; *Debora Sommer:* Eine baltisch-adlige Missionarin bewegt Europa. Barbara Juliane v. Krüdener, geb. v. Vietinghoff gen. Scheel (1764–1824), Göttingen 2013, passim.

103 Bei Jung-Stilling greifbar z. B. im häufigen Rekurs auf Mt 26,41.

104 Die Siegsgeschichte (s. Anm. 61), S. 6f. und 22. Die folgenden Zitate S. 9.

„[n]ach bestem Wissen und Gewissen des seeligen vortreflichen, und ich mag wohl sagen, heiligen Mannes Ehre, und sein herrliches System für Mißverstand und Mißbrauch zu retten, und dadurch zugleich auch den Christen unserer Zeit den Weg zu besserer Einsicht in die erhabene Weissagung des neuen Bundes, zur Stärkung des Glaubens, zu bahnen, deren er in unsern Tagen so sehr bedarf". Wer seine apokalyptischen Berechnungen lese und deren Übereinstimmung mit den historischen Ereignissen erkenne, könne „unmöglich mehr an der Wahrheit und Richtigkeit der *apocalyptischen Progression*; aber auch dann eben so wenig an der Göttlichkeit und ganz vorzüglichen Inspiration der *Offenbarung Johannis* zweifeln". Wen dies „nicht rührt", dem sei „nicht zu helfen" – er „kenne keinen stärkern Beweis für die Göttlichkeit der Apocalypse, als diesen". Mit dem Beweis der „Göttlichkeit der Apocalypse", die Jung-Stilling häufig zitiert, aber ging es um den Beweis der Wahrheit des Christentums überhaupt.

4. Wirkabsichten und Rezeption

Im Vorwort zu seiner *Schleuder eines Hirtenknaben* (1775) betonte Jung-Stilling: „Ich hoffe, keiner Entschuldigung nöthig zu haben, daß ich, als Arzt, mich mit theologischen Sachen abgebe. Ein jeder Christ ist verbunden, seine Religion zu vertheidigen, wo ihr geradeswegs und noch mit Hohn widersprochen wird."[105] Ging es ihm in den frühen Publikationen noch vornehmlich darum, als „Unpartheyische[r]" für Theologen und Prediger das Wort zu ergreifen, trat er in seinen späten Schriften mit einem Sendungsbewusstsein auf, das

105 Text 1.1, S. 16. Hier auch das folgende Zitat.

eines kirchlichen Bezuges nicht mehr bedurfte. Der Umstand, dass „er kein studierter Theologe war", war dabei „kein Grund zu Selbstzweifeln, im Gegenteil eher ein Grund zu besonderem Selbstbewußtsein".[106] Im *Grauen Mann*, gewissermaßen einer weiteren Identität Jung-Stillings nach „Heinrich Stilling" und „Johann Heinrich Jung" bzw. deren Zusammenführung,[107] trat er mit dem Bewusstsein göttlicher Autorisierung als Unheilsprophet auf. „Der Graue Mann", so Gerhard Schwinge, „in dem die besondere Berufung, die besondere Nähe zu Gott und der besondere Auftrag personifiziert sind, ist er selber".[108]

Jung-Stilling sah sich aufgrund seiner Herkunft, aber auch religiösen Prägung „in erster Linie als Volksschriftsteller und Volksmissionar"[109]. Dem ‚Volk' passte er die Wahl der von ihm verfassten Textsorten, sofern sie nicht wissenschaftlicher Art waren, an – von der Autobiographie über Roman und Erzählung bis zu erbaulicher *Fantasy* und verschiedenen Zeitschriften.[110] Weil „ein trockner dogmatischer Styl von unsern deutschen Jünglingen nicht würde gelesen werden, so hab ich mich einer aufgeweckten Schreibart bedienen müssen", erläuterte er 1775, doch ließe sich diese Maxime über sein gesamtes theologisch relevantes Werk schreiben.[111] Es ist bekannt, dass gerade diese ‚volksnahen' Schriften tatsächlich große Publikumserfolge wurden,[112] wodurch

106 *Schwinge* 1994, S. 334.
107 Vgl. hier Abschnitt 1 und 2.
108 *Schwinge* 1994, S. 332.
109 *Geiger* 1963, S. 531.
110 Entsprechend kritisch fielen schon zeitgenössische Urteile über seine theologische Schreibart aus (vgl. hierzu u. a. *Schneider*, Jung-Stilling [s. Anm. 4], S. 206).
111 Text 1.1, S. 15.
112 Vgl. die Hinweise auf Bibliographien in Anm. 2. Zu Jung-Stillings Verlegern in Deutschland vgl. *Gerhard Schwinge:* Jung-Stilling und seine Verleger. Von Deinet in Frankfurt bis Raw in Nürnberg. In: *ders.* 2014, S. 119–138.

sich Jung-Stilling wiederum in seiner religiösen Schriftstellerei bestätigt fühlte. Dies musste umso mehr der Fall sein, als seine Schriften nicht nur in Deutschland nachgefragt waren. Wirkungsschwerpunkt außerhalb Deutschlands waren schon seit den 1780er Jahren die Niederlande, bald kamen aber in breitem Maße Schweden, Nordamerika und seit der Jahrhundertwende auch Russland[113] hinzu.

Sowohl hinsichtlich seiner Wirkabsichten als auch der Rezeption seiner Werke kann Jung-Stilling insofern als Populartheologe verstanden werden.[114] Seine Wirksamkeit bezog sich freilich nur auf bestimmte Teile des ‚Volkes' – diejenigen, die sein Konzept der Reduktion von Komplexität im Bereich von Theologie und Glauben zugunsten vermeintlich einfacher Antworten aus unterschiedlichen Wissensbeständen überzeugte. Zweifellos kommt mit Jung-Stillings Lesergemeinde eine Klientel in den Blick, die zu den Akteuren der frühen Erweckungsbewegungen zählte und diese im 19. Jahrhundert eben als eine theologische Laienbewegung (mit) konstituierte.[115] Die Aussage, dass die Breitenwirkung Jung-Stillings gegenüber derjenigen des einflussreichen Theologen Friedrich Daniel Ernst Schleiermacher als höher einzuschätzen sei,[116] kann als exemplarische Beschreibung des Verhältnisses von erwecklicher Populartheologie und akademischer Theologie im

---

113 Vgl. hierzu u. a. *Schippan* 2000.

114 Gerhard Schwinge hat die apokalyptischen Schriften Jung-Stillings bereits unter der Kategorie des Populären diskutiert (vgl. *Gerhard Schwinge* Populär-Apokalyptik. Zu einem unbekannten, neu faksimilierten Jung-Stilling-Pseudepigraph. In: PuN 18 [1992], S. 187–193).

115 Von hier aus erklärt sich die vielfach anzutreffende Zuschreibung, Jung-Stilling sei ein – oder gar *der* – „Patriarch der Erweckung" gewesen. Vgl. hierzu zuletzt *Gerhard Schwinge:* Jung-Stillings Weg von der frommen Aufklärung zur apokalyptisch geprägten Erweckung, 1787 bis 1816. Ein Überblick mit Quellenzitaten (zugleich ein Votum in der Diskussion zu Terminologie und Periodisierung des sog. Pietismus). In: *ders.* 2014, S. 237–258.

116 Vgl. *Geiger* 1963, S. 533.

19. Jahrhundert verstanden werden. Für den deutschsprachigen Raum wurden diese Wirkungen Jung-Stillings nachhaltig in Württemberg etabliert. In Stuttgart erschienen im 19. Jahrhundert nicht nur zahlreiche Nachauflagen einzelner Publikationen, sondern auch drei Werkausgaben.[117]

An den Jung-Stilling-Veröffentlichungen seit dem 19. Jahrhundert lässt sich andersherum exemplarisch ablesen, woraus sich laientheologisch-erweckliche Wissensbestände konstituierten. Zu beachten ist dabei – neben den zahlreichen Neuauflagen der Lebensgeschichte und des *Heimweh*-Romans – die auffallend intensive Rezeption der *Szenen aus dem Geisterreich*, die sich schon zu Jung-Stillings Lebzeiten als erfolgreicher Verkaufsschlager etabliert hatten, wie auch der *Theorie der Geisterkunde*. Im „Begleitwort" von Josef Hahn zu einer undatierten, vermutlich im frühen 20. Jahrhundert erschienenen Sammelausgabe von Einzelheften der *Szenen* in Stuttgart heißt es: „Jung-Stilling hat die Scenen aus dem Geisterreiche vor etwas über 100 Jahren zum ernstlichen Nachdenken und zur Bekehrung und Erbauung der Leser geschrieben. Dieser gute Zweck wurde schon an Tausenden erreicht. Mancher Seele [...] werden durch die wahrheitsreichen Schilderungen aus dem Jenseits die Augen geöffnet [...]." So solle auch die neue „Volksausgabe, des auf Grund der heiligen Schrift verfaßten Werkes [...] recht vielen zum Segen werden".[118]

---

117 Ausgewählte Werke; Sämmtliche Schriften; Sämmtliche Werke.

118 Neben der Subsumierung von Jung-Stillings Geisterlehren unter vermeintlich biblisch fundierte Wissensbestände in erwecklichen Traditionen ist in den letzten ca. 25 Jahren auch eine Rezeption im Kontext esoterisch-spiritistischer Interessen zu beobachten, die mit einer Jung-Stilling-Überhöhung in Gestalt der Schilderung von ‚nachtodlichen Belehrungen' durch denselben einhergeht. Verantwortlich zeichnet hierfür die mit der „Jung-Stilling-Gesellschaft Siegen, e.V." sich personell überschneidende sog. Siegener „Markus-Gilde", die zahlreiche entsprechende Publikationen vorge-

Es bleibt die Aufgabe der kirchenhistorischen wie der literaturwissenschaftlichen und im breiteren Sinne kulturhistorischen Forschung, Jung-Stilling jenseits historiographischer Instrumentalisierungen, fortgeschriebener Simplifizierungen und Überhöhungen ebenso wie Marginalisierungen im Kontext der Entfaltung einer pietistisch geprägten Populartheologie wahrzunehmen, die über das 19. Jahrhundert hinaus einflussreich geworden und dabei mit dem Etikett „Erweckungsbewegungen“ versehen worden ist. Max Geiger, der Pionier der Jung-Stilling-Forschung des 20. Jahrhunderts, hat von der „eigentümliche[n] Gebrochenheit dieser Art von Christlichkeit“ gesprochen und betont, dass sie „nicht nur der Sorgfalt, der Umsicht und des Scharfsinns, sondern sehr betont der Barmherzigkeit des sie suchenden Historikers bedürftig“ sei.[119] Das ist sicher eine überraschende Kategorie – vielleicht ist die Frage, was er damit gemeint haben könnte, aber auch noch einmal eine Überlegung wert.

legt hat. Vgl. u. a. *Haltaus Unverzagt:* Hat Jung-Stilling recht? Protokolle nachtodlicher Belehrungen, Siegen 1992 (Jung-Stilling-Schriften, 2); *Gotthold Untermschloß:* Vom Handeln im Diesseits und vom Wesen im Jenseits. Johann Heinrich Jung-Stilling gibt Antwort. Hg. v. der Jung-Stilling-Gesellschaft, Siegen 1995; Johann Heinrich Jung-Stilling und der Agnostizismus. Bericht über eine nachtodliche Begegnung mit Johann Heinrich Jung-Stilling […]. Nach dem Gespräch mit verhilflicher englischer Gunst und ohne Verweilung behörigermaßen niedergeschrieben von *Liebmunde Kirchentreu,* Siegen 1999; Das Herzstück richtiger Wirtschaftslehre. Eine nachtodliche aufklärende Unterweisung durch den Herrn Geheimen Hofrat Johann Heinrich Jung-Stilling (1740–1817). Niedergeschrieben von *Frommherz Siegmann,* Siegen ²2014; www.gerhardmerk.de/wiki/Aufwendige_Krankenbehandlung (abgerufen am 28.6.2016).

119 *Geiger* 1963, S. 533.

Lebensdaten Johann Heinrich Jung-Stilling

12.9.1740	Geburt in Grund bei Hilchenbach im Siegerland als Sohn des Schneiders Johann Helmann Jung und der Johanna Dorothea Catharina geb. Fischer
18.9.1740	Taufe in Hilchenbach; Taufname: Johan Henrich
19.4.1742	Tod der Mutter; Johan Henrich wird für längere Zeit von den Großeltern väterlicherseits erzogen
1747–1750	Schulbesuch in Grund und Allenbach
1750–1755	Besuch der Lateinschule in Hilchenbach
15.4.1755	Konfirmation in Hilchenbach
1755 Ostern bis Martini	Dorfschullehrer in Lützel
Dez. 1755 – Ostern 1756	Hauslehrer bei Kaufmann Stahlschmidt bei Plettenberg
Michaelis 1756–1757	Lehrer in Kredenbach
Michaelis 1757–1759	Lehrer in Dreisbach
Ende 1759 – Sept. 1760	Lehrer in Klafeld
1760–1761	Schneidergeselle beim Vater
Jan. – Ostern 1762	Hauslehrer in Hilchenbach
April – Juli 1762	Als Geselle bei Schneidermeister Stöcker in Solingen
1762 – März 1763	Hauslehrer bei Peter Hartcop auf der Bever bei Hückeswagen
April – Juli 1763	Schneidergeselle bei Johann Jakob Becher in Radevormwald
Aug. 1763 – Aug. 1770	Hauslehrer und Verwalter bei Kaufmann Peter Johannes Flender in Krähwinklerbrücke bei Radevormwald
Juli 1768	Übernahme augenärztlicher Instrumente und Manuskripte von dem katholischen

	Pfarrer und Laienmediziner Johann Baptist Molitor aus Attendorn
17.9.1770	Immatrikulation (Medizinstudium) in Straßburg; gemeinsamer Mittagstisch mit J. G. Herder, J. W. von Goethe, J. M. R. Lenz u. a.
17.6.1771	Heirat mit Christine Heyder aus Ronsdorf
24.3.1772	Disputation in Straßburg
1772–1778	Ärztliche Praxis in Elberfeld; ab 1773 Staroperationen
22.4.1773	Promotion zum Dr. med. in Straßburg (in absentia)
22.7.1774	Besuch von J. W. von Goethe, J. C. Lavater und J. B. Basedow in Elberfeld auf deren ‚Genie-Reise' an Lahn und Rhein; Goethe nimmt das Manuskript des ersten Bandes von Jung-Stillings Autobiographie mit, überarbeitet es und befördert es zum Druck (erschienen 1777)
1775 (Febr./März und August)	Reisen nach Frankfurt a. M. zu Staroperationen; Aufenthalte im Hause von Goethes Eltern
1778–1784	Professor für Kameralwissenschaft auf dem Lehrstuhl für Landwirtschaft, Kunstwirtschaft, Handlungswirtschaft und Vieharzneikunde an der Kameralhochschule in (Kaisers-) Lautern
18.10.1781	Tod der Ehefrau Christine geb. Heyder
1781–1784	Mitglied einer Freimaurerloge
14.8.1782	Heirat mit Selma von St. George aus Wiesbaden
1784–1787	Nach Verlegung der Kameralhochschule nach Heidelberg Professor an der Universität Heidelberg
1785	Ernennung zum Kurpfälzischen Hofrat

7.11.1786	„Jubelrede über den Geist der Staatswirthschaft“ anlässlich des 400-jährigen Bestehens der Universität Heidelberg
8.11.1786	Ehrenpromotion zum Dr. phil.
1787–1803	Professor für Ökonomik in Marburg
1789	Gründung des Staatswirtschaftlichen Instituts in Marburg
1789	Besuch der Herrnhuter Brüdergemeine in Neuwied
23.5.1790	Tod der Ehefrau Selma geb. von St. George
19.11.1790	Heirat mit Elise Coing aus Marburg
1792	Prorektor der Universität Marburg
1793	Besuch J. C. Lavaters in Marburg
Ab Mitte der 1790er Jahre	Intensivierte religiöse Schriftstellerei
1796	Jung-Stillings Vater zieht nach Marburg
ab 1801	Zahlreiche Reisen zu Staroperationen, v. a. nach Süddeutschland und ins Elsass, u. a. nach Straßburg
1803	Erster Besuch in Herrnhut
1803–1806	In Heidelberg; Berater Karl Friedrichs von Baden
1806–1817	In Karlsruhe; 1806–1811 wohnt Jung-Stilling als Berater des Badener Großherzogs im Karlsruher Schloss, seine Familie ab 1807 in der Stadt Karlsruhe; 1811 zieht Jung-Stilling wieder zur Familie
1808	Ernennung zum Geheimen Hofrat in Geistlichen Sachen
10.7.1814	Audienz bei Zar Alexander I. in Bruchsal; Beginn finanzieller Unterstützung durch das russische Zarenpaar
22.3.1817	Tod der Ehefrau Elise geb. Coing
2.4.1817	Tod in Karlsruhe
6.4.1817	Beerdigung in Karlsruhe

Abgekürzt zitierte Literatur

Auf den Spuren von Jung-Stilling 1998
Auf den Spuren von Jung-Stilling. Studien zu Johann Heinrich Jung-Stilling (1740–1817). Freundesgabe für Alfred Klose zum 70. Geburtstag. Hg. v. Erich Mertens, Siegen 1998.

Ausgewählte Werke
Johann Heinrich Jung's (genannt-Stilling) ausgewählte Werke in vier Bänden, Stuttgart 1842.

Baumann 1990
Baumann, Thomas: Jung-Stilling und die Französische Revolution. In: PuN 16 (1990), S. 132–154.

Benrath 1975
Benrath, Gustav Adolf: Jung-Stillings Tagebuch von 1803. In: Der Pietismus in Gestalten und Wirkungen. Festschrift Martin Schmidt. Hg. v. H. Bornkamm, Bielefeld 1975 (Arbeiten zur Geschichte des Pietismus, 14), S. 50–83.

Benrath 2001
Ders.: Die Freundschaft zwischen Goethe und Jung-Stilling. In: Goethe und der Pietismus. Hg. v. Hans-Georg Kemper und Hans Schneider, Tübingen 2001 (Hallesche Forschungen, 6), S. 157–170.

Benrath Lebensgeschichte
Jung-Stilling, Johann Heinrich: Lebensgeschichte. Mit Anm. hg. v. Gustav Adolf Benrath. 3., durchgesehene und verbesserte Aufl., Darmstadt 1992.

Blicke auf Jung-Stilling 1991
Blicke auf Jung-Stilling. Festschrift zum 60. Geburtstag von Gerhard Merk. Hg. v. Michael Frost, Kreuztal 1991.

Edition Mertens/Völkel
Der Graue Mann. Eine Volksschrift. Von Johann Heinrich Jung, genannt Stilling. Hg. v. Erich Mertens und Martin Völkel. 4 Bde., Nordhausen 2007.

Fabry 2003
Fabry, Jacques: Johann Heinrich Jung-Stilling (1740–1817). Esotérisme chrétien et prophétisme apocalyptique, Bern [u.a.] 2003 (Contacts 3/62).

Fabry 2006
Ders.: Kosmologie und Pneumatologie bei Jung-Stilling. Der „theosophische Versuch" und die „Blicke in die Geheimnisse der Naturweisheit", Siegen 2006 (Jung-Stilling-Studien, 4).

Geiger 1963
Geiger, Max: Aufklärung und Erweckung. Beiträge zur Erforschung Johann Heinrich Jung-Stillings und der Erweckungstheologie, Zürich 1963 (Baseler Studien zur historischen und systematischen Theologie, 1).

Hahn 1988
Hahn, Otto W.: Jung-Stilling zwischen Pietismus und Aufklärung. Sein Leben und sein literarisches Werk 1778 bis 1787, Frankfurt a. M. [u. a.] 1988 (Europäische Hochschulschriften, Reihe XIII, 334).

Hirzel 1997
Hirzel, Martin: Lebensgeschichte als Verkündigung. Johann-Heinrich Jung-Stilling – Ami Bost – Johann Arnold Kanne, Göttingen 1997 (Arbeiten zur Geschichte des Pietismus, 33).

Högy 1984
Högy, Tatjana: Jung-Stilling und Rußland. Untersuchungen über Jung-Stillings Verhältnis zu Rußland und zum „Osten" in der Regierungszeit Kaiser Alexanders I., Siegen 1984 (Schriften der J.G. Herder-Bibliothek Siegerland e.V., 12).

Jung-Stilling. Arzt – Kameralist – Schriftsteller 1990
Jung-Stilling. Arzt – Kameralist – Schriftsteller zwischen Aufklä-

rung und Erweckung. Eine Ausstellung der Badischen Landesbibliothek in Zusammenarbeit mit der Stadt Siegen / Siegerlandmuseum und in Verbindung mit dem Generallandesarchiv Karlsruhe. Hg. v. der Badischen Landesbibliothek Karlsruhe, Karlsruhe 1990.

Jung-Stillings Welt 1992
Jung-Stillings Welt. Das Lebenswerk eines Universalgelehrten in interdisziplinären Perspektiven. Hg. v. Hans-Günter Krüsselberg und Wolfgang Lück, Krefeld 1992.

Lesebuch Heinrich Jung-Stilling 2011
Lesebuch Heinrich Jung-Stilling. Zusammengestellt von Thomas Weitin, Köln 2011 (Nylands Kleine Westfälische Bibliothek, 29).

Panthel Briefe
Jung-Stilling, Johann Heinrich: Briefe an Verwandte, Freunde und Fremde aus dem Jahre 1787–1816. Hg. v. Hans W. Panthel, Hildesheim 1978.

PuN
Pietismus und Neuzeit. Ein Jahrbuch zur Geschichte des neueren Protestantismus. Bd. 1-3 (1974-1976) Bielefeld 1974-1977; Bd. 4ff (1977ff) Göttingen 1979ff.

Raabe 1999
Raabe, Paul: Einer der Stillen im Lande – Goethe und Jung-Stilling. In: Separatisten, Pietisten, Herrnhuter. Goethe und die Stillen im Lande. Ausstellung in den Franckeschen Stiftungen zu Halle vom 9. Mai bis 3. Oktober 1999, Halle 1999 (Kataloge der Franckeschen Stiftungen zu Halle, 6), S. 167–196.

Reidel 1994
Reidel, Leo: Goethes Anteil an Jung-Stillings „Jugend" [2 Teile, Prag 1906/07]. Neu hg. und bearbeitet von Erich Mertens, Siegen 1994 (Schriften der J.G. Herder-Bibliothek Siegerland e.V., 29).

RGG
Religion in Geschichte und Gegenwart. Handwörterbuch für Theologie und Religionswissenschaft. Bd. 1-8, Tübingen 1998-2005.

Schippan 2000

Schippan, Michael: Zwei Romane Jung-Stillings in Rußland („Theobald oder die Schwärmer“ und „Das Heimweh“), Siegen 2000 (Schriften der J.G. Herder-Bibliothek Siegerland e.V., 33).

Sämmtliche Schriften

Johann Heinrich Jung's, genannt Stilling, Doktor der Arzneikunde und der Weltweisheit, Grossherzoglich-Badischer geheimer Hofrath, sämmtliche Schriften. Zum erstenmale vollständig gesammelt und hg. v. Verwandten, Freunden und Verehrern des Verewigten. 13 Bde. und Ergänzungsbd., Stuttgart 1835–1838 (Reprint: Hildesheim 1979).

Sämmtliche Werke

Johann Heinrich Jung's, genannt Stilling, sämmtliche Werke. 12 Bde., Stuttgart 1841/42.

Schwinge 1994

Schwinge, Gerhard: Jung-Stilling als Erbauungsschriftsteller der Erweckung. Eine literatur- und frömmigkeitsgeschichtliche Untersuchung seiner periodischen Schriften 1795–1816 und ihres Umfeldes, Göttingen 1994 (Arbeiten zur Geschichte des Pietismus, 32).

Schwinge 2014

Ders.: Johann Heinrich Jung-Stilling (1740–1817), „Patriarch der Erweckung“. Beiträge aus 26 Jahren Jung-Stilling-Forschung. Heidelberg [u.a.] 2014 (Jung-Stilling-Studien, 8).

Schwinge Briefe

Jung-Stilling, Johann Heinrich: Briefe. Ausgewählt und hg. v. Gerhard Schwinge, Gießen 2002.

Shimbo 1994

Shimbo, Sukeyoshi: Geisterkunde und Apokatastatis-Rezeption bei Lavater und Jung-Stilling. In: Das Antlitz Gottes im Antlitz des Menschen. Zugänge zu Johann Kaspar Lavater. Hg. v. Karl Pestalozzi und Horst Weigelt, Göttingen 1994 (Arbeiten zur Geschichte des Pietismus, 31), S. 102–113.

Vinke 1987

Vinke, Rainer: Jung-Stilling und die Aufklärung. Die polemischen Schriften Johann Heinrich Jung-Stillings gegen Friedrich Nicolai (1775/76), Stuttgart 1987 (Veröffentlichungen des Instituts für Europäische Geschichte Mainz, 129).

Vinke 2001

ders.: Johann Heinrich Jung-Stilling (1740–1817) und Gerhard Tersteegen (1697–1769). In: Frömmigkeit unter den Bedingungen der Neuzeit. Festschrift für Gustav Adolf Benrath zum 70. Geburtstag. Hg. v. Reiner Braun und Wolf-Friedrich Schäufele, Darmstadt [u. a.] 2001, S. 169–186.

Vömel Briefe

Briefe Jung-Stillings an seine Freunde. Hg. v. Alexander Vömel, Berlin 1905.

Weiß 2011

Weiß, Ulrich: Johann Georg Siebels Briefwechsel mit Jung-Stilling in den Jahren 1802 bis 1816. In: ders., Zwischen Kartenspiel und Katechismusschelte. Beiträge zur Kirchengeschichte des Siegerlandes. Hg. v. Georg Plasger, Wuppertal 2011, S. 189–246.

Zwischen Straßburg und Petersburg 1992

Zwischen Straßburg und Petersburg. Vorträge aus Anlaß des 250. Geburtstages von Johann Heinrich Jung-Stilling. Hg. v. Peter Wörster, Siegen 1992 (Schriften der J.G. Herder-Bibliothek Siegerland e.V., 25).

Register der Personen

Register der Bibelstellen